极致驾控

摩托车骑行技术全书

原书第 2 版

[美]李·帕克斯（Lee Parks） 编著

宋 涛 于 航 童轲炜 译

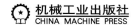

机械工业出版社
CHINA MACHINE PRESS

李·帕克斯（Lee Parks）作为出色的摩托车教练兼道路赛车手，以清晰易懂的风格写作，揭开了顶级专业人士所使用技巧的神秘面纱、展示了如何将技巧应用于街道和赛道骑行、解释了恐惧和专注的心理动力，以及如何真正驾控摩托车。

本书为您提供发展成为熟练、有成就且更安全的街头摩托车骑手所需的技术和知识，高质量的照片、详细的说明和专业的图表，突出了街头骑行的复杂性和正确的技巧。读者将更好地了解从制动、转弯到正确油门控制的所有内容，从而获得更令人兴奋且更安全的驾控体验。通过将技能分解为易于学习的小模块，本书提供了有效的骑行课程。

本书是运动、摩旅、巡逻和冒险骑手的必备指南，可以帮助读者在最短的时间内将骑行技能提升到一个新的水平，而又不承担不必要的风险。

ⓒ 2015 Quarto Publishing Group USA Inc.

Text ⓒ 2015 Lee Parks

Photography ⓒ 2015 Lee Parks

北京市版权局著作权合同登记　图字：01-2018-5511号。

图书在版编目（CIP）数据

极致驾控：摩托车骑行技术全书：原书第2版 /（美）李·帕克斯（Lee Parks）编著；宋涛，于航，童轲炜译. — 北京：机械工业出版社，2022.6（2025.3重印）

书名原文：Total Control: High Performance Street Riding Techniques

ISBN 978-7-111-70836-0

Ⅰ.①极… Ⅱ.①李… ②宋… ③于… ④童… Ⅲ.①摩托车 – 驾驶术 Ⅳ.①U483.09

中国版本图书馆CIP数据核字（2022）第088334号

机械工业出版社（北京市百万庄大街22号　邮政编码100037）

策划编辑：李 军　　　　　责任编辑：李 军

责任校对：史静怡 张 薇　　责任印制：张 博

北京华联印刷有限公司印刷

2025年3月第1版第2次印刷

184mm × 260mm · 12.5印张 · 2插页 · 347千字

标准书号：ISBN 978-7-111-70836-0

定价：139.00元

电话服务　　　　　　　　　网络服务

客服电话：010-88361066　　机 工 官 网：www.cmpbook.com

　　　　　010-88379833　　机 工 官 博：weibo.com/cmp1952

　　　　　010-68326294　　金 书 网：www.golden-book.com

封底无防伪标均为盗版　　　机工教育服务网：www.cmpedu.com

目　录

序　言

　　很多人都在摩托车领域听说过我，我的身份有时候是摩托车工程师，有时候是摩托车设计师，有时候还是摩托车制造商或企业家。我早期在哈雷戴维森（Harley-Davidson）工作，然后去了Buell工作，现在在EBR工作。虽然以上这些都是事实，但是很少有人知道我是一个狂热的骑手和前摩托车赛车手，正因为这两个身份才真正让我走上了这条充满乐趣和疯狂的道路。

　　我真的很喜欢骑摩托车出行。当我开始骑车时，我沉迷于学习和钻研驾驶技术，可以更好地驾控摩托车，以达到自己的想法。因此，最初我尝试在街道上不断地提升自己的车技。当时年轻而勇敢，也有一些无知，所以也遇到过挫折。后来，一些更聪明的"老家伙"把我指引向赛道，这是我遇到最棒的事情了。那时候还没有学校可以学习摩托车骑行技术，但如果当你来到赛道中，只要你想学，那么有的是知识可以学习。

　　赛道和街道不同，在街道上最勇敢的和最"傻愣"的人都可以成为最快的骑手，但是只有在赛道中才会有真正的较量。赛道成为我想好好评估自己技术的地方。经过自我评估之后，我想做得更好。我慢慢地学习了如何驾控摩托车：1）观察优秀赛车手的动作；2）听他们交流；3）向他们提问，最后尝试新事物。首先，我了解了赛道上的线路以及如何最大限度地提高速度，接下来我学会了如何征服赛道，

而不是被赛道所征服（冲出赛道或撞车）。

一旦我能够与速度快的人一起骑行，那么有些细节就变得很重要，比如：身体姿势、重心的转移，以及入弯和出弯时姿势的切换。当我认识到还可以通过物理原理驾控车辆时，我又开始学习车辆调校技术，例如悬架设定、轮胎和制动系统的搭配等。接着还有更加深奥的主题，如底盘刚性、CG和摆臂枢轴位置、轴距等。这一切展现了令人难以置信的趣味性，且非常个人化。我学到的所有东西都能让我更好地在赛道中行驶，并且可以对结果进行量化评估。

我的目标是参加铺装路面赛事。我一直在学习，一直在升级，直到我开始在戴通纳200英里（Daytona 200）大奖赛上飞驰，并以前10名的成绩在超级摩托车大奖赛（Superbike）和AMAF1大赛中完赛。全身心地投入到学习当中，使我从一个"街头菜鸟"逐步成长为世界级的骑手，这是多么的令人难以置信。这不是天赋，也不是勇敢，更加不可能是资金投入。这一切都得益于深入感受骑行的学习经历，并一直充分地利用我所学习获得的东西。此外，这一切也促使我去工程学院攻读学位，学习数学、图表和统计数据方面的知识。因为，我有一个理由——为了我的摩托车比赛。

当然，生活中的每一步都会带来更多的学习，这就是让生活变得美好的原因。但是，我走过这些路花了很多年的时间，也投入了相当多的精力。当人们问我如何成为更好的骑手时，我真的只能说："为它投入大量时间。投入足够的时间，大多数人都可以骑得很好。"或者，我尽可能从我的角度去快速解答这个问题，但大多数人的大脑都很难琢磨明白，看来我不是一个好老师。

这并不是什么愉快的感觉，因为这意味着很多人无法完成学习，并成为好的骑手。真的非常遗憾。这些技能是我经过长期练习研究出来的，真的值得拥有，人们怎么才能学习到呢？

我认为李·帕克斯（Lee Parks）的方法最让我感兴趣。是的，他和我一样参加了比赛，但并没有像我多年来一样处于同样痴迷状态。作为一名作家，帕克斯所做的就是以一种让他学得更快的形式，攻克他在比赛中学习到的东西。瞧！因为他把这些方法变成一种公式、模板，在任何地方他都可以分享出来。而且，他是以一种非常有趣的方式，将硬核的工程数据与他所教的骑行技术技巧相结合。对我而言，这确实很重要。我需要从多个层次对摩托车上发生的一切进行了解，这不仅限于车手做了哪些操作、得到了哪些因果关系，甚至还要了解机器之间会发生什么变化。帕克斯创造了一种骑行技术，确实可以在一本简洁且易于理解的书中解释很多东西。

在该书中，帕克斯提供了有关摩托车以及如何骑好摩托车的大量知识。想掌握好骑行技巧当然需要大量练习，但是当阅读了该书后，你会知道在练习时的方向是什么。该书可以提供一步一步整套练习流程，而不是零散地教一些骑车技巧。通过阅读和练习该书所教的内容，你的骑行技术会变得更好。虽然你能成长到什么地步取决于很多事情，但是毫无疑问，该书能帮助你进步，并且比未使用该书的综合指导课程时的练习要快得多。帕克斯致力于在更少的时间内使骑摩托车成为更安全、更令人满意的体验，对此我深表感谢。该书正在等您，快迈出你的脚步吧！

埃里克·比尔（Erik Buell）

致　谢

我最初认为写一本原创书籍简直是小菜一碟，因为这基本就是我指导的"高级骑行培训（Advanced Riding Clinics）"课程的书面版本。我知道这就像是我对骑行了如指掌一样，我不会出错。在这个版本中，我同样觉得非常简单，我只打算用一些较新的参考文献、照片等资料来更新这本书。但我又错了，实际上更新已有书籍和撰写原始书籍所花费的时间一样多。幸运的是，我有许多很棒的朋友和家人，他们的全力支持使本书的出版成为现实。

首先，我要感谢"大Al"拉普（"Big Al"Lapp）。他除了提供世界级的插图和为本书进行设计，还是一位真正的技术达人。事实上，Al花费了大量时间让我来理解摩托车所涉及的物理学知识，以确保准确性。

接下来，我要感谢我的编辑达尔文·霍尔姆斯特罗姆（Darwin Holmstrom）。首先，他不仅说服了我写这本书，而且他每周，甚至每天都在我屁股后面催更，将近持续了一年，直到我最终完成编写本书。

我还要感谢"赛车技术（Race Tech）"的创始人保罗·特德（Paul Thede）。他展现出无私的美好品质，允许我充分利用他的职业知识，并将这些干货知识分解压缩到两个关于悬架的章节中，这比我以前自己写的版本要好得多。保罗和我在2010年共同撰写了"赛车技术（Race Tech）"的Motorcycle Suspension Bible，这本书仍然是该领域的权威著作。

我要特别感谢我的女朋友克里斯蒂·翁（Christie Ung），她对本书付出了许多的贡献。这些贡献，包括写作、摄影、编辑和照片建模，更不用说当我在创作本书时弥补我两家公司的空缺。

那些贡献了自己的时间、专业知识、技术原理和骑行常识，以帮助我确保本书既准确又全面的朋友，也应该在致谢名单中名列前茅。这些支持者包括：埃里克·布尔（Erik Buell）、格雷格·麦克唐纳（Greg McDonald）、戴夫·萨姆（Dave Saam）、蒂莫西·帕拉瓦诺（Timothy Paravano）、厄尔·达姆伦（Earl Damron）、雷·恩格尔哈特（Ray Engelhardt）、汤姆·赖尔斯（Tom Riles）、马特·威利（Matt Wiley）、里克·迈尔（Rick Mayer）、特里·沃茨（Terry Watts）、斯科特·冯-莱昂奇尼（Scott Fond-Leoncini）、格斯·迪亚曼托普洛斯（Gus Diamantopoulos）、DC威尔逊（DC Wilson）、托尼·福尔（Tony Foale）、凯文·卡梅隆（Kevin Cameron）、安迪·戈德芬（Andy Goldfine）、兰迪·诺斯拉普（Randy Northrup）、肯特·索尼耶（Kent Soignier）、肯·梅雷纳（Ken Merena）、基思·苏尔特（Keith Soulter）和斯泰西·阿梅克（Stacey Axmaker）。

特别感谢乔·博内罗（Joe Bonello），他拍摄了许多动态照片。吉姆·格兰杰（Jim Granger）、

7

蒂尔多·蒂尔（Tealdo Teal）、玛西·托斯基（Marcy Toschi）、大卫·比安科（David Bianco）、史蒂夫·基尔施（Steve Kirsch）、格伦·戈德曼（Glen Goldman）、基思·苏尔特（Keith Soulter）和阿尔特·古夫路（Art Guilfoil），也同样做出了非常多的贡献。本书的"照片来源"部分列出了其余做出贡献的摄影师和照片。

　　协助我们进行拍摄的赛道包括：格兰奇摩托赛道（Grange Moto Circuit）、柳树温泉赛道（Willow Springs Raceway）、美国之路（Road America）、查克沃拉山谷赛道（Chuckwalla Valley Raceway）和高峰角（Summit Point）。参与活动的摩托车商店包括：道格拉斯摩托车（Douglas Motorcycles）、维克多维尔·哈雷戴维森（Victorville Harley-Davidson）、雷夫·摩托工业（Rev Moto Industries）、拉斯维加斯Dyno Tech（Las Vegas Dyno Tech）、摩托车中心（Motor Cycle Center）和B＆B摩托车（B&B Cycles）。参与协助的公司包括：Level 5 Graphics、RaceTech、GMD Computrack、Erik Buell Racing、Bazzaz、Avon、Dunlop、Spider Grips、Schuberth BMW、LS2、Aerostich、Klim、G2 Ergonomics、Twisted'Throttle、HeliBars、Team AZ和Zero Gravity。

　　当然，我必须感谢我的父母让我有机会在年轻时骑摩托车。我的父亲教了我骑车的基本知识，并一直支持着我的"两轮"爱好，直到我自己负担得起。他还给了我第一份专业的写作、编辑和图形设计工作，并教我如何使用相机。我的母亲花了很多周末时间将我和我的朋友们带到当地的越野摩托车赛道，并在我们大声喧闹以及被灰尘覆盖时，她只能耐着性子自己读小说打发时间。此外，她还教了我很多关于教学的知识。

　　这些年来，我没能给予我的教练们和学生们足够的陪伴。通过教练优化教学的过程中，我得以完善了骑术和教学技术。我很容易从他们那里学到很多东西，就像他们从我这里学到的一样。

　　尽管本书中的许多骑行技术都是原创思想，但它是在我对许多前人进行广泛研究的基础上建立的。艾萨克·牛顿爵士（Isaac Newton）在1676年2月5日给同事罗伯特·胡克（Robert Hook）的信中说道："如果我能看得更远，那是因为我站在巨人的肩膀上。"本着这种精神，我想向我的"巨人"致以深深的敬意：基思·寇德（Keith Code）、大卫·霍夫（David Hough）和弗雷迪·斯宾塞（Freddie Spencer）。在这里的许多场合中，他们都是以文字和想法的形式被引用或赞誉。但是，任何熟悉他们工作的人都会意识到他们在本书中的集体影响力。如果没有他们对我的骑行和思考作出的个人贡献，那么后续的这些事情将全都不会发生。

　　最后，我想感谢地标教育（Landmark Education，landmarkworldwide.com）及生活课程（Curriculum for Living）。这项工作使我的事业成为可能。

　　我确定我的平庸记忆已经遗漏了一些重要人物，他们用各种方式为本书的创作做出了贡献。因此，我提前对未能提及的这些人表示歉意。显然，我一生的经验以及和同伴们的互动无法用一页文字来囊括。如果不出意外，这本书就是人类精神慷慨的证明。谢谢大家。

李·帕克斯（Lee Parks）

前　言

当我坐下来修订编写本书时，距最初的《极致驾控：摩托车骑行技术全书》出版已经12年了。当我第一次写本书的时候，我想在骑手训练方面增加一些新内容。我曾希望骑手们能更认真地思考他们的骑行技术，以此来提升他们的技能，但让我没想到的是他们对骑行技术的兴趣激增，这超乎了我的期望。

研究骑行技术本是从一个有趣的爱好开始的，现在已经走向了世界，《极致驾控：摩托车骑行技术全书》授权供应商已遍布全美和世界。本书甚至被翻译成五种语言。我很荣幸能够远赴冲绳、英格兰和俄罗斯等地教授极致驾控高级骑行培训（Total Control Advanced Riding Clinics，TCARC）。

当我签署了第一万名骑手接受培训的结业卡时，一切都陷入了沉思。许多语言对这个数字都有一个特定的词：比如古希腊语的一万写作Myrias，英语单词Myriad（无数个）就是来源于它。在遥远的东方，这个数字也用来表示无限大。在我看来，这意味着极致驾控不再只是酷炫的摩托车课程，而是已经转变为一种全球现象。

或许，极致驾控最重要的工作是帮助骑手更好地规避摩托车旅行中的固有风险。根据2011年美国国家公路交通安全管理局（National Highway Traffic Safety Administration，NHTSA）的数据，骑摩托车比开车要危险得多。就美国的死亡人数而言，目前每行驶1英里，骑摩托车比驾驶汽车的危险性要高33倍。当然，这些是每个人的平均值。不过好消息是，如果你做出以下选择：不饮酒骑行、参加高级骑行培训课程、穿着良好的防护装备等，你与普通骑手相比就属于更安全的一类骑手。考虑到这些变量，骑摩托车的风险可能非常易于控制。虽然说从来没有真正安全，但若这是一件完全安全的事情，那么它也就失去乐趣了。出于同样的原因，就算是非常好的摩托车视频游戏也无法让我像在真实世界一样满意，因为它不涉及风险管理。对于人而言，成功地管理风险是其最宝贵的价值之一。

同样，如果你曾经是一个成功的企业家，或者喜欢与他人做生意，当你在自由市场上与相同阅历且聪慧的同伴们交易时，你会感激从中获得的满足感。此外，当你工作和消遣时，必然会将完成任务和获取喜悦感作为首要目的。所以说，极致驾控已不仅关乎骑行技巧和安全，也关乎个人幸福感。

自从本书初版出版以来，最有影响力的事情可能就是我们为美军训练士兵。举个例子，美国海军陆战队在驾驶私家车（Personally Owned Vehicles，POVs）中死亡的问题非常严重，比如2006年，回国后的海军陆战队士兵在摩托车车祸中丧生的数字比在海外战斗中丧生的人数还多。就像我要说的，是什么使这些"家伙"成为优秀海军陆战队员，又是什么使他们成为危险的摩托车骑手。他们受过良好的训练，但事故也是在这之后发生的。尽管这个问题在海军陆战队中最严重，但这件事也以同样的方式影响了美国国防部的所有部门。

在美国空军中，他们有一句俗语："有老飞行员和大胆的飞行员，但没有老的胆小的飞行员。"作为极致驾控培训（Total Control Training）的负责人，我的首要指令是使你们所有人都成为"老飞行员"。

那么，这本书从初版到现在有什么新变化？很多。实际上有太多的新材料，几乎就像一本崭新的书，而不仅仅是"第2版"。根据过去12年中TCARC教学的经验教训，每章都进行了扩展和更新，并提供了新的信息。最有价值的信息，大部分都来自我们精英教练们和充满好奇心的学员们。在随后的时间里，我也做了很多原始研究，为骑手训练提供真正的最新技术。

虽然，这本书不能代替我们的工作人员提供的专业指导，但我尝试不遗余力地传授高级街道和赛道骑行经验。多年来，许多专业骑手在各种公路比赛和警察摩托车赛事中获胜，并且可以一直保持安全，现在你也将掌握他们的秘密。

我的朋友们，好好享受骑行！

极致驾控高级骑行训练营（Total Control Advanced Riding Clinics，TCARC）被美国军方广泛采用，以减少事故（伤害和死亡）。课后，弗吉尼亚州兰利空军基地的极致驾控学生与洛克希德·马丁公司的F-22猛禽战斗机一起合影。

引　言

现代摩托车的速度和性能，已经远远超过了普通骑手的控制能力。事实上，普通街头摩托车和成熟的竞技超级摩托车之间的区别非常小，只相当于四轮跑车到四轮赛车之间的一小部分。于是，越来越多的骑手希望自己的骑行技术变得更好，那么教育问题接踵而来。

学习骑得更快的问题

我是骑手培训的大力支持者，有着多年在骑术和赛车学校的从业经历。我从这些课程中收集到的知识已经无数次挽救了我的生命。对于想要提高技术（尤其是高速转弯）的运动型骑手，有两个基本的选择：摩托车安全基金会高级骑手课程（Motorcycle Safety Foundation Advanced Rider Course，简称MSF ARC）和各种赛车学校。不幸的是，虽然两者都非常值得参与学习，但又都有缺点。即便你参与了它们的所有教学，但骑手的提升程度还是受到了一定的限制。

MSF ARC 的问题在于，所有训练都在非常低的速度下进行的，以至于从来没有处理过对快速行驶的恐惧，并且没有教授赛车手如何在高速状态下控制摩托车这种高级技能。另一方面，赛车学校有相反的问题。在赛车学校，练习的速度比大多数街头骑手习惯的速度要高得多，以至于许多人害怕尝试新技术，因为害怕高速撞车。对于大多数有扎实教学技能的赛车学校来说，这真的算是一个耻辱。赛道环境对于普通街头骑手来说并不理想，无法学习专业骑行的基础知识。然而，一旦骑手掌握了基础知识，此时就没有比一所好的赛车学校更好的地方来完善和扩展这些技能。

我曾经在1995—2000年担任《摩托车消费者新闻》（*Motorcycle Consumer News*）的编辑，我有幸与大卫·霍夫（David Hough）和基思·寇德（Keith Code）合作撰写了许多骑行技巧文章。他们真的激发了我对这个主题的兴趣。尽管我在1994年的AMA 125 GP美国摩托车锦标赛中获得了第2名，但我在撰写这些文章时意识到，虽然我速度很快，但我仍然有很多关于如何控制摩托车的知识要学习。我开始担心，因为

我于 1994 年开始参加职业赛车比赛，在 AMA 125 GP 美国摩托车锦标赛（现称为 Moto 3）中获得第 2 名。正是在这段时间里，我开始了求知之旅，通过对物理、心理以及机械动力的探索，以寻求更快、更安全的骑行。

我主要是通过"感觉"来学习如何比赛，并且不完全确定自己在做什么，这使我的骑行变得不一致。当我在特定赛道上遇到问题时，我不知道如何诊断它们，更不用说修正它们了。与霍夫和寇德的长时间对话，终于让我开始思考骑行的物理动态，我开始寻求在必要时找出一种简单的方法来修正我骑行的问题。

一种新的学习方式

事实证明，这本书的许多读者也在寻找一种"简单"的方法来改善他们的骑行技巧。我不断收到街头骑手的抱怨，说MSF和赛车学校之间的差距太大。有些人希望迈出"中间的一步"，而另一些人则没有兴趣走上赛道，尽管他们受到了我的鼓励，但他们只是想要一些比MSF提供的课程"更强大"的教学。更糟糕的是，许多人还抱怨说，关于骑行技术的书籍都是为赛车手编写的，对他们来说太复杂了。他们想要更简单的专业街头骑行解决方案，而不是复杂的赛车策略。

在听了足够多的这些"中等骑行技术骑手"的抱怨之后，我最终决定对此做点什么，并开始研究一种新的骑术学校。它将赛车学校的先进技术与MSF的低压力停车场环境课程相结合。同样重要的是，每项技能都将分解为最简单的形式，并以积木的形式进行单独练习。

以许多周围的朋友作为实验对象，课程和演练开始成形。我的基本教学理念很简单。与其让骑手尝试以比他以前尝试过的速度快32千米/时的速度去做动作（一些赛车学校会练习的课程），不如要求学生尝试以3千米/时的小增量加快速度，这让他们不至于太害怕。

例如，假设用完整的比赛节奏去围绕12米直径圆圈行驶速度约为55千米/时，通常普通的街头骑手可能会很舒服地以27千米/时的速度绕过它。这里重要的是让学生感到舒适，这样他才会愿意尝试新事物。首先，我会先以速度为0千米/时的状态开始教授正确的技术。为此，我让学生骑上他的摩托车，并让其他几名学生一起帮助我，我们通过将摩托车全部倾斜来进行模拟转弯，同时用我们称之为"正确转弯的10个步骤"去帮助该学生实时做出正确的身体位置。

我们这样做了几次，直到这位学生可以在模拟练习中正确地做所有事情，然后他在能接受的范围内做

从我们的专业教练那里得到指导是将"极致驾控"技术付诸实践的最有效方法。本书可以将你的骑行技术提升到另一个层次。

到了。当学生在以27千米/时的速度行驶后，他再以30千米/时的速度行驶，然后以33千米/时的速度行驶。假设他在27千米/时速度下就遇到了问题，我与他一起解决，直到他可以顺利地以33千米/时的速度行驶。然后我们转向36千米/时，依此类推。现在他使用街道轮胎时的车速可能不会超过48千米/时，但到一天结束时，因为使用这种教学技术，他骑行的每个阶段都会有具体的可衡量的改进。这样，我的"高级骑术诊所（Advanced Riding Clinic，ARC）"诞生了。

在拥有超过1万名学生之后，这证明了该模式的可行性。事实上，虽然该课程最初是为街头骑手设计的，但许多赛车手发现这些课程在提高他们的骑行技能方面也有同样的效果。

我最初发现这种模式也是偶然。当我还在上大学的时候，想通过自学练习拿膝盖压弯，于是摸索出了这种模式。当时，我的宿舍旁边是一个很大的空停车场，主要用于举办体育赛事。有一天，这个空停车场没有安排活动，于是我就拥有了整个停车场。我使用几件脏运动衫放置在几个关键性的位置上，摆出一个练习用的弯道。值得强调的是我没有将练习的"路线"设置很多弯道以及制动点，我觉得最好保持简单。当我开始尝试转弯时，深吸了几口气，穿戴上头盔、皮衣、靴子和手套，开始探索未知的倾斜角度。

像我在电视上看到的赛车一样，通过来回编织骑行来加热轮胎，大约5分钟后我开始慢慢提高速度。我发现必须不断改变身体姿势来应对增加的速度，并且一直重复，直到我感觉舒服为止。当然，我不知道自己在做什么，也没有知识渊博的导师来帮助指导我，但是在大约30分钟之后，我终于将膝盖触到了地面，此时我感觉自己达到了人生中的一个重要里程碑。

作为一个新人，我没有冒险破坏这一难忘时刻，而是拿起我的衣服，把摩托车停好，然后走回宿舍。每个用膝盖压弯摩擦地面的骑手都像昨天一样记得他的第一次。之所以会这样，部分原因是通常需要多年的实践才能达到这个境界。然而，在一个阳光明媚的周六下午，仅仅半个小时内，我能够在一个低压力的环境中突破门槛，当然你也可以。对你来说幸运的是，我那天错过的一切都在这本书中为你清楚地说明。

书的诞生

我在全国各地的集会上教授了许多ARC之后，有两件事毋庸置疑，第一，我的学生在骑术方面取得了令人难以置信的进步，但对于一般骑摩托车的人群来说，我永远无法传授足够的课程来对他们产生很大影响。第二，是我从来没有为我的"训练营"做任何宣传。我知道即使我愿意，我也没有时间满足需求。

然而，互联网在宣传这件事上加了一把力。来自各地的毕业生快乐地在网站上发布了他们令人难以置信的进步故事。碰巧一位来自《国际动力手册》（*Motorbooks International*）的信息收集编辑达尔文·霍姆斯特罗姆（Darwin Holmstrom）也关注到了这么多帖子，他便询问是否有可能就该主题写一本书。虽然，我曾考虑在某个时候写一本书，但他的电话使这个项目成为首要任务。经过深思熟虑，我意识到写一本书是将这种骑行技术普及到大众的唯一途径，因此我开始将文字写在纸上。

在完成初步研究后，我决定在缺席7年之后重返国家公路赛事，彻底测试每一项技术。我选择参加WERA国家耐力系列赛（WERA National Endurance Series），因为大量的赛道时间会给我最多的机会来验证我的发现。

我加入了Speed Werks/Cyberlogtech团队，驾驶铃木SV650参加轻量级比赛。我的两个队友作为新手参加了一个赛季后马上就获得了专家级驾驶执照。虽然我不认为我们会成为冠军的竞争者，但我认为这是一个与几位车手一起测试技术的理想机会。

令人惊讶的是，即使这是一支没有耐力赛经验的新秀团队，整个团队的第一次努力就成功赢得了冠军。显然，这些技术已准备好发布。但我们也经历了一段阴霾，我们的车队老板斯科特·高兰德（Scott Gowland）在我们赢得冠军的前两周被谋杀，此前他非常努力地想取得冠军。这本书同时也是作为礼物献给他的，以纪念他。

这本书的重点是什么？

这本书的目的是教你如何全面驾控摩托车。那么，全面驾控是什么意思呢？美国加州超级摩托车学校（California Superbike School）首席教练克比·费尔（Cobie Fair）告诉我最好的定义是："摩托车的动态如你所愿。"如何去驾控则会因骑手而异。你在使用这本书后能以与当前相同的安全级别将摩托车驾驶得更快，或者以相同的速度更安全地骑行，或者两者兼而有之。本书专门介绍骑行技巧，而不是赛车策略。关于赛车主题将在另一本书中介绍。

本书将为你提供一个真正的工具，用来改进你的骑行习惯。通过本书，可以使你在碰到问题时进行自我诊断，并为你提供解决方案。

换句话说，你将学习到特定的骑行技巧，让你驾控自己的摩托车。这与向你提供诸如"保持平稳"之类的通用建议有着根本的不同。我认为，克比·费尔（Cobie Fair）将平滑度称为"虚假承诺"时说得最好，因为就其本身而言，平滑度并没有解答如何实现这种状态。我的立场是平滑不是你要做的事情而是结果。流畅是正确练习足够次数的结果，每次都需要越来越少的努力，直到你几乎可以毫不费力地做到这一点。但是，简单地告诉某人要平稳与告诉他要快一样无用。如果不知道具体怎么做，那么这只是一个空洞的概念。

我应该提到，在全书中，我使用代词"他（He）"作为描述乘客的通用代词，使用"她（She）"来描述乘客。这并不意味着以任何方式进行性别歧视。不幸的是，在英语中，我们必须选择使用"他（He）"或"她（She）"。如果混用，就会使文章变得难以阅读或者是语法错误。因此，请随时用"他"代替"她"，反之亦然。

如何使用本书？

本书分为5章，旨在按顺序阅读——这里没有后现代主义的非线性。第1章介绍了摩托车底盘的动力学。我在不借助任何数学知识的前提下不遗余力地解释了所涉及的物理特性。没有这种理解，这些骑行技术就没有多大意义，所以我不鼓励你跳过这部分。

第2章涉及骑行心理学。掌握你的思想如何与高性能摩托车的现状相关联并做出反应与技术本身一样重要。通过学习处理恐惧和控制你的思想，更快地学习这些技术会更容易。

在第3章中，你将学习以清晰简明的步骤去驾控摩托车的具体技术，该步骤不仅使用图片来展示要做什么，而且还会展示你做错时的样子。在教授极致驾控ARC（Total Control ARC）时，我发现展示正确和不正确的方法可以让学生更清楚地了解这些技术。当需要练习这些技巧时，你可以在路上、赛道或停车场中练习。确保道路表面没有污垢和灰尘并且干燥很重要，还要确保如果有涂漆的线条，它们不会很滑。你可以使用大扫帚清扫地面，或者使用气动吹叶机。此外，让你的轮胎达到工作温度也至关重要，因此我建议在尝试任何技术之前，来回曲线骑行几分钟以将轮胎提升到工作温度。相信我，这值得花时间。

我强烈建议带一名或多名骑友一起进行这些练习。理想情况是每个人都事先阅读过本书，但如果没有，你可以在图片中指出他们应该寻找什么，包括积极的和错误的。这很有帮助，因为骑手可能会认为他们做的事情是正确的，但实际上他们做错了。我还强烈建议使用摄像机或智能手机尽可能多地记录练习过

我在 2001 年底退出职业公路赛后，于 2005 年在柳泉赛道（Willow Springs Raceway）的美国国家级系列赛 Triumph Thruxton 杯挑战赛中亮相过一次。利用本书中的技巧，我驾驶一辆极其普通的摩托车，击败了许多著名的常客，包括三届全国冠军杰伊"斯普林格"斯普林斯汀（Jay "Springer" Springsteen）。

程。正如我们在"极致驾控"中开玩笑说的那样："虽然教练可能会撒谎，但相机永远不会撒谎。"

第4章涉及对摩托车进行调校设定以实现专业骑行。每一节都有有用的信息，但第4章第1节：悬架设定是最重要的，应该被视为练习任何技术之前的先决条件。

第5章是关于实现骑行的乐趣，骑手该做哪些准备。尽管想要只穿少量装备的最佳方法是永远不发生事故，但穿着合适的装备和身体健康也是全面安全骑行策略的一部分。

其他资源可以在附录中找到，也可以在网上找到。其中包括我对其他骑术学校的建议。

正确的态度

尽管本书中的信息来自于详尽的实际测试结果，但总会有更好的替代技术出现。例如，多次获得世界冠军的米克·杜汉（Mick Doohan）和卡尔·福格蒂（Carl Fogarty）是比我以往任何时候都快得多的赛车手。话虽如此，我永远不会试图教任何人世界冠军们所用的独特骑行风格，因为与本文所包含的内容相比，它们有太多缺点。我确信，通过尝试本书中的每一种技巧，你会发现大多数技巧（如果不是全部）对改善骑行有很大帮助。

我要求你像在商店里试穿夹克一样"试穿"本书中的技巧。请记住，即便你试穿了，也并不意味着你必须购买它。但是，你试穿的夹克越多，找到合适的夹克的机会就越大。有了这种态度，你会做得很好，不用担心需要记住所有事情。记住你能做的就足够了。当你准备好了解更多内容时，你可以重温本书内容。你不能一次就对你技术的每一个领域都做出全面的改变，所以不要一次就尝试所有。

像使用食谱一样使用本书。每当你忘记一个优秀技术的特定食谱时，就把它拿出来温习，并随时用你认为有帮助的任何个人笔记对其进行标记。就像任意一本好的食谱一样，你用得越多，它看起来就越像一个很好用的工具。当然，在你的咖啡桌上放一本全新的书，可以在你的骑友伙伴来访时派上用场。

最后，在开始极致驾控之旅前，不要忘记享受这个过程。我个人的口头禅是"摩托车骑行让生活更美好"，或者正如罗伯特·皮尔西格（Robert Pirsig）在《禅与摩托车维修艺术》（*Zen and the Art of Motorcycle Maintenance*）中所说的那样，"骑行就是发现自我的过程"。通过锻炼你的骑行技巧，你不仅会变得更安全、更有趣，而且还会通过对技术的独特诠释来表达你的真实本性。这类似于熟练的舞者将基本舞蹈动作与她身体的独特结构相适应，并最终将她的"签名"放在动作上。当你完全自我表达时，你自然会变得快乐和满足，所以练习这些技巧会真正改变你的生活。

第 1 章
Chapter

1

底盘
动态

骑摩托车其实就是一种管理轮胎牵引力的练习。本书中讨论的每项技能目的，几乎都是最大限度地提高轮胎的牵引力，并有效地利用这些有效牵引力。为了做到这一点，我们首先要了解什么是牵引力，以及它是如何工作的。影响牵引力的因素有很多，有些是显而易见的，有些则不是。

轮胎

轮胎是摩托车最关键的部分。至于原因，简单地说，轮胎是摩擦力的提供者。它们通过与路面接触产生摩擦力，形成一个"接触面"。当轮胎底部与路面接触时，轮胎底部被压平，形成一个投影为椭圆的图案，这便是接触面，从而产生摩擦力。更大、更软的轮胎提供了更大的接触面和更大的摩擦力。轮胎上的橡胶咬合粗糙路面上的小裂谷，形成一系列微小的互锁"牙齿"，将摩托车牢牢地固定在路面上。

轮胎压力

有非常多的因素会影响接触面，进而影响摩擦力。轮胎压力决定了轮胎在接触路面时将会变平的程度。与高气压且窄而硬的轮胎相比，低气压、宽且柔性构造的轮胎会产生更大的接触面和更大的摩擦力。在某些形式的比赛中，例如攀爬比赛和直线加速赛，轮胎压力会被调整的非常低，以最大限度地提高接触面和牵引力的大小。这些压力仅在此处起作用，因为不涉及需要更硬侧壁的高速转弯。

你需要拥有一个精准的轮胎压力表，比如李·帕克设计（Lee Parks Design）的在美国生产的这一款。时刻检查胎压对于轮胎的正常使用寿命和牵引力至关重要。这个特殊的仪表经过手工测试，误差在 +/-1 磅力（1 磅力约为 4.45 牛）以内，它的侧壁上还印有读取轮胎日期代码信息的说明指南。虽然干分表可以非常精确，但如果在工具箱中碰撞或掉落，它也很容易失去测量基准。所以为了保证你的仪表测量准确，把它们带到赛道，让其中一个赛车轮胎供应商对照轮胎压力进行检查。这些轮胎是定期校准并存放在保护箱中的，可以校对你的摩托车轮胎压力表，保证准确读数。

一般街道轮胎压力指南			
标准 / 运动 / 运动巡航（子午线轮胎和斜交轮胎）*			
前	标准 / 磅力	更小 / 磅力	更高 / 磅力
80/90	32~34	32~34	34~36
100/80	32~34	34~35	35~36
110/70~120/90	34~36	36~38	36~38
130/60~150/80	34~36	36~38	38~40
后	单独 / 磅力	更小 / 磅力	更高 / 磅力
100/90~110/90	34~36	36~38	38~40
120/80~130/90	36~38	38~40	40~42
140/70~200/50	36~40	38~42	40~42
* 赛事 / 赛道日 / 高级骑术学校应从上表减去 4~6 磅力（1 磅力约等于 4.45 牛）			
具有加强结构的全装旅行轮胎			
	标准 / 磅力	更小 / 磅力	更高 / 磅力
前	38~40	40~41	42~43
后	44	46	48~50

需要注意的是，胎压调节其实是一种折中的选择。如果你的胎压比标准压力小一些，车重会让更多轮胎面紧贴路面，提供更多接触面。这虽然会提供更多牵引力，但是也是以轮胎寿命为代价的。相反，更高的胎压会让接触面变小，这能让你的轮胎有更长的寿命，但会以一些轮胎牵引力为代价。当然，在任何极端情况下，轮胎都可能出现危险状况，因此务必牢记自己胎压的规定数值，并将其保持在推荐的几磅力范围之内。上页是一个带有一些基线设定的图表，降低胎压是为了更高的性能，而升高胎压则是为了延长寿命。请记住，轮胎技术总是在不断变化，因此可以与自己轮胎的制造商保持联系，以随时获得最佳胎压设定值。

如果用低压轮胎行驶是会出现问题的：轮胎的负载能力降低，并且轮胎的内摩擦增加，从而产生热量。这会导致轮胎温度升高，可能会让轮胎达到很危险的程度。场地赛车手调节胎压时，都是轻微调整的，一次可少至半磅力，以微调胎温。对于街道骑行，重要的是别太偏离制造商建议的胎压，因为胎压在调校设定时，可以在给定的负载和压力下提供合理的接触面和变形量，保证最佳公路性能。

轮胎温度

除了胎压，胎温也决定了其提供的牵引力大小。随着胎温的升高，橡胶变得更加柔顺，与柏油路面互锁的能力会变得更强，因此能提供更大的牵引力。当胎温超过了轮胎的设计温度，那么橡胶将会开始分解。此时，轮胎可能会融化，或者胎面可能与胎体分离，或者更糟的是这两种情况可能同时发生。回忆一下是不是经常能在采访中听到赛车手说他的轮胎"油腻"或"起泡"，那么他真正想表达的意思是他的轮胎太热了。

相反，当轮胎变冷时，橡胶变硬，与粗糙路面的互锁效应就不会那么明显了，这会使抓地力显著降低，和过热时的效果一样。对于竞赛用复合轮胎尤其如此。在冷胎上用力过猛，这是导致我和几乎所有我认识的赛车手摔车的主要原因。尤其是当街道摩托车配备了DOT标准的赛车轮胎时（这是一种胎面经过切割有花纹的复合赛车轮胎，以满足交通部门对街道用胎的最低标准），在街道上骑行，这并不是一个非常好的选择。相反，他们不仅在街道上做出了糟糕的选择，在赛道上也如此。许多非快车组别的赛道骑手为了获得更好的牵引力，他们选择使用街道轮胎，因为他们无法让赛车轮胎达到其工作温度。街道轮胎可以在相对低温下达到最大抓地力，而赛用轮胎需要很高的温度才可以达到最佳状态，这就是赛车手在赛前需要预热轮胎的原因。你也会注意到，汽车和摩托车会在热身圈上来回摆动，通过轮胎内部橡胶弯曲来增加额外的热量，迅速提升轮胎温度。

轮胎成分

轮胎种类繁多，从超级黏的赛用胎到"硬如岩石"的耐磨型轮胎特性各异。然而轮胎的复合物顺应

赛车手和赛道日常客使用像 Chicken Hawk Racing 这样的轮胎加热器来"预热"轮胎，之后再上赛道。这是因为赛车轮胎的设计是要能在极高的温度下工作，实际上它们在较低温度下的牵引力比街道轮胎还差。

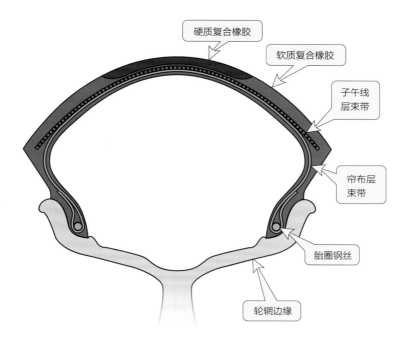

硬质复合橡胶

软质复合橡胶

子午线层束带

帘布层束带

胎圈钢丝

轮辋边缘

最近复合型轮胎越来越受欢迎。这种轮胎有"两全其美"的设计，在轮胎的中间使用更硬的复合材料以获得更好的里程数，而在边缘则使用更软的复合材料，以便在高倾斜角度时获得最大的抓地力。

性也会随着时间而改变，在路上骑行时，冷热交替会让轮胎逐渐变硬。赛车手将其称为"热循环"，特别是柔软的赛用胎，因为赛用胎仅针对6~7个热循环范围内进行优化，超过这个范围后可能就会失去大量的牵引力。这也是赛车手从赛道回维修区后就立马将轮胎加热器放回轮胎上的原因。如果车手们可以让轮胎一整天都保持温暖而不让它们冷却，那么即使轮胎在赛道上和赛道外来回使用了多次，轮胎也只会经历一个热循环。如此一来，车手们就可以从一组轮胎中获得不止一天或一个周末的时间。

胎龄

轮胎仅仅放在仓库或车库中，它也是会变得更硬。当杂志广告中那些廉价的库存轮胎诱惑你时，请记住这一点。那些轮胎可能没问题，但是它们可能已经在仓库里待了很长时间，以至于它们被比喻成"石头"。最好将轮胎视为易腐烂的物品（很像你身边的杂货店产品）。从它们"出生"的那一刻起，它们就开始变质，就像那些棕色的香蕉一样。库存胎也被称为干胎，在极端情况下会导致轮胎破裂甚至失效。幸运的是，轮胎制造商在每个轮胎上都标有制造日期，让你知道它的年龄。不幸的是，日期只存在于代码中，但制造商从不告诉你如何阅读代码。因此，接下来让我们了解一下如何阅读轮胎侧壁上的代码，以便可以计算出任何一款轮胎的年龄。

如图所示，在北美出售的所有用于街道的轮胎侧壁都有一串代码，该代码以交通部的缩写DOT（Department of Transportation）开头，它的结尾有一个4位数代码，这就是轮胎的生产日期。前两位

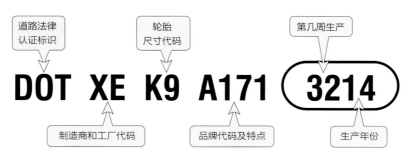

道路法律认证标识

轮胎尺寸代码

第几周生产

DOT XE K9 A171 3214

制造商和工厂代码

品牌代码及特点

生产年份

左侧图示是如何"破解"轮胎侧壁上数字和字母代码的方法。这一行代码中最重要的信息是椭圆中的最后四位数字，它们代表了轮胎的生产时间。

数字代表该轮胎是第几周生产的，后两位数字表示年份。例如，数字3214表示该轮胎是在2014年的第32周生产的。一般来说，运动型摩托车上使用的轮胎自生产之日起可使用2年左右，运动版休旅轮胎的保质期在3年左右，休旅和巡航轮胎的使用寿命约为4年。休旅和巡航轮胎比纯运动型摩托车轮胎的使用寿命更长的原因，是因为前者更注重离地间隙，后者更注重牵引力。换句话说，休旅或巡航摩托车还没用尽轮胎的牵引力，它坚硬的车身部件就会先开始在地上摩擦。由于休旅或巡航摩托车离地间隙更高，所以它们行驶时所需要的牵引力稍微要少一些，因此它们的轮胎可以使用得更久一些（也更坚硬）。

尺寸

也许轮胎最令人困惑的部分是尺寸规格。轮胎制造商在这点上从来不为我们考虑，因为他们的轮胎规格似乎没有一致性。因此，我们首先需要了解的是如何读取胎壁上的尺寸代码信息。比如，第一个数字160，是轮胎接触路面部分的近似宽度为160毫米，也就是常规意义下的胎宽。制造商被允许有误差，且与标准值相比误差约为5%，因此一个制造商的150毫米轮胎实际上可能比另一个制造商的160毫米轮胎要宽。轮胎的形状或轮廓也会影响轮胎的总宽度。例如，超级摩托赛事（Supermoto）的轮胎形状瘦高，这意味着它们可以在完全倾斜的情况下从路面上获得更多的可用接触面，并且仍然适合moto-x车型的狭窄摇臂空间。

第二个数字是扁平比。换句话说，这个数值即刚才规定的宽度占轮胎高度或侧壁高度的百分比。在这种情况下，轮胎高度为160毫米的60%。举个例子，很多街头改装摩托车会改装很薄的轮胎，它们的轮胎的扁平比就非常的小。相比之下，拖拉机轮胎的扁平比就非常大。需要注意的是，一般来说小扁平比的轮胎具有相对较好的抓地力，但当轮胎达到最大附着力时，失控打滑也会来的更快。

大扁平比的轮胎在出现滑动时，宽容度会更高一些，也就是你可以有更多时间用来救车。

不幸的是，当摩托车处于最大倾斜角度时，悬架在应对颠簸和倾斜的垂直载荷时，它正处于最坏的位置上。这就是为什么MotoGP的赛车在最大的倾斜角度下，需要稍微增加轮胎侧壁弯曲度以充当二级悬架系统的原因。这些轮胎的扁平比通常在60%~65%的范围内，而有些赛车的扁平比在30%~40%之间，小得令人难以置信。

轮胎侧壁代码上的第一个字母，代表轮胎的速度等级或最大安全行驶速度。在我们的例子中，V级别的最大行驶速度为240千米/时。不管你骑什么样的摩托车或骑多快，你必须确保摩托车的最大行驶速度和你轮胎所能承受的极速相匹配，即使你从来没达到过极速。值得注意的是，以德国为例，骑行得比轮胎规定的最大行驶速度还快就被认为是严重犯罪。换句话说，你可以合法地在高速公路上以241千米/时的速度行驶，但你最好不要用H级（最高行驶速度209千米/时）轮胎来达到这个速度。其他流行的速度等级，还包括S级（180千米/时）和W级（241千米/时以上）。

轮胎尺寸代码中唯一缺少的是轮辋宽度，这是关键信息。

关于轮胎尺寸有一个非常常见的问题，就是什么轮辋宽度才是最合适的。在上面的例子中，骑手弗兰克在他的 SV650 上安装了一个尺寸普通的 160/60VR17 轮胎，实现了令人印象深刻的倾斜角度。这是真的吗？这种特殊的轮胎是由一家信誉良好的公司出售的，但员工没有意识到它是专门为 13 厘米宽的轮辋设计的。当安装在 11 厘米的原厂轮辋上时，它变得如此挤压如同 "炸鸡条" 一样，而轮胎尚未使用的部分则需要摩托车倾斜到几乎倒地摩擦，才能使这部分接触到地面。这意味着在最大倾斜点，接触面积变得非常小。

下一个字母 "R" 表示子午线轮胎。如今，大多数摩托车都使用子午线轮胎。尽管，一些巡航摩托车和旅行摩托车仍使用斜交轮胎，斜交轮胎的代码为字母B。最后一个数字，在我们的示例中为17，表示轮辋的直径，以英寸为单位。

不幸的是，轮胎侧壁上的轮胎尺寸规范没有标明特定轮胎的轮辋宽度。举个例子，我见过一些160/60R17的轮胎是为10厘米宽的轮辋而设计的，而其他同规格的轮胎则是为14厘米宽的轮辋制造的。他们在胎侧上的信息都相同，但是当你把一个给10厘米宽的轮辋用的轮胎放在一个14厘米宽的轮辋上时，就会发生非常糟糕的事情。你可以让它适合，但现在轮胎的轮廓已经被撑开变平，以至于胎肩可以直接接触地面行驶。同样糟糕的且更常见的是，将一个本应适配13厘米宽的轮辋的轮胎放在11厘米宽的轮辋上。你同样可以把它压在轮辋上，但现在轮胎的外边不能用来产生牵引力。在这两种情况下，当一个轮胎的形状不太正常时，随着速度的增加，轮胎会产生抖动和摇晃，从而造成非常危险的情况。

即使是来自摩托车制造商的轮胎尺寸建议，也会有问题，因为不同品牌的轮胎可能无法满足特定摩托车和骑行条件。例如，有许多轮胎的尺寸大小是正确的，可以适合铃木隼或川崎ZX-14，但其中又有多少轮胎的最大速度额定值适合这两款高速摩托车？另一个例子是本田金翼或哈雷至尊滑翔这两款重量型摩托车，同样也有多个适配它们尺寸的轮胎，但正确的轮胎也必须具有正确的额定载荷，以承受满载的最大质量。为了避免这些类型的问题，在选择摩托车轮胎时，请始终遵循轮胎制造商的建议。轮胎制造商做了大量的测试，他们能保证只要轮胎各项规格适配你的车型，它就会非常安全的工作。

当然，如果牵引力是选择轮胎的唯一考虑因素，那么最好的选择应该是轮辋上能适配的最宽的轮胎。正如我们所见，轮胎尺寸不仅影响牵引力，还影响操控性。当你在摩托车上安装更大的轮胎/轮辋组合时，牵引力会增加，但是，转向会变得更为艰难。正确的轮胎尺寸会让牵引力和操控性之间有了一个最佳平衡。不过也要记住，可以提供最好操控性的轮胎尺寸并不一定是原厂尺寸。有时摩托车制造商安装的后轮很宽，这是因为风格的原因，肥肥宽宽的轮胎看起来很酷。例如，一些配有190毫米宽轮胎的运动型摩托车，在相同宽度的轮辋上，用180毫米宽的轮胎时操控性会更好。同样的，任何一辆拥有超过200毫米宽轮胎的巡航车型，肯定会牺牲一些操控性来换取颜值。

轮胎外形

选择合适的轮胎外形与选择正确的轮胎尺寸一样重要。轮胎外形不仅对牵引力很重要，而且会明显影响摩托车的操控方式。如果你曾经在同一辆摩托车上试过不同品牌或型号的轮胎，那么你就会知道每个轮胎的操控感觉有多不同。在过度简化外形的形势下，轮胎分为两种基本形状：圆形和V形（参见第25页上图）。

从旅行轮胎到赛用胎，几乎所有类型的轮胎都满足以上两种分类。正如你所想象的，圆形轮胎轮廓的两侧都非常一致的，看起来给人以信心和鼓励，因为它可以让转向更加线性，有预见性。相比之下，V形轮廓的轮胎能使同样一辆摩托车更快的转弯，并有一个更大的路面接触面，在满胎压弯时可以有更大的轮胎牵引力。没有完美的轮胎外形，但在这两种中，一定有更适合你的那一个。

你可以选择适合自己的轮胎轮廓，从而改善摩托车的操控特性。例如，如果你的摩托车操控特性比较活跃，一个轮廓更圆的轮胎有助于让车子底盘稳定迟缓一些。相反的，如果你的摩托车有点迟钝，转向缓慢，V形轮廓轮胎将有助于加快节奏，使其更容易转向。其实，在线论坛是一个很好的平台，通过摩友的真实案例，来衡量一个特定的轮胎轮廓如何影响一个特定的摩托车。请记住，悬架设定调校和底盘几何结构变化（如摩托车高度）都与轮胎选择相互关联，而且动一发则牵全身，每一项调整都将影响整体操控性。

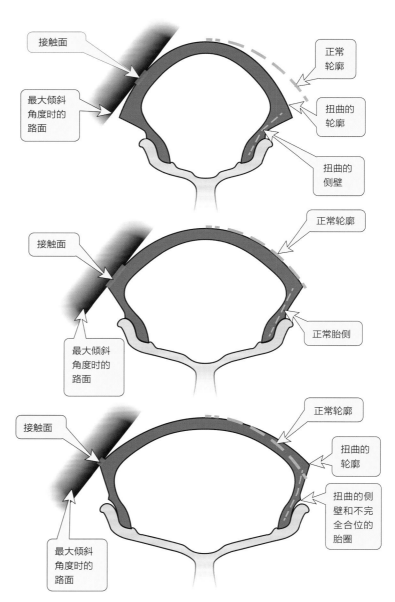

请注意三个不同宽度轮辋上的相同轮胎轮廓，观察它们如何具有不同尺寸的接触面。在太窄的轮辋（顶部）上，只能有效使用轮胎宽度的一部分，并且接地面积会缩小。正确的轮辋尺寸（中）可最大限度地提高接触面的尺寸和位置，从而获得最大的牵引力。太宽的轮辋（底部）会迫使接触面在高倾斜角度时很小，并且可能会阻止轮胎的胎圈正确合位，可能导致打滑或漏气。出于同样的原因，汽车轮胎不应该用于两轮或三轮摩托车。

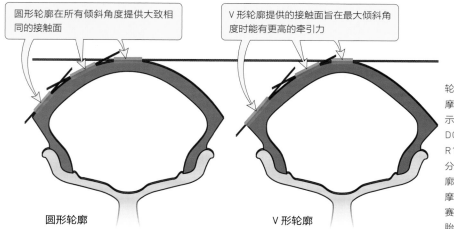

圆形轮廓在所有倾斜角度提供大致相同的接触面

V形轮廓提供的接触面旨在最大倾斜角度时能有更高的牵引力

圆形轮廓

V形轮廓

轮胎轮廓可以显著改变摩托车的操控方式。图示中是两个普利司通DOT赛车轮胎（左侧为R10R，右侧为003R），分别具有圆形和V形轮廓。赛车手根据他们的摩托车或他们所在的赛道选择最适合的轮胎形状。

轮胎花纹

除了上述的尺寸和轮廓，轮胎还会有不同的胎面花纹，以帮助轮胎在不同的条件下获得最佳牵引力。胎面花纹的目的是帮助轮胎加热，并排出道路上的水、灰尘和小瓦砾。然而，真正赋予轮胎牵引力的是橡胶接触路面时产生的摩擦力。因此，橡胶接触面越大，牵引力就越大。这就是为什么场地比赛和直线加速比赛摩托车使用光头胎，这种轮胎根本没有花纹，以最大限度地增加橡胶与路面接触的表面积。不幸的是，当路上有积水或灰尘时，所有的情况都会改变。因为水需要被排出，以防止摩托车在上面打滑。当轮胎有花纹时，水被引导到胎纹内，这样轮胎就可以接触路面并保持牵引力。路面条件越差，你需要的胎纹就越多；路面条件越好，胎纹可以越少。这就是为什么巡航摩托车胎和旅行摩托车胎往往会看到更多胎纹，它们需要在不利条件下保持最佳牵引力。而为"晴天"设计的运动型摩托车轮胎，没有太多胎纹，它优化了在干燥条件以及良好路面环境下的最大牵引力。有趣的是，专为雨天制造的场地赛用轮胎胎面花纹比旅行轮胎还要多，但它们非常柔软，能够产生不错的牵引力。但是，如果在正常干燥的路面上骑行超过20分钟，这种雨胎很快就会损坏。

道路和天气条件

在测试牵引力大小时，道路状况与轮胎一样重要。水、灰尘、油、裂缝或油漆道路标识等表面，这些路面上的因素会大大降低牵引力。当遇到这样的障碍时，正如我们刚刚讨论的那样，有些轮胎比其他轮胎的宽容度更高。同样重要的是，因路面的类型不同也会导致牵引力的不同。沥青提供的牵引力通常比混凝土提供的更好，但这会根据表面纹理而变化。例如，我骑过比泥土还滑的抛光混凝土。我还在"磨碎"的混凝土上比赛，这些混凝土像胶水一样黏住我的车轮，但轮胎磨损的速度是沥青的两倍。同样天气也会对牵引力产生巨大影响，雨、雪和风通常就是罪魁祸首。环境温度和道路温度同样会影响牵引力。

三种不同类型的轮胎具有独特的胎面花纹。运动型摩托车轮胎（左）的花纹最小，可在干燥天的极限条件下提供最佳牵引力。越野运动型轮胎中有大的凹槽，以帮助"咬住"泥土（中间）。旅行轮胎有很多花纹，可帮助在不利条件下排出道路上的水和其他碎屑。

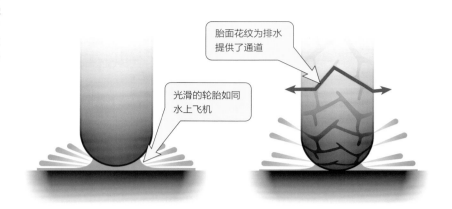

胎面花纹使轮胎可以穿过水和小碎片直接接触路面行驶。赛车"光头"胎会在水面上滑行，这就是它们仅用于干燥路面的原因。

胎面花纹为排水提供了通道

光滑的轮胎如同水上飞机

悬架

悬架的状况、质量和调校设定也对牵引力的大小产生深远影响。事实上，悬架系统最重要的工作并不是将你与路面的颠簸隔离开来，而是通过始终施加均匀的压力将轮胎牢牢固定在地面上。如果压力太小，摩擦系数将不足以保持牵引力。相反，如果压力太大，橡胶会从轮胎上剥离，导致打滑。

如果悬架维护或调整不当（参见第 4 章第1节：悬架设定），车轮上下移动的速度会过快或过慢，无法在不断变化的路面上保持稳定的压力，这很容易导致轮胎与路面失去接触。不管你的轮胎有多好，如果它们不接触路面，它们就不会提供任何抓地力。

牵引力"馅饼"

你不仅要关心可用牵引力的大小，还必须能够很好地管理它。为了更好地理解这个概念，把牵引力想象成一个切好的饼，有几个外力（加速、减速和转弯）不断争夺它们的份额。假设我们的牵引力"馅饼"被切割成了10片。如果让转向把10片全部拿走，那么加速和减速就分不到任何牵引力了。如果不需要减速服务，那可能没问题。当然，如果你给转向分8片馅饼，并且还想要减速，那么你可能会用完馅饼并摔倒。这个比喻，就是始终要为任何不速之客保留一些备用馅饼。

减速

随着负载的增加，轮胎通常会产生更大的抓地力。这就是前制动器如此重要的原因，尤其是在运动型摩托车上。前轮承载的重量随着减速而增加，更短的轴距和更高的重心使这种效果更加明显。由于制动时前轮承载的重量会增加，因此要是没有重量转移，前制动使用概率还会变得更多。结果大多数运动型摩托车的后制动器在急制动时变得毫无用处，因为后轮会轻轻翘起，甚至完全脱离地面。

转弯

在你过弯时，摩托车极易失控。比如，在过弯时你突然加大油门，但此时感到有些害怕，所以突然又松开了油门，发动机反拖并起到制动的作用（这称为发动机制动），接着会使后轮减速，从而让摩托车重心向前，车身向前倾斜。前轮此时承载了更多的重量。通常情况下，前轮的牵引力会增加。但在这种情况下，前轮还必须承受一部分转弯负荷。但遗憾的是，前轮增加的牵引力并没有超过额外增加的转弯负荷，这会导致前轮完全丧失牵引力，从而导致前轮胎打滑。换句话说，前轮胎的"胃口"变得大于牵引力"馅饼"的可用数量。另一种情况中，过多的循迹制动（见第3章第5节：制动）也有类似的效果。

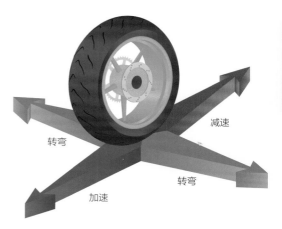

我们给摩托车施加的三种基本力（加速、减速、转弯）总是试图耗尽有限的牵引力。因此，学会如何平衡它们是实现极致驾控的关键。

加速

当你加速时，重心从前轮转移到后轮。如果重心转移足够快，前轮会离开地面，就像许多摩托车赛事运动中所看到的那样。当用一辆性能超强的运动型摩托车在转弯处加速时（尤其是在低速弯中），加速很容易让轮胎突破牵引力"馅饼"的极限。当这种情况发生时，后轮会开始滑转并侧滑，摩托车开始向弯道内侧（向左转时车尾向右甩，反之亦然，和汽车漂移类似）旋转，一般下意识的反应是通过收油门来阻止这种情况的发生。但不幸的是，虽然这个动作会迅速恢复正在侧滑着的后轮胎的牵引力，但可能导致骑手从摩托车上方抛出摔离（Highside），也就是我们常说的高摔或者高抛（High-sideing）。高摔基本上是摩托车的前进速度转化为旋转速度，此时的摩托车就像个发射器一样，用前进的速度旋转着把骑手发射出去。换言之，如果你想见"死神"，高摔是最快的方式。

倾斜角

倾斜角度也会影响抓地力，但不是你可能认为的那种原因。如前所述，在较大的倾斜角度下，摩托车悬架的效率降低，因为运动部件不再垂直于施加在上面的力。从本质上讲，弹簧刚度在逐渐变硬，而侧向力使轮胎滑动的部分相互弯曲，从而产生额外的摩擦力。为了应对这些低效率现象，摩托车工程师设计了一个可稍微变形的车架和轮胎弹性量来应对这一情况。

这是有帮助的，因为在最大的倾斜角度下，车架和轮胎侧壁吸收路面的颠簸比悬架系统更有优势。不幸的是，尽管工程师们尽了最大的努力，随着倾斜角的增加，总体的可用牵引力仍然会变小。骑手和摩托车的复合重心也会影响倾斜角度。

复合重心是车手和摩托车作为一个整体后的重心。车手重心离弯道内侧越近，在一定的半径和速度下，所需的倾斜角度越小，这就是为什么赛车手在转弯时会悬挂在摩托车弯内侧（也就是挂车）。基本上，骑手可以通过减少摩托车倾斜角度来增加牵引力。他们可以通过身体重新定位重心来减少摩托车的倾斜角度（见第1章第2节：转向），或者通过线路选择来减少摩托车完全倾斜角度的时长（见第3章第2节：线路选择）。

牵引力管理

如你所见，有很多因素会影响牵引力。一开始，学习管理牵引力这件事可能会让你无从下手。然而，通过阅读以下章节，你可以确切地了解你需要知道的，而不必被过于复杂的学术理论所束缚。只要在做每一个动作的时候集中注意力，牵引力便会服从于你的管理。

第2节 转 向

因为摩托车是一排轮子的车辆，所以它们无法保持静态平衡，它们必须依靠倾斜来转向。因此，摩托车的转向过程要比四个轮子的汽车转向更为复杂。为了明白一辆摩托车是怎样转向的，你需要先学习下摩托车的转向几何。

后倾角和拖曳距

你大概在一些摩托车杂志上看过"后倾角（rake）"和"拖曳距（trail）"这两个词。这两个数据是摩托车转向方面的主要数据，但它们都代表什么意思呢？

后倾角和拖曳距都是定义前轮的主销后倾角的相关数值。要了解主销后倾角是什么的话，你可以去观察一下超市购物车或者办公椅的轮子。你会发现，每个车轮转向轴都偏离车轮轴中心的位置安装，无论朝哪个方向推购物车或者办公椅，车轮始终在转向轴之后，这种效果就叫主销后倾。

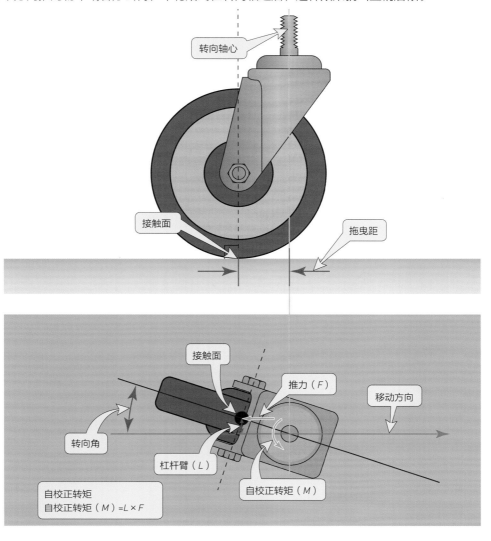

后倾角就是转向轴线与前轮轴落在地面上的垂线之间的夹角，以度为测量单位，而拖曳距是用长度单位测量的。如果你将转向轴线延长至地面，投射出一个点，再将前轴中心落在地面上投射出一个点，将两个点连线，这个长度便是拖曳距。

把拖曳距想象成一个"校正扳手"，它可以将轮胎回正至车头的方向。一旦你向前推动购物车时，车轮会立刻跟随转向轴在其身后，车轮与行驶的方向平行。更长的拖曳距就像一个更大的校正扳手，让轮胎回正。换言之，当车轮偏离直线时，"拖曳距扳手"会将其扳回原位。

假定我们使用一样的连接手把和前悬的三角顶板，拖曳距和前倾角是正相关的。换句话说，其他变量一定时，后倾角越大拖曳距就越长。运动型摩托车和拉力赛车都有着比较小的后倾角，这样便于更敏捷的转动手把。而旅行摩托车和巡航摩托车有着更大的后倾角和更长的拖曳距，这样可以提高它们的直线稳定性。

其他几何设定

同样，轴距也影响摩托车的转向。越长的轴距，摩托车的直线行驶稳定性就越好；越短的轴距，摩托车的转向会灵活快速。另外一个影响因素便是摩托车的重心高度。在其他条件一样的情况下，越高的重心，摩托车过弯所需要的倾斜角度会越小。另外，在特定弯道中，不同轮胎宽度、轮胎轮廓也会影响摩托车的倾斜角度。后倾角、拖曳距、轮距、轮胎、重心、骑手，甚至随车行李，都会影响摩托车整体的操控感和弯道表现。对于大多数骑手来说，如果我们重载、换胎或者调整悬架，我们不会考虑这些因素对于摩托车的转向几何有多大的改变，我们无意中会让摩托车的转向变糟。同样的，当我们更换轮胎的品牌或者型号时，对于影响操控性的程度来说和转向几何的改变一样大。

推把 / 推胎与身体转向

只要我下场骑车，关于推把转向和身体转向的争论会不绝

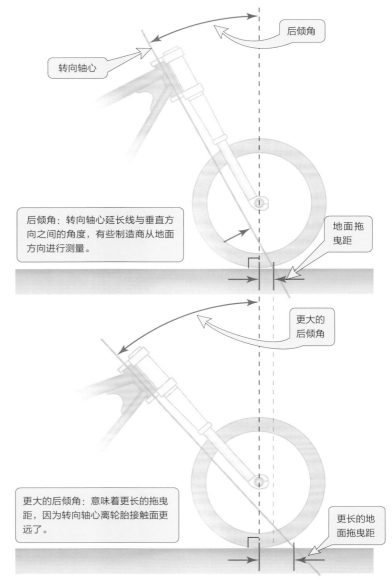

后倾角

转向轴心

后倾角：转向轴心延长线与垂直方向之间的角度，有些制造商从地面方向进行测量。

地面拖曳距

更大的后倾角

更大的后倾角：意味着更长的拖曳距，因为转向轴心离轮胎接触面更远了。

更长的地面拖曳距

于耳。根据我的经验来说，你确实可以通过身体重心转移来修正弯中路线。然而，重心转移对于快速的变向来说，却有些无能为力。这并不是空穴来风，而是被基思·寇德（Keith Code）的"无身体转向摩托车教学"所证实。这个训练方法大概是这样，他在车上装了一套副车把手，并与油门一起牢牢地固定在车架上。经过骑手们体验后发现，仅通过身体重心转移进行快速、准确的转向输入是不可能的。身体转向对转向技术而言，可能是一种很好的辅助手段，但它永远不会是摩托车转向的主要因素。

推把 / 推胎转向是怎样做的呢？

简单来说，推把是在预期转向的方向上对内侧车把施加压力并向前推。"内侧"车把，我指的是正在转向时弯心的那一侧。开始训练的时候，这动作似乎是违反直觉的，因为你并没有将车把转动到你想去的方向，而是相反的方向。把前车轮推向相反的方向，摩托车就会向内倾斜，这是由转弯产生的离心力的结果。有趣的是，将车把向地面上按几乎没有效果。因此，如果你将内侧车把向前推，你会更轻松、更快的转向，而不是试着向下推。

许多人认为推把这个术语意味着车轮必须穿过摩托车的中心线才可以推把。其实，车轮只会沿着当前行驶路线的弯外侧行驶一小段距离。尽管当从摩托车垂直位置开始转向时，车轮确实会穿过一点点当前行驶的中心线并指向相反的方向，但在缓慢、狭窄且转向角较大的转弯处，车轮可能永远不会向外侧偏离，穿过中心。

汽车或三轮摩托车在转弯时不会摔倒，因为它们是多轨的。车轮的第二"轨道"，也就是外侧车轮在车辆重心的外侧，可通过将重量转移到外侧车轮来抵消离心力的影响。当汽车急转弯时，你可以感受到离心力的作用。牛顿第一运动定律是"所有

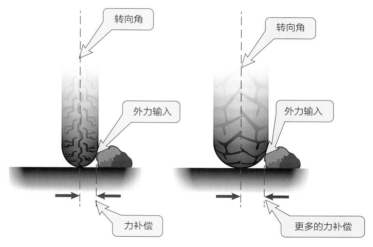

相比窄轮胎，更宽的轮胎在撞击到岩石或障碍物时，杠杆效应更加明显，这导致摩托车行驶方向不稳定。这就是为什么摩托车前胎要比后胎更窄，这也是越野车的轮胎要比公路车型更窄的原因。

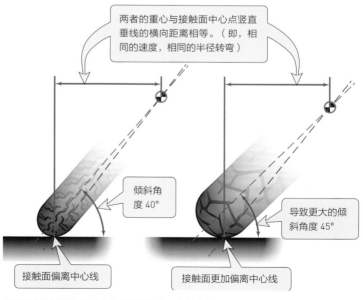

由于轮胎接触面与摩托车中心线的偏移，宽轮胎在相同速度下比窄轮胎需要更多的倾斜角。

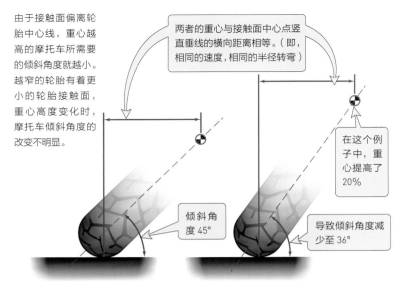

由于接触面偏离轮胎中心线，重心越高的摩托车所需要的倾斜角度就越小。越窄的轮胎有着更小的轮胎接触面，重心高度变化时，摩托车倾斜角度的改变不明显。

两者的重心与接触面中心点竖直垂线的横向距离相等。（即，相同的速度，相同的半径转弯）

在这个例子中，重心提高了20%

倾斜角度45°

导致倾斜角度减少至36°

处于匀速运动状态的物体，除非受到外力的作用，否则都会保持这种运动状态"。这里所说的外力，就是在汽车转弯时所产生的。

因此，当你感觉自己被"扔出"弯道外侧时，其实真正的情况是你车辆的外侧在将你的身体外侧推向弯道的内侧。同时，你的身体一直在尝试走直线，但是你的行驶方向已经被汽车改变了。

应该注意的是，太大的离心力最终将导致翻车，这在高而狭窄的运动型SUV车型中时有发生。当然，这是假设SUV的轮胎具有足够的抓地力可以防止滑动。相反，摩托车没有外轮来支撑由离心力引起的侧向重量传递，所以摩托车过弯时倾斜的方向与汽车相反。

骑摩托车是一种平衡的运动。当你倾斜摩托车时，重力会试图将摩托车拉入地面。同时，离心力会试图将你扔到转弯外侧。通过把你的身体重心转移到弯内侧，就像赛车手"挂车"一样，让地心引力帮你维持车子的平衡。通过你身体的移动，在过弯维持行车路线时，可以降低相当一部分的推把力量。这就是为什么顶级骑手的压弯看起来如此的轻松。这对他们的身体来说很容易，因为他们给了重力一个更长的"杠杆"，用身体把车向弯道内侧压，来对抗惯性离心力的影响。

正如你所了解到的，推把转向会让摩托车倾斜并最终转向，摩托车倾斜的原因与物理有关。当你向前推左车把（比如说过左弯）时，前轮会瞬间向右移动，因为前轮转向右侧，但此时惯性继续将摩托车和后轮向前方推，失调的前车轮使摩托车开始向左倾斜。

你推内侧手把越快，摩托车倾斜得越快；你推力保持的时间越长，它的倾斜角度会越大。一旦摩托车倾斜，它就会转向外侧，因为轮胎的轮廓是圆形的。也正因为如此，当摩托车倾斜时，轮胎接触面的外边缘比内边缘的轮胎周长更大。

在给定的行驶速度和转弯半径下，身体越往弯内侧移动，摩托车的倾斜角度就越小。一旦你找到了人车之间正确重心组合，几乎不需要再用手把来维持车线。这张照片是在西弗吉尼亚州山顶点的一场比赛中拍摄的，当时三名骑手在铃木 SV650s 上以相似的速度通过一个相似的弧线。请注意作者的摩托车（311 号），由于我的重心更外挂，更向弯内靠拢（以自己的车为基准），因此我的摩托车可以比另外两辆车有更小的倾斜度。这样一来，就可以更早更大的在出弯处加速，并获得更大的车身离地间隙。

拖把转向初
期的行车线

摩托车的
轨迹

摩托车的
轨迹

直接转向保持倾斜
并修正行车线

推把转向，或可以这么
描述，快速向你想去的
方向反转车把，这是让
摩托车开始倾斜入弯的
主要动作。之所以这样
可以转弯，是因为前 /
后轮暂时朝向不同的方
向，这会使摩托车失去
平衡，导致它开始向一
侧"坠落"。一旦开始
"坠落"，因为主销后倾
角和拖曳距的作用，前
轮会回正指向弯内，此
时你可以开始维持行车
线。在摩托车入弯后，
直接转向的动作可以让
行车线收窄或变宽。而
转向输入的变化率决定
了你需要使用直接转向
（慢速情况下）还是推把
转向（快速情况下）。

圆周上的这种差异会导致摩托车向一侧滚动，因为较高的接触面轮胎部分每转必须滚动得更快，以和较低的内边缘同步（角速度相同）。摩托车倾斜的角度越大，周向差异越大，走线越紧。例如，拿一个聚苯乙烯泡沫塑料咖啡杯，将侧面着地，然后向前推动。你会发现，它将沿杯子底部或较小圆周的方向滚动。因此，当你的摩托车达到预期的倾斜角度时，你只需释放车把上的部分或全部一些推力，摩托车就会保持特定的半径进行转弯。达到预期的倾斜角后，拖曳距的回正效应（主销后倾角的作用）和陀螺进动效应使摩托车保持在预定的路线上。这一点上，用物理学解释起来，会更加复杂。

陀螺摆动现象

当摩托车在公路上行驶时，即使骑手认为它是稳定直行的，但它实际上以几乎无法察觉的低振幅摆动着运动的。这是由许多因素造成的，比如风、不平整的路面、轮胎轮廓、轮胎橡胶的弹性特性以及骑手和悬架运动中不断的重心变化。

当这种情况发生时，摩托车开始向一侧倾斜，一种称为陀螺进动的现象导致前车轮转至摩托车倾斜的方向。此时，离心力将摩托车推向相反的方向。这个过程一遍又一遍地重复，形成一个低振幅的交叉。

与陀螺进动同步工作的是陀螺动量，它是由摩托车旋转的车轮产生的。为了理解这些现象，你需要做一个简单的实验。手里拿着一个带有自行车轮子的车轴，让朋友帮你向前转动车轮（方向以你为基准）。现在试着将车轮向左或者向右转动，此时你可以通过手来感觉它是如何抵制你的。接下来，再次让朋友转动车轮。这一次，将车轮向左倾斜，好像它真正在压

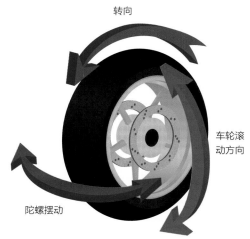

转向

车轮滚
动方向

陀螺摆动

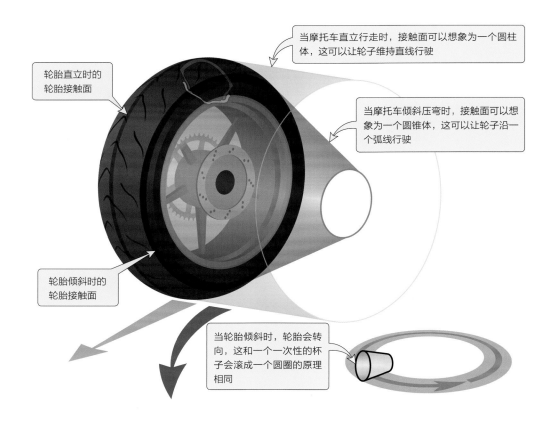

当摩托车直立行走时，接触面可以想象为一个圆柱体，这可以让轮子维持直线行驶

当摩托车倾斜压弯时，接触面可以想象为一个圆锥体，这可以让轮子沿一个弧线行驶

轮胎直立时的轮胎接触面

轮胎倾斜时的轮胎接触面

当轮胎倾斜时，轮胎会转向，这和一个一次性的杯子会滚成一个圆圈的原理相同

弯一样。注意，此时车轮会向你倾斜的方向，也就是向左转向，这种转动效应就是陀螺进动现象。当骑手压弯时，前轮的进动也有助于摩托车的转向输入。但根据底盘设计大师托尼·福莱（Tony Foale，tonyfoale.com）的说法，在大角度推把入弯时，陀螺进动所产生的作用根本不值一提。

陀螺动量随车轮重量、更宽的重量分布和转速的增加而增加。这就是为什么摩托车速度越快转向变得越来越困难，这也是为什么赛车手购买轻量化轮圈来改善过弯性能。好的一面是，车轮速度的提高有助于底盘稳定性，这也是你可以在高速行驶时将手从车把上拿下来而不会摔倒的原因，但在比较慢的速度下，你很难做到这一点。虽然，我看过特技演员詹森·布里顿表演的脱手且低速的抬龙头摩托表演，但这不是我们"凡人"应该尝试的。

反推转向与直接转向

我们刚刚讲解了反推转向，可以将其简单地概括为：最初入弯时，向右推车把摩托车就会向右转向，向左推车把摩托车就会向左转向。其实，还有另一种形式的转向，你可能最熟悉这种转向，也就是直接转向。当摩托车以非常慢的速度行驶时（约15英里/时以下），摩托车可以像自行车一样骑行，你只需将前轮胎指向你想要行驶的方向即可。直接转向在低速下应用更多，但在较高的速度下也可以进行直接转向。直接转向在高/低速下的不同之处在于你转向初始输入的速度。

一个相对较快的转向输入会让摩托车反推转向，并可以快速调整车子的倾斜角度，因此修正行车线。但是，如果我们的转向输入非常绅士、温柔，这样我们会让车辆直接转向。直接转向在一条比较长、转弯半径较大并且干净的弯道中很容易实验成功。你会发现，一个快速的反推转向可以让车辆迅速倾斜入弯，一旦车子进入弯道并处于压弯的状态时，精准、微小的调整需要通过直接转向来完成，用以

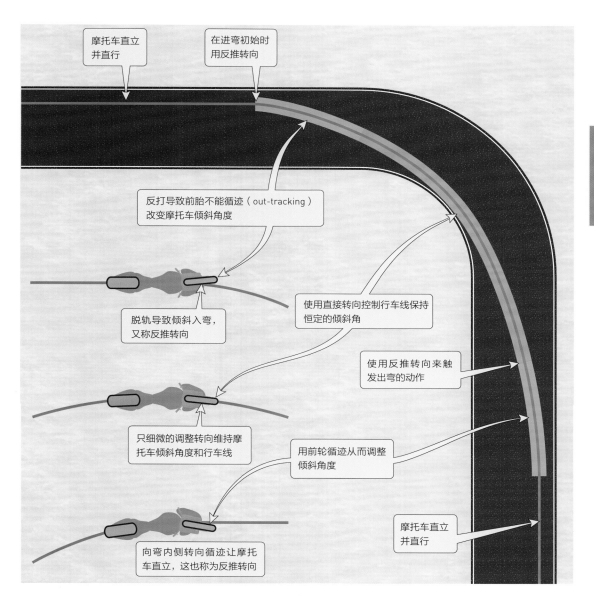

摩托车直立
并直行

在进弯初始时
用反推转向

反打导致前胎不能循迹（out-tracking）
改变摩托车倾斜角度

脱轨导致倾斜入弯，
又称反推转向

使用直接转向控制行车线保持
恒定的倾斜角

使用反推转向来触
发出弯的动作

只细微的调整转向维持摩
托车倾斜角度和行车线

用前轮循迹从而调整
倾斜角度

向弯内侧转向循迹让摩托
车直立，这也称为反推转向

摩托车直立
并直行

修正行车线。如果你用双臂来转向的话，你可能用的力量太大，反而不能细致感受这些微妙的技巧。

转向技术

　　我们在本书中教授的最重要的一个技巧：一旦你进入弯道，只使用你的弯内侧手臂来控制转向，这包括适当的推把和拉把。我之所以建议这样做的原因是：在反推把时，双臂很难对车把的两端做精准且一致的调整，与此同时，也很难有足够的"力量"去抵抗拖曳距和陀螺进动效应带来的干扰。

　　这个建议听起来可能很奇怪，但在我的"极致驾控高级骑行教学（Total Control Advanced Riding Clinics）"里，学生们遇到最大的问题就是以上所说的。在走线比较紧的弯中，他们的两只手臂都在争夺车把的控制权，因此让转向变得异常纠结。学员是否有这个问题，其实很容易被发现，当他们把手臂从油箱上抬起去握把的时候，通过观察手臂的紧张程度，基本上就可以判断他是否有这个问题。

　　虽然，这个理论的提出是通过观看学生们的练习视频得出来的，但并没有实际验证过。然而机会还

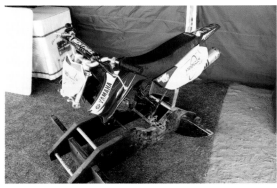

目前，摩托车模拟器已经演化出了各种形式和档次的产品。它们对于训练骑手的骑行姿势很有帮助。但是，截止到撰写本文时，还没有一个能够精确模拟摩托车转向时的实际场景。作者尝试过的最高端版本的模拟器（左上图），但在手臂控车的技术上并没有太多的实际模拟效果。尽管，它在模拟加速、制动和换档方面表现出色，但其模拟转向过程的精确性太低了。如果你是新手，这些模拟器会让你练习出非常糟糕的肌肉记忆。

是来了，在1998年，我参加弗雷迪·斯宾塞（Freddie Spencer）的一所高级骑行学校时，有力地证明了它的有效性。当我在接近一个很难搞定的弯道时（难到差点让我滑出赛道），我决定检验一下我的理论假设，让我的弯内侧的手臂来完成所有的转弯动作。那么，这种理论方法真的有用吗？事实上，在赛道上以同样的位置入弯，我过弯的速度明显也快得多，以至于我用力过猛从赛道内侧跑出赛道，最后以撞车收尾。虽然结果不太好，但是这个方法很奏效！

自从我把"只靠弯内侧手臂转弯"的技术纳入课程后，我的学生们取得了惊人的进步。当学生们将他们紧张的双臂放松下来，不再扭打在一起，并运用单侧手臂转向时，他们的摩托车就变成了一台出色的弯道机器。

当你的两只手臂从扭打中解放出来时，车辆就可以为你所控，在相同的速度下可以更流畅、更迅速的转弯。事实上，当学员们放松他们的弯外侧手臂时，车辆会立刻向弯内侧冲去。当很多学生为了补救练习新转向技术所犯的错误时，他们最终会以一个转向摆动来让车辆不至于滑出赛道。当学生们将这项技术运用到很娴熟时，他们会学着通过加减油门来抵消车辆在弯道中的倾斜角度。除此之外，他们的车辆走线也会变得顺滑，整体骑行感受会变得毫不费力。最终，他们的骑行技术会达到更高的领域，这点我们后边会提到。

事实上，一个专业的汽车赛车手也告诉过我，他们在雨天比赛时也会做类似的事情。当车手在湿地上和牵引力做博弈时，他们通过用一只手主导转向，可以让车辆更轻易地对汽车的弯中"摇摆"做出修正，从而不让车辆失控。

要出弯时，只需反向操作入弯时反推把的动作即可，也就是用弯外侧手臂推把，车轮向弯内侧转动。例如，在右弯道出弯时，推左车把，你会发现摩托车立刻直立起来。而拧油门加速也可以产生同样的效果，因为你正在制造额外的离心力来支撑摩托车直立。一般来说，推把和加速两者结合起来效果最好。在出弯时，推把产生的侧向力作用在前胎上，而油门加速产生的侧向力作用在后胎上。通过两者共同作用使摩托车迅速直立的方法，可以将侧向力分散在前后两条轮胎上，这样一来，侧向力不会过于集中在一条胎上，你的轮胎就更不容易突破牵引力极限。

如你所知，在摩托车转向过程中有许多作用力。幸运的是，许多力都可以各司其职，让车辆稳定运行，就像购物车上的轮子一样。而关于摩托车的转向，要记住的最重要的一点是，当你越熟练地利用体重作为杠杆来控制车辆时，你对车施加的力量就会越小，用力会更"巧"，转向也会更精确。在本书中，我主要教授你的就是这种"四两拨千斤"的技术。

一趟兴奋且非常有趣的旅程：你能压的多低？

图中这辆短吻鳄卧骑摩托车，是我所骑过的最有趣的车辆之一，它是 1997 年由丹·格尼制作的原型车。它很低而且轻，配备了一个"大号"的本田单缸发动机。有一次，我和几个朋友出去骑行，碰巧和丹同时加油。当他提出我可以体验一下这款"怪兽"时，我当然不会放过这个机会。作为一个原型车，它看起来异常迷人，声音听起来非常棒，震慑力十足。进气道比较靠近我的身体，所以我几乎可以感觉到空气被吸入了巨大的节气门中。一开始，我注意到摩托车会很快倾斜压弯，看起来它可以攻克任何弯道。直到进入真正的弯道时，我才发现它很愿意倾斜，但非常不想转弯。虽然这很有趣，但弯道性能极差。我想这是横卧摩托车从未被大众接受的主要原因之一。

这与弗雷迪·斯宾塞（Freddie Spencer）在 1983 年使用初版本田 NSR500 GP 赛车时遇到的问题相同。它有一个很重的油箱，位于发动机下方较低位置，而相对较轻的二行程气缸则位于油箱盖上方较高的位置。由于 GP 赛车的重心很低，要攻克比较难的弯道，赛车需要很大的倾斜角。与此同时，在同一弯道中，同一速度下，他的竞争对手可以用较小的倾斜角来通过。因此，弗雷迪的赛车在下个赛季就用回了更为传统的布局。同样，杜卡迪在 20 世纪 90 年代初开始主导世界超级摩托车大赛时，部分原因就是它的双缸发动机有着较高的重心。从那时起，底盘设计人员一直致力于集中重心，而不是降低重心。例如，新的 EBR 运动型摩托车（一个有着赛车背景的摩托车品牌）已将重量集中布置作为设计的主要目标。出于同样的原因，花样滑冰运动员在收回手臂并集中重量时，他们转动得更快。

尽管原厂减振器和出厂设定可以满足基本的骑行需求，然而，一旦骑手技术提高，座驾也需升级。因此，如果你不首先了解悬架动力学的基础知识，就不可能对骑行技术有任何深入的讨论。本书中所有的骑行技术都围绕着牵引力管理所展开。

如果想要提升你的牵引力管理水平，你需要知道悬架工作的原理，并知道怎么去调整和维护它，再配合上适当的骑行技巧，这样的流程才是恰当的方式。

你在摩托车上所做的每一个动作和操作输入都会影响到悬架动态，而悬架也会反过来影响你。增强你的控车能力，拥有更好的牵引力，让车更服从于你，这些改变会带来更高的安全性，也会让你更舒适，更能在街道上尽兴地享受骑行乐趣。最重要的是，你将在赛道上也会越骑越快。

不幸的是，通常没有准确且易于理解的信息来了解悬架的运作状态，厂商在这方面也没有为车主提供多少有用的帮助。事实上，许多用户手册上的说明指导描述都不够清晰，比如"调整以获得最佳的舒适性"或者"顺时针转动回弹阻尼螺钉可增加回弹力"并没有多少指导意义。甚至，许多经销商的技师只会教你如何更换零件，但实际上并没有在"正确调校"上做过多少培训。下面，让我们开始从理论方面聊聊什么是悬架，以及它是如何工作的。

为什么我们需要悬架？

首先，为什么我们需要悬架呢？毕竟，卡丁车不需要任何悬架系统就可以跑得非常快，因为它一直是在非常平坦的路面上行驶，而摩托车会遇到有缺陷的路面，颠簸或者大坑，这就是悬架有所作为的地方。悬架存在的目的有三个：最大限度缓解路面冲击、最大限度保持牵引力和最大限度让车可控。完美的悬架调校由很多因素决定，包括你骑行的目的（跑赛道或街道骑行）和个人喜好（有人喜欢更硬的悬架，而有人喜欢更绵软的）。

请你想象一下，完美的悬架所提供的完美骑行感受。首先，它必须可以让轮胎的牵引力发挥到极限，它还需要有坚实的支撑性，让悬架拥有抗触底能力，并且它还可以提供很好的路感。同时，它还像地毯一样柔软和舒适。另外，它在任何道路下，都可以做到一贯出色的减振能力。每种类型的骑手都可以适应这样理想的悬架调校，不仅感觉到操控很有掌控感，很坚实，也不会丢失顺滑的舒适性，毕竟没有人希望天天被颠簸所虐待。这里的"坚实"和"舒适性"看似矛盾，但真的是这样吗？摩托车悬架的支撑性和舒适性不能并存

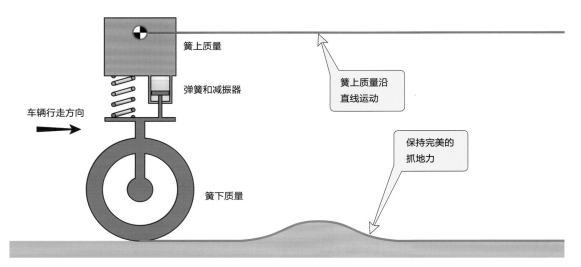

在完美条件下，簧上质量不垂直移动，车轮始终紧贴地面。这种情形，只能通过主动悬架来实现。当接触路面的凸起时，车轮可以迅速压缩悬架，而离开凸起时，车轮会被悬架迅速地下推到地面。虽然实现这样完美减振的技术还不成熟，但这是悬架工作的理想状态。

吗？当然不是，其实你可以让它坚挺到防"点头"和触底，也可以柔软到像给地面铺了一层地毯。虽然这听起来不太合逻辑，但是悬架的坚硬性和柔软性可以同时存在，只要用上一点现代科技就可以实现。但在介绍这种悬架之前，我们首先需要了解悬架中基本力的构成。

力

悬架运动会涉及三种不同类型的力：弹簧力、阻尼力和摩擦力。当然，这里也会有因为部件（部件重量）的加速度产生的力，但在本次谈论中将忽略这些力。

第一种力是弹簧力。弹簧有两种基本类型：机械弹簧和空气弹簧。机械弹簧有三种不同的形式：螺旋弹簧、钢板弹簧和扭杆弹簧，其中螺旋弹簧是摩托车上最常见的弹簧。螺旋弹簧的支撑力取决于弹簧丝直径、弹簧圈直径、弹簧圈数和材料类型。另一方面，空气弹簧的支撑力取决于初始压力、压缩比和有效活塞面积这些特性。

你要记住的关键点是，关于弹簧力的大小，它只取决于弹簧相对于悬架总行程的位置，即弹簧被压缩的长度。它不受悬架压缩或回弹速度的影响。

第二种力是阻尼力。当减振器中的液体循环流动受到某种类型的限制时，就会产生阻尼力。因此，阻尼力取决于减振油黏度、节流孔尺寸、活塞尺寸、阀门组和垫片配置。而最重要的影响因素，就是压缩速度。减振油以相应速度通过阻尼回路时，会产生相应的阻尼力。这也意味着减振器只有在悬架有压缩或回弹时才会产生阻尼力，静止是不会产生阻尼力的。另外，阻尼不受摩托车运动状态或速度的影响，只受车轮在垂直方向位移速度的影响。

第三种力是摩擦力。摩擦力取决于摩擦面上的垂直载荷和材料类型，润滑的效果也包含其中（如果有的话）。负载越高，减振器内管与连接在外叉管上的衬套和密封件之间的摩擦就越大。

与摩擦力有关的另一个因素是：摩擦表面之间是否存在运动。因此这里会有两种摩擦状态：静摩擦或动摩擦。当摩擦面之间没有移动时会产生静摩擦，运动时会产生动摩擦。向下压车把时，摩托车前叉很容易产生黏滞感，你感受到的就是静摩擦力的最大值。一般而言，静摩擦力大于动摩擦力。

某些情况下，摩擦力可能是影响悬架性能最重要的因素，大于阻尼力和弹簧力的总和。低摩擦材料、更光滑表面、更优良的润滑剂和更好的设计，可以最大限度地减少减振器运动摩擦。可以这么说，就这种摩擦力而言，它越小越好。

能量

力是你需要了解的，但也有必要了解更全面的度量单位：能量。弹簧在压缩时，将动能（运动产生的能量）转化为弹性势能。另一方面，当弹簧释放时，阻尼吸收了大部分弹性势能，释放能量，将机械能转化为热量，然后将其传递给空气。减振筒的摩擦力也能将机械能转化为热能，但其特性与阻尼力有很大不

大多数摩托车会在以下三种弹簧中选择：单刚度系数弹簧、双刚度系数弹簧和渐进式刚度系数弹簧。

同。为什么认识能量的存在很重要？原因有很多。最基本来看，悬架的运动过程就是力量的转化和能量管理的过程。

当骑士们的爱车减振过热时，他们往往非常焦虑。从能量层面解释，这就是机械能转化成了热能。其实，让减振器变热不算是什么问题。然而，减振器衰减后失去了阻尼，这种情况是非常糟糕的。因此，一个性能设计合理的减振器配合抗高温的减振油，即使减振器变热，你也很难察觉到它有衰减的迹象。

如果理解了能量转化问题，那么悬架的问题就容易多了。当轮胎遇到颠簸时，悬架就会压缩，弹簧储存了一部分能量，而阻尼器则将部分剩余能量转化为热量。悬架停止压缩后，改变运动方向，开始伸展或反弹。弹簧释放能量，阻尼器开始回弹阻尼，再次将机械能转化为热量。如果悬架的工作状态足够完美，摩托车的重心会沿着一条直线运动，车轮在其下方不停跳动，并与路面一直保持完美的接触。这

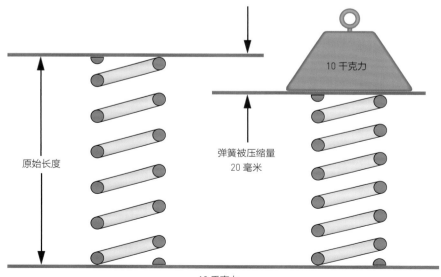

10 千克力

原始长度

弹簧被压缩量
20 毫米

一种常见的计算弹簧刚度系数的方法是：施加一个已知的力，然后用这个力除以弹簧压缩的长度。

$$K（弹簧刚度系数）= \frac{10 \text{ 千克力}}{20 \text{ 毫米}} = 0.5 \text{ 千克力 / 毫米}$$

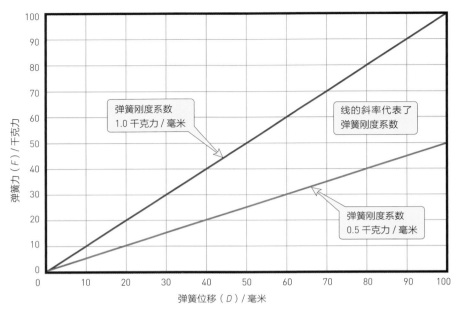

这是两个不同刚度弹簧的力 – 位移曲线。蓝色弹簧在整个范围内每增加 10 毫米就需要 10 千克力额外力。红色弹簧的刚度是它的一半，所以它的斜率是原来的一半，每增加 10 毫米只需要 5 千克力的额外力。

图中标注：
弹簧刚度系数 1.0 千克力 / 毫米
线的斜率代表了弹簧刚度系数
弹簧刚度系数 0.5 千克力 / 毫米

纵轴：弹簧力（F）/ 千克力
横轴：弹簧位移（D）/ 毫米

就是悬架的工作原理，说起来简单，但实际运动可比这复杂多了。

悬架式摩托车系统如40页图所示。需要注意的是，车辆的重心已经由弹簧和减振器与车轮隔开。每个部件都有质量或重量。弹簧上方的所有物体都被视为"簧上质量"（簧载质量），弹簧下方的所有物体都被视为"簧下质量"（非簧载质量）。就弹簧本身而言，一半是簧上质量，一半是簧下质量。就阻尼器本身而言，连接到车身部分被视为簧上质量，连接车轮的那部分被视为簧下质量。当经过一系列"完美状态"的颠簸时，随着车轮和簧下部件的上下移动，簧上质量的重心会沿直线运动，轮胎此时会始终保持与路面的接触，从而提供理想的牵引力。

弹簧

大家都明白弹簧是什么，但很少人知道弹簧是如何工作的，以及不同种类弹簧的区别。当你调校悬架时，选对合适刚度的弹簧和调整预载至关重要，所以应该在其他改动之前进行这项操作。

关于弹簧，你所应该知道的是：弹簧力的大小取决于它受到了多少压缩，这称为弹簧位移。举个例子，如果用0.5千克重量的物体让弹簧位移1毫米，那么弹簧刚度为0.5千克力/毫米，通常称为"5 spring"。所以，如果想将此弹簧压缩20毫米，你需要10千克的重量，以此类推。因此，务必记住，位移是弹簧最重要的变量。

伸缩式前叉产生的总弹力组成要复杂一些。这是因为在叉管内部有大量的空气，它们被压缩时会充当附加的"弹簧"。当前叉被压缩时，即使叉中没有使用初始气压，叉中的气压也会增加。前叉压缩得越多，"空气弹簧"越会发生作用。基本上前叉具有两个弹力：1）机械弹簧弹力；

精准的弹簧测试仪器是很宝贵的悬架调校工具。但这种一对一的基本仪器只能测试后弹簧。测试前叉弹簧，需要在此仪器基础上外加前叉弹簧测试套件。时刻记着，弹簧只对位移（或行程）最敏感。

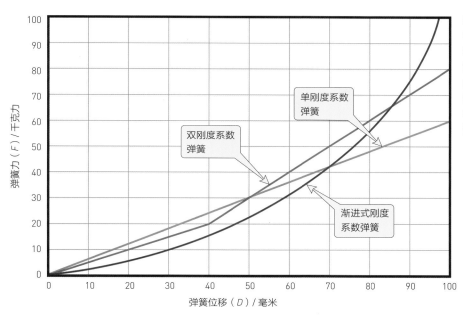

渐进式刚度系数弹簧的特性是：弹力会随着位移的增加而呈指数型上涨；而双刚度系数弹簧的刚度系数会在一个明显的分界点处发生改变；单刚度系数弹簧会保持恒定的刚度系数。

2）空气弹簧弹力。

说到这，我们先要定义一下弹簧刚度系数和预载。弹簧刚度系数单位为千克力/毫米或者磅力/英寸。测试弹簧刚度系数常见的方法是：当弹簧处于自然状态（未安装状态），然后在其上施加一些重量，并测量其压缩量，如41页下图所示。通过在弹簧上施加越来越重的砝码，然后测量不同重量下弹簧压缩量，收集好数据，就可以绘制出力−位移的坐标图。

弹簧刚度定义为力的变化除以位移的变化。用代数形式表示，弹簧刚度（K）=（力的变化）/（位移的变化）。这意味着在绘制相对于位移的力时产生的斜率就是弹簧刚度。

常见悬架弹簧中，有三种类型：单刚度系数弹簧、渐进式刚度系数弹簧和双刚度系数弹簧。单刚度

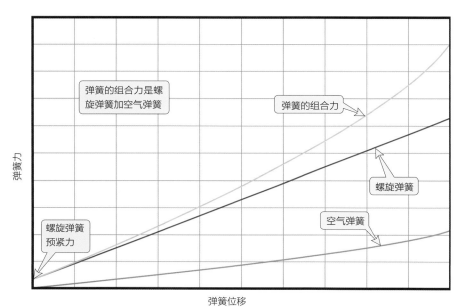

弹簧总弹力是机械弹簧弹力和空气弹簧弹力的组合。

43

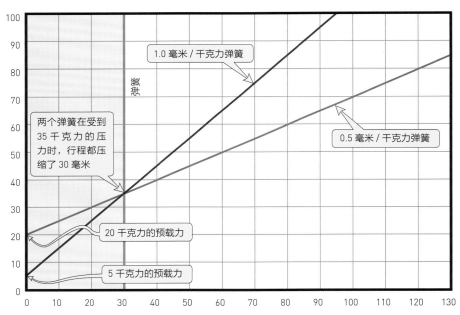

该图显示了预载较大、较软的弹簧（红线）与具有较小预载、较硬的弹簧（蓝色）的区别。请注意，两条线在 30 毫米的行程标记处交叉。这意味着这两种弹簧设置都具有相同的静态下垂量，这表明弹簧的选择不仅仅是下垂量这一个因素。如果骑手使用的传统调校悬架经常触底，则应选择硬弹簧 + 小预载；如果骑手通常不使用所有可用行程，对于舒适骑行而言，则应选择软弹簧 + 大预紧力。

图中标注：

- 1.0 毫米 / 千克力弹簧
- 0.5 毫米 / 千克力弹簧
- 两个弹簧在受到 35 千克力的压力时，行程都压缩了 30 毫米
- 20 千克力的预载力
- 5 千克力的预载力

系数弹簧在整个压缩行程内拥有不变的刚度系数，这种弹簧在赛车中比较常见。单刚度系数弹簧的节距均匀分布。每一段位移量都需要增加同等大小的力量来压缩它，弹簧的整个行程中，位移和压力都是线性增长的。

相反，渐进式刚度系数弹簧或双刚度系数弹簧会根据行程位置的不同而改变力的大小。双刚度系数弹簧通常有两种不同的节距，一个是小节距，而另一个是大节距。将两种不同的弹簧堆叠在一起，也可以形成一个双刚度系数弹簧。

渐进式刚度系数弹簧的节距会越来越小或越来越大。最开始压缩时，弹簧的每个部分只产生微小的位移量。当弹簧继续压缩时，低刚度系数的部分节距会变为0（线圈彼此接触，因此没有剩余行程），从而使弹簧整体的刚度系数逐渐变化。

选择用哪种弹簧，实际应用和专业人士意见同样重要，但我建议在大多数伸缩式前叉悬架中使用单刚度系数弹簧。下面说说我的看法：在设置悬架中弹簧的刚度系数时，理想的设置是足够渐进而不太渐进。弹簧刚度系数微微有些渐进性往往是一个妥协的方案，你会感觉它在小颠簸上太生硬，但在化解大颠簸时悬架可能会触底。而弹簧刚度系数太渐进会导致悬架在运动初期行程很容易被压缩，从而让悬架有种软塌塌的感觉。此外，随着悬架的不断压缩，它可能会变得刚度过大、响应过快且感觉生硬。

请记住，在伸缩前叉悬架中有两个主要的弹簧力：机械螺旋弹簧弹力和"空气弹簧"弹力。由于其本身的特性，"空气弹簧"的渐进性很强，其渐进性可以很容易地通过油位调节。根据我的经验来看，机械弹簧和自然发生的"渐进式空气弹簧"共同作用，是保证前悬架渐进性的最佳组合。实际上，如果需要更高的渐进性或触底阻力，只需简单增加前叉中的油位即可。

普通弹簧的刚度系数变化很容易理解，但相反的是，理解渐进刚度系数弹簧的压力变化的唯一方法是：用弹簧测试仪去绘制力/位移的坐标图。

在讨论悬架时，弹簧预载是最容易混淆的概念。我们经常听到很多骑士有这样的观点：通过调整预载可以改变悬架的软硬。这是一个错误的概念，改变弹簧预载根本不会改变弹簧刚度系数。无论你调整

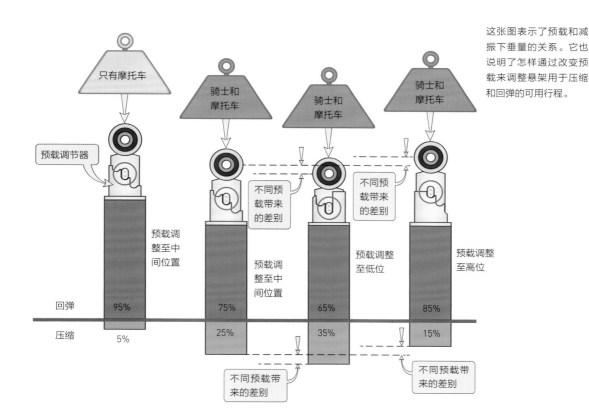

这张图表示了预载和减振下垂量的关系。它也说明了怎样通过改变预载来调整悬架用于压缩和回弹的可用行程。

多少预载，弹簧的刚度系数都始终如一。接下来让我们看看实际情况如何。

在悬架的安装过程中，弹簧会受到少量压缩，这种压缩称为安装预载。预载是弹簧被压缩的距离，基准是与自由长度相比。预载以毫米或英寸为单位。所有带弹簧悬架的摩托车都有预载。即使没有预载调整器的摩托车，弹簧也会有预载。具有外部预紧力调整的前叉式悬架，即使设置为最小预载，弹簧也会具有预紧力。因此，假定调节器一直调整至预紧力最小的状态，则认为前叉悬架没有预载是不正确的。例如，预载可能在20毫米到35毫米之间调整，而调节器的行程只有15毫米。需要注意的是，尽管有时需要特殊垫片，但所有类型的前叉式悬架都可以通过改变弹簧垫片厚度在内部调整预载。

与预载长度不同，预紧力是在前叉的行程完全伸出时弹簧在叉管末端施加的初始力。对于特定弹簧，增加预载（通过增加垫片厚度）会增加预紧力。在弹簧上施加给定量的预紧力时，当悬架行程完全伸展开时，用相同大小的力才能让悬架开始运动。随着预载的增加，你需要更多的力才能使前悬架或减振器开始压缩。当减小预载时，更小的力就可以触发悬架的运动。请记住，当载有驾驶人的摩托车静止时，悬架会被车的重量所压缩。当改变预载时，簧上质量的重心会变高或者低。这意味着在人加车的重量压缩悬架后，即使提高预载，触发其运动的力也不会随之增加。

过大的弹簧预紧力会导致悬架伸展过度。这样一来，当轮胎越过路面的凹陷处时，悬架将没有足够的行程使轮胎下探，这可能会导致轮胎失去牵引力。另一方面，预紧力太小会浪费转弯时车辆的离地间隙，并很容易导致悬架触底。

弹簧预载调整真正的意义，主要是改变悬架行程的百分比，用于吸收颠簸和下探到路面的孔或凹陷处。这样做的目的是：即使车辆在转弯侧倾时，悬架也可处于可用行程相对中心的位置，以便最好地处

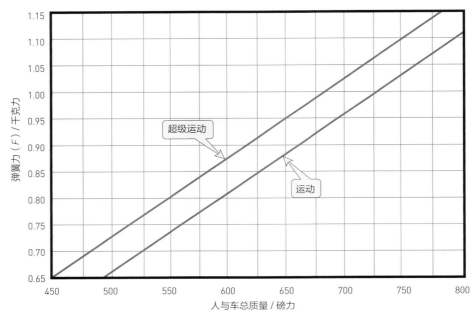

此图表可以来确定你应该在自己的摩托车中使用哪种比例的前叉弹簧以达到最佳操控性。它适用于任何品牌的叉簧。图表由竞速科技（RaceTech）提供。

注：1 磅力约等于 0.45 千克力。

理路面的凸起或下陷。这将使悬架有最大限度控制轮胎与路面接触，特别是车辆在弯心时。要了解这如何影响悬架处理道路颠簸的能力，必须首先了解悬架下垂量。还要注意的是，它会影响底盘几何结构和操控性。有关更多详细信息，请参阅第4章第2节：底盘改装。

有两种悬架下垂，分别是自由下垂量和静态下垂量。自由下垂量，代表利用车的自重将悬架从完全伸展压缩至既定位置。这种描述方法，也称为机车下垂量，主要用于后减振器调校设定。有关详细信息，请参阅第4章第1节：悬架设定。

静态下垂量，指当一个车手坐在摩托车上，悬架从完全伸展时到压缩后的下沉量。摩托车的下沉程度取决于弹簧刚度、摩托车和车手的簧载重量以及预载。当你通过拧紧调整器或者改变拨叉上的垫圈长度来增加预载时，你已经增加了对弹簧施加的初始力，这会增加摩托车的离地间隙或减小弹簧下垂量。但是，它不会增加弹簧刚度。

根据45页图所示，底部的线表示水平路面。水平线以上，路面上的凸起会通过减振器很好的过滤掉；水平线以下，悬架会延伸至路面上的坑洼处，进行"填补"，保证摩托车一直沿直线向前。这张图显示了三种预载的不同效果。

想象一下，如果悬架只承受车的重量（也就是45页图最左边的情况）。减振器几乎接近完全伸展，你有95%的行程可以用来压缩。此时，你应该把预载调整为三种情况的中等设定。

当增加骑手的重量时（45页图左二图示），悬架会向下沉。现在，有75%的悬架行程可以吸收颠簸，剩下的25%可以延伸到坑洼中。在45页图示中从左至右第三个例子，预载调节器已设置为最低或最软的设置。这样会将压缩和延伸点向下移动，从而使行程的65%可用于压缩，而35%则可用于延伸。（请注意，悬架行程总量保持100%不变）

在45页图示中最右侧的例子，预载调节器已移至最高或最硬的设置。压缩和延伸点已经向上移动，现在行程的85%可用来吸收颠簸，而15%的行程可以延伸到路面凹陷中。

大型运动旅行车和哈雷
dressers 系列机车会因
为行李和乘员的不同产
生巨大的重量差异。因
此，对于悬架，选择正
确的刚度系数的弹簧是
最重要的一点。

　　预载的调节标准应以正确的静态下垂量为标准，一般下垂量应为悬架总行程的30%。对于大多数街车来说，下垂量应该在30~42毫米。需要注意的是，不同的弹簧刚度和预载会得到不同的悬架下垂量（参考44页图示）。

　　当弹簧太软或太硬时，行驶动态将受到极大影响。刚度系数太低的弹簧会很容易压缩并触底，因为当弹簧压缩快到底时，它不能提供足够的支撑力。另一方面，刚度系数很高的弹簧会让车辆感到"粗糙"，就好像它在行进中撞到了墙或硬点一样难受。

　　通过进行一些简单测量，你可以判断弹簧刚度是否在大致范围内（46页图示）。大多数街车的前减振弹簧都太软，即使在公路上也不适合激烈骑行。相比街头骑手，赛车手通常使用更高刚度系数与较少预载的前悬架。但是，个人偏好、骑行条件和骑行类型（街道或赛车）在调校悬架时也是重要的参考因素。千万不要试图把你的街车当成赛车一样去调校，否则你在颠簸道路上很容易体会到摔车的滋味。有关如何设置悬架下垂量的详细信息，请参阅第4章第1节：悬架设定。如有疑问，你需要使用一个优秀的悬架调校设定技师。

　　这是因为减振器要控制住弹簧反弹释放的能量，最好反弹一次就将所有能量都吸收掉。最理想的设置，是落在"刚刚好"的金凤花区域（最佳区域）内，但这个区间的范围还是非常有限的。因此，减振器的精确回弹设置，对于良好的牵引力至关重要。

　　预载调节器的主要作用是在骑行时改变摩托车的几何形状。假设摩托车的调校完美，如果骑行者的体重过重，预载调节器就需要对重量的增加进行补偿性调节。如果你此时没有调节预载，摩托车悬架的静态和动态下沉量都会增加，这会影响离地间隙、前悬架的后倾角/拖曳距以及后悬架的防下沉能力。预载也确实会影响触底阻力，如果你的悬架经常触底且悬架下垂量不在建议值范围内，你需要一个硬度更高的弹簧。如果同一辆车的骑手体重落差较大（过轻或过重），弹簧刚度同样需要改变。

此图展示了减振器回弹阻尼与轮胎牵引力、车辆可控性和柔软度之间的关系。注意，当牵引力随着回弹阻尼的增加而下降时，车辆可控性仍在增加。大多数车手将受益于使用比原来更少的回弹阻尼。一般回弹阻尼的设定大约是压缩阻尼的三倍。

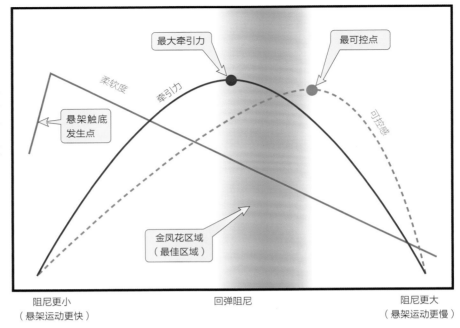

我想补充一些关于气压和油位的想法。在前叉中装有空气阀的车型上，增加前叉中的空气会对下垂量和减振的粗糙度产生巨大影响。我不建议将空气用作调节变量，因为这只提升了一点点抗触底能力，但减振粗糙度却显著增加。增加空气量几乎就像增加弹簧预载一样，而不是弹簧刚度。例如，休旅摩托车的减振器中会增加额外的空气压力，以临时改变双人骑行的承载能力。虽然这不是一个很好的解决方案，但是对于一辆不为了高性能骑行而设计的休旅摩托车来说，它是一个不错的方案。

减振油位的变化会影响弹簧的总弹力，但是在减振器行程的前半部分，这种影响可以忽略不计。当前叉到达行程底部时，在行程的后半部分会感觉到这种效果。因此，减振油位的变化不会影响悬架下垂量。

阻尼理论

当谈到综合骑行体验和操控特性时，许多专业技师会告诉你阻尼才是最关键的因素。其实，这是一个复杂的问题，所以我将从基础开始讲起。阻尼的运动是黏性摩擦，它将机械能转化为热能。阻尼的运动只对速度敏感，对悬架所在的行程位置不敏感。这与弹簧有本质的区别，弹簧的作用是储存能量，只对行程中的位置敏感。在现代摩托车悬架部件中，阻尼能以不同方式实现，但其介质几乎都是液体。阻尼器（减振器）结构可以像老式的阻尼杆前叉一样简单，只需让油从小孔中进进出出；也可以像内部或外部可调节的多级弯曲垫片组结构循环回路一样复杂。

阻尼主要分为两种类型，压缩阻尼和回弹阻尼。压缩阻尼又称撞击阻尼，在车轮要遇到路面凸起时，悬架会被压缩，压缩阻尼在这个过程中产生。而回弹阻尼呢，在当弹簧迫使减振器或前叉延伸回地面时，就会发生反弹或"拉力夹紧"，这是因为回弹阻尼在起作用。因此，阻尼就是将悬架产生的动能转化为热量。能量从一种形式转化为另一种，总能量不变（能量守恒定律）。

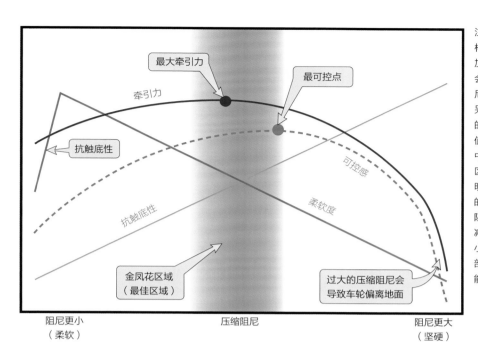

注意，与回弹阻尼一样，随着压缩阻尼的增加，牵引力和可控性都会下降。它不像回弹阻尼图中那样迅速下落。另外还请注意，可控性的峰值还是在牵引力峰值的右侧。压缩阻尼图中"恰到好处"金凤花区（最佳区域）的范围明显大于回弹阻尼图中的范围。这是因为压缩阻尼与回弹阻尼相比，减振器处理的力明显减小，因为弹簧承担了大部分工作，吸收了碰撞能量转化为弹性势能。

图中文字：
最大牵引力
最可控点
牵引力
抗触底性
抗触底性
可控感
柔软度
金凤花区域（最佳区域）
过大的压缩阻尼会导致车轮偏离地面
阻尼更小（柔软）
压缩阻尼
阻尼更大（坚硬）

减振油

　　减振油是影响阻尼大小的一个重要因素。理想条件下，我们认为油液是不可以压缩的。当向充满减振油的腔体中施加压力时，油液所产生的压力向各个方向均匀施加。如果油室中有一个小开口，减振油开始流出并产生黏性摩擦（阻尼或流动阻力）。阻尼的大小很大程度上取决于流量，阻尼越大意味着流量越小，反之亦然。

　　油的黏度是衡量流体流动阻力的量度。通常认为它等于流体的厚度（有时称为重量）。油的黏度越高，流动阻力就越大。油的黏度也会随着温度而变化。油在加热时变稀，在冷却时变稠。黏度指数用数字告诉我们黏度随温度变化的稳定性改变：黏度指数越高，稳定性越好。

　　黏度指数是通过测量210℉和100℉两种华氏度温度下的黏度来确定的。100℉的读数是测量"W"（或"冬季"）名称的地方（与流行的观点相反，"W"并不代表重量）。黏度指数由这两个测量值得出。在发动机机油术语中，如果机油在低试验温度下落入10W范围，在高温下落入30范围，则被指定为10W30机油，称为"多级"机油。

　　随着油的老化，黏度指数随着添加剂的分解而降低。此外，润滑油还受到内部磨损（添加氧化铝等物质）以及通过密封件的外部污染的影响。因此，必须定期更换减振油。

　　现在，越来越多的运动型摩托车可以从外部调整压缩/回弹阻尼以及弹簧预载。大多数可调式前叉可通过顶部的螺钉来调节回弹阻尼。记住，不要将它和弹簧预载调节器混淆。

　　在轴的底部附近，有另一个螺钉用于调节压缩阻尼。在后减振器上，储液罐上的调节器用于调节压缩阻尼，轴孔眼上的调节器用于调节回弹阻尼。这些调节器，通常被称为"点击器"。但是，调节器都有其局限性，通常只影响整个阻尼范围的一小部分。换句话说，即使你有外部调节能力，也不能弥补糟糕的原生内部阀门设计。外部阻尼调整永远无法弥补过度老化的阻尼器。如果你的摩托车像一辆1963年的老凯迪拉克一样，减振器无法正常工作。那么，在操作调节器之前，你可能需要将悬架系统做一次拆解重建或零件更换。

回弹阻尼

回弹阻尼的变化会影响牵引力。如果观察48页图，你会看到所有这些因素都被绘制出来了。但是，Y轴上并没有刻度，因为这些基本上是"主观量度"。换言之，讨论的是"骑行感受"。话说回来，这些图表的信息都是基于在公路和越野摩托车上多年实车测试后得出的，并在理论上适用于几乎所有类型的摩托车。

悬架阻尼调节器其实很脆弱，不能用蛮力操作。即使螺钉槽很大，也只能手动用螺钉旋具转动。

在图中，你会注意到，牵引力最初非常小，随着回弹阻尼的增加，牵引力增加到最大值，然后再次减少。为什么会这样？在非常小的回弹阻尼设置中，底盘是不受控制的。当车轮轧过凸起时，减振器被压缩。但在弹簧反弹时，减振器没有减缓这一过程，它没有做任何控制。此时，减振器伸出太多，导致簧上质量的车辆本体向上移动，向上运动的底盘将车轮拉至脱离地面，从而失去轮胎牵引力。

注意，当回弹阻尼设置在高位时，会减缓回弹速度，此时牵引力也会受到影响，悬架碰到路面凸起时会被压缩。当你向上行驶并经过凸起的最高点后，悬架会试图沿着凸起的另一侧向下移动。但车轮此时无法紧贴路面行驶，原因很简单，就是回弹阻尼过大，它的反应速度不够快，从而让轮胎无法保持牵引力。当这种工况变得过多时，它被称为"缩紧"，因为悬架被局限在了一个较短的行程区域内。

以上两种情况显然是不可取的，最大牵引力通常发生在这两个回弹阻尼极限值之间。

丰富的骑行经验会让你有这样的感受：当回弹阻尼非常小时，摩托车的可控性会很糟糕。

当摩托车的骑行感受很"松垮"并且悬架很有弹性时，增加减振器的回弹阻尼，车辆的控制感会直线增加。底盘不会忽上忽下，操控感会变得更加坚实且稳定。但如果将回弹阻尼设置比较高，悬架会缓慢回弹，牵引力就会变差，并且可控感会受到影响。同样，在这两个极端之间的某个地方，可控感达到最佳。

在最大牵引力和控制力之间，我们需要权衡取舍。因为，在最大牵引力的阻尼调校下，不一定会产生最大可控感，这是一个普遍的问题。很多情况下，车手经常会在阻尼调校上犯错误。他们认为车辆跑得越快，或者想要越快，就越需要增加阻尼。但实际上，达到一定程度的回弹阻尼后，就不得不牺牲牵引力、可控性和骑行体验，即"平顺性"。即使回弹阻尼设置介于这两个极端之间，仍然存在折中方案。

需要额外注意的是，只有在极限测试中，你才能知道特调的悬架牵引力是否充足。对于骑手来说，这是一个非常微妙的测试方法。如果不处于这个极限，轮胎开始滑动的点，你就感觉不到不同设置之间的牵引力差异。可以想象，如果你在牵引力的极限游走，即使是有经验的车手，一不小心也很容易滑出弯道或者直接撞车。测试的诀窍是要意识到这些情况，并合理开展你的牵引力测试工作。

悬架工程师和悬架改装人员的工作，是使牵引力和可控感这两个峰值尽可能接近。为了实现这一点，你就需要通过重塑前叉或减振器的阻尼曲线，也需要了解高速/低速阻尼以及阀门活塞的设计。另外，阻尼、弹簧力、重量偏差以及所有与摩托车操控相关的因素都很重要。尽管它们看起来极为复杂，但逐渐地去调整各参数，每次只调节一点点，慢慢地就会找到窍门。

另外一个受回弹阻尼影响的行驶量是柔软度。在非常小的回弹阻尼下，车轮的反弹非常迅速，这时的骑行感受是充满了柔软感或模糊感。随着回弹阻尼的增加，车轮的向下运动阻力越来越大。在最大阻尼下，车轮的回弹阻力过大，以致底盘在行驶过程中被吸入，无法在下一次碰撞中恢复原行程。当轮胎碰到下一个颠簸时，悬架必须克服由于压缩而增加的弹簧力，其结果是底盘会受到极大的冲击。

压缩阻尼

压缩阻尼是悬架调校中最关键，但也是最容易被误解的部件之一。想要了解摩托车悬架工作原理的精髓之处，你必须要彻底弄懂压缩阻尼是如何影响行驶品质的。

压缩和回弹所反映的速度曲线之间存在根本差异。压缩速度由遇到的颠簸决定，而回弹速度主要由弹簧力引起。这意味着对于一定的压缩阻尼来说，路面凸起的形状远比其大小更重要。带有方形边缘的凸起会导致极高的压缩速度，而具有逐渐倾斜的凸起会导致较低的压缩速度。当然，当你用两倍的速度冲击逐渐倾斜的凸起时，压缩速度也会增加，但路面凸起的形状仍然是关键因素。

在过去，许多人认为压缩阻尼是一种不必要的，他们认为越少越好。这样认为的原因是老式的减振器性能较差，是因为老式减振器或节流孔阻尼的局限性造成

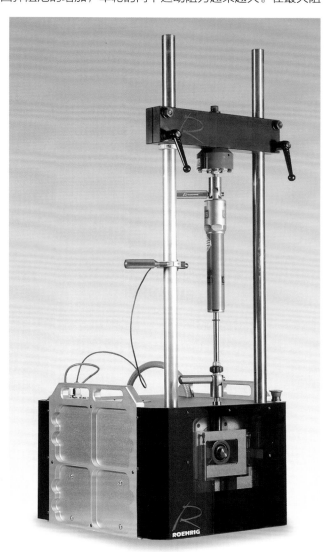

专业的悬架技师和厂商都用比较精准的仪器去测试他们的零件，比如减振器测功机。除了性能专业分析，它承担了很多实际测试工作。

的，此类限制可能会让减振质感颠簸且模糊。这是由于在给定尺寸的节流孔下，减振油以不同的流量和流速流过导致的。随着大多数运动摩托车和Cartridge Emulators（Race Tech赛车公司生产的应用于前叉减振器中的阻尼控制阀）运用的Cartridge式前叉，阻尼控制能力的特性曲线已发生了巨大变化。

如果想要更好地通过压缩阻尼来改善悬架工作质量，那么整体考虑阻尼很重要。现在，请忽略压缩阻尼曲线的形状，压缩阻尼的大小会影响牵引力、柔软度、触底阻力和动态俯冲。考虑到抗触底性，请参见49页图。请注意，压缩阻尼越大，对触底的阻力就越大。说起来很简单，但你需要调整到适当的压缩阻尼才可以，不能多也不能少。压缩阻尼的阻力会加到弹簧力上，以帮助防止触底。这时，触底阻力增加，柔软度降低。另一方面，减小压缩阻尼力通常会增加悬架柔软度、舒适感。在使用极小的压缩阻尼之前，这种感受正确的。在压缩阻尼很小的时候，悬架柔软度实际上会降低。这种情况仅在轮胎遇到大颠簸，悬架触底时发生，因此感觉车子很颠簸。但在小的路面凸起上，小压缩阻尼仍然可以提供更多舒适感、豪华感。

让我们研究下低速压缩阻尼对轮胎牵引力的影响。想象一下你正在骑行，突然遇到颠簸。如果此时的压缩阻尼太小，则无法在悬架被压缩时提供足够的阻力。这意味着在颠簸的最高点时，轮胎向上的动能还没有被完全消散，车轮就会在颠簸的顶部继续向上移动。这是因为车轮本身有质量，当它向上移动时，惯性让它保持继续向上移动，从而将悬架压缩得已经超过路面凸起的高度。这将导致轮胎"失重"，甚至可能在凸起顶部失去与地面的接触，从而导致失去牵引力。

而随着压缩阻尼的增加，这样的现象就会减少，轮胎牵引力也会得到改善。

如果压缩阻尼过大的话，压缩的阻力就会过大，那么这就会导致摩托车的重心被迫抬升，或者说簧上质量升高。这不仅会导致过于颠簸且不舒适的骑行体验，而且车架的向上

宝马美国 GS 奖杯团队成员比尔·德拉格（Bill Dragoo）亲身体验适配正确的弹簧刚度和压缩阻尼对于摩托车动态表现的重要性。

弹起也会减小车轮的附着力，甚至拉起，从而导致轮胎牵引力的损失。

在极端情况下，车轮会离地并跳过路面凸起。这就是为什么摩托车以大倾斜角度进入一个较为颠簸的弯道时，你可能会难以保持切内线的原因之一。由于这种牵引力的损失，此时摩托车将倾向于向弯道外侧滑移。

49页图上的最后一个因素，代表最大动态下垂量或触底阻力。这与静态下垂明显不同，静态下垂量是在不移动摩托车的情况下进行测量的。最大动态下垂量是悬架在遇到颠簸时或在制动过程中压缩的量，是由弹簧力和压缩阻尼阻力共同决定的。如果悬架中没有任何形式的阻尼，则前叉将会俯冲并开始上下振动。如果你保持长时间制动，减振筒的摩擦力最终将阻止振荡。并且你会发现，前叉在制动时会被一直保持压缩，此时的高度被称为动态行驶高度。由于我们假设此时的悬架运动不存在阻尼，那么前叉压缩量仅由弹簧力大小决定。但是，最大动态下垂量会受到压缩阻尼的影响，更大的压缩阻尼可以减缓前叉的压缩速度，并让底盘的减振感受更加坚实，更有支撑性。

如果你的压缩阻尼过大，在经过一系列颠簸时，悬架实际上会开始伸展，随着颠簸的连续，悬架会越来越高。这与我们之前讨论的"车轮被吸入"恰恰相反。

因此，压缩阻尼的设置不能太极端。随着触底阻力的增加，悬架的柔软度和最大动态俯冲下垂量都在减小。在压缩阻尼横坐标上的某个点上，轮胎牵引力会达到最佳。做个比较，街车的公共路面行驶性能更好，因为与场地赛车相比，它们倾向于采用较小的压缩阻尼。

请记住，压缩阻尼太大或太小都会让你付出惨痛代价。那怎么确定它呢？正确的方法是确定你爱车的弹簧刚度，并且根据悬架抗触底能力和前叉下垂量来调节压缩阻尼。关于弹簧怎样选择的问题，你可以参考46页图的弹簧刚度对照表来挑选不同街车适配的弹簧。请记住，压缩阻尼取决于悬架的运动。如果悬架是静止的，就不需要阻尼。还应注意，阻尼的特性曲线形状至关重要，它不仅反映了阻尼的大小，还反映了阻尼的渐进性。

有关设置特定悬架的详细信息，包括全面的故障排除和测试过程。请参阅第4章第1节：悬架设定。

现在，你已经对牵引力、转向和悬架的基本原理和调校有了较为扎实的理解，现在是时候来了解你的思维是如何影响你的骑行，并学习怎样最大限度地提高骑行效率。很快，你就会拥有完美的骑行手感，可以更快地学习高级骑行技术并且熟练运用它们，进步速度要远超你的想象。

第 2 章
Chapter 2
心理
动态

第 1 节　恐　惧

恐惧导致我们止步不前——富兰克林·德拉诺·罗斯福

其实，在试图提高技能时，恐惧是骑士们面临的最大障碍，然而很少有人去关注过它。更糟糕的是，摩托车杂志或书籍上也很少提及它，热门的骑行技术学校也很少教你怎样去面对它。在我15年的"极致驾控高级骑术训练"教学生涯中，如果说就学到了一件事，那就是"克服恐惧，打破学习边界"。毕竟，任何人都可以循序渐进。恐惧，才是阻挡骑手们突破骑行技术的最大障碍。

《感受恐惧》（*Feel the Fear*）和《只管去做》（*Do It Anyway*）的作者苏珊·杰弗斯（Susan Jeffers）博士指出，对于所有人来说恐惧的根本就是一种潜在的信念，即"我无法驾控"。如果担心自己无法面对摔车造成的后果，例如昂贵的摩托车车损或自己受伤，那么身体生存机制的本能反应将使你无法越过这样的心理障碍。尽管你的脑海里可能想稍微转动一下油门，但无意识头脑却无法使你的手腕顺从。对于任何想要认真提高骑行技术的人来说，这都是令人很有挫败感的情况，但他们却不知道是什么阻碍了进阶的脚步。

通过积极的语言表达你的恐惧，可以消除情绪对你骑行的负面影响。换句话说，一旦你说出"我能够面对摔车的结果"或者面对你害怕的任何事情，恐惧就已经不再支配你的动作。这时，由于没有了潜意识而导致动作上的举棋不定，你可以将注意力更专心的聚集在练习本身上。

需要注意的是，恐惧其实是一件好事，但我们必须学会与之合作，而不是与之抗争，让它对我们的骑行产生积极影响。显然，恐惧是生存所必需的。如果我们无所畏惧（比如摔车），那么很快就有可能因为自己的愚蠢而付出代价。举个例子，如果我试着和瓦伦蒂诺·罗西这样伟大的车手跑得一样快，我最终肯定会车毁人亡，因为我既不具备必需的骑行能力，也不具备"猴王"的体力和反应能力。

此外，恐惧会增加你的肾上腺素流量，从而在紧急情况下提供更大的力量。我们都听过这样一个故事：一位老太太把一辆车从她被困的儿子身上抬了下来，尽管她日常根本不会有这么大的力气。但如果你不学会控制恐惧，恐惧也可能是你最大的敌人。即使是最有经验的资深车手也无法逃脱恐惧的支配。

恐惧阈值

每个摩托车手都有所谓的恐惧阈值，也就是恐惧的临界点。当超过这个临界点后，你的脑袋中除了恐惧，已经装不下任何其他事情。这和在老旧计算机运行"大程序"没什么区别，处理器每秒只能进行这么多计算。如果你尝试过快地向它输入太多信息，计算机就很容易崩溃。同样，如果你试着把骑行节奏提高到比你的大脑处理信息的节奏还快，你也很有可能摔车。

举个例子，很多年前，当我在朋友们的练习赛道上骑越野摩托车时，我便遇到了类似的事情。事实上，我当时的骑行状态已经远超出了我的恐惧阈值，以至于我的大脑自动按下了"重置"按钮，后续就不用多说了。

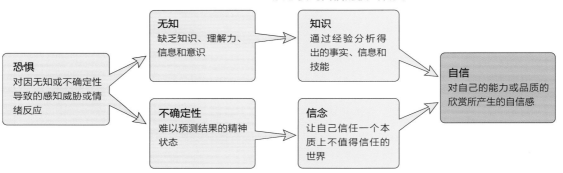

从恐惧到自信的模式转变

无知 缺乏知识、理解力、信息和意识	**知识** 通过经验分析得出的事实、信息和技能	
恐惧 对因无知或不确定性导致的感知威胁或情绪反应		**自信** 对自己的能力或品质的欣赏所产生的自信感
不确定性 难以预测结果的精神状态	**信念** 让自己信任一个本质上不值得信任的世界	

恐惧是自我保护意识必不可少的护身符，但是经验丰富的车手可以通过建立更高的自信来控制恐惧，进而突破自己。模式转变是从一种思维方式到另一种思维方式的转变，这是由变革动因驱动的转型。如果要将心理状态从恐惧发展为自信，变革的动力就是获取更多的知识和拥有坚定的信念。

我的好兄弟戴夫是为数不多的幸运儿之一，因为他爸爸允许他在自己家农场建造越野赛道！

一天，我骑着RM80赛车时，入弯有点快，以至于我的摩托车完不成下一个弯道的跳跃，于是我决定绕道而行。不幸的是，等我意识到已经太晚了，我计划的绕道路线中间有一道4英尺深的沟。事实证明，我的好兄弟戴夫没有从外边运泥土来建造赛道，而是决定在他想要完成跳跃的地方就地取材。当我意识到即将发生的事情，我就在摩托车上懵了。我的大脑几乎停止运转，以逃避接下来的"必然摔车事件"。显然，大脑知道接下来的两秒钟将是大麻烦，所以它进入了"睡眠"模式，表面上是让我免于有意识地经历恐怖。

等我苏醒过来的时候，我的身体趴在沟里，而且伴随着头痛，车还压在我的身上。其实，我不太能记得那次摔车了，现在回想起来，我认为那是件好事。

通常在一个车手摔车之前，都会自言自语地说："哦，该死，我想我要撞车了！"果然，事情就会这样发生。虽然许多摔车事故直到最后一刻都是可以预防的，但一旦一个车手决定要撞车，它就变成了一个可以自我实现的预言，所有其他的可能性都消失了。为了更好地理解这一点，让我们来看看大脑是如何处理恐惧的。

如果你回想起生物课，你会记得大脑被分成不同的部分。以骑摩托车为例，我们主要关注两个部分：第一部分是大脑最原始的部分，称为脑干，或爬行动物的大脑。如果你问生物学家，他们会告诉你爬行动物的大脑负责生存的四个"F"。它们在觅食（Feeding）、逃跑（Fleeing）、战斗（Fighting），当然还有繁殖（Reproduction）。

人脑最高级的部分是额叶。额叶负责更高层次的思维活动，如想象力、创造力、逻辑、计划和直觉。关于大脑的运作

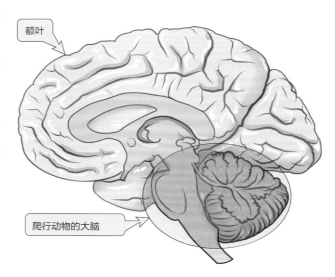

额叶

爬行动物的大脑

很少有事情可以像机油洒在赛道上这样让职业赛手恐惧，让他们感受到极大的威胁。在油污处，巨大的涡轮机会将Daytona International Speedway 赛道上的机油吹干。当绿旗再次下降时，每个赛车手都必须坚定自己对赛道状况以及轮胎的信心。那些有信心并因先前的类似经历而得到过锻炼的人，会拥有极大的比赛优势。

方式，你需要记住的重要一点是，每当你利用额叶时，你就会远离爬行动物的脑，而爬行动物的脑是让你产生恐惧的根源。换言之，利用额叶时你在思考，不会感到害怕。这就是为什么好的骑术教练在每次训练中都会给你一个具体的任务，这样你就可以专注于训练，而不是让你恐惧。如果你在骑行时开始感到恐惧，你已经退回爬行动物的脑状态，此时你需要把思维移回到额叶。

保持额叶在线的关键之一是自信。信心来自两个因素：知识和信念。知识是所有事实、信息和技能的结晶，它来自于对身体和心理经验的分析，这也被称为专业知识。

我所说的信仰，是如艾伦·瓦茨（Alan Watts）说的：信仰就是"相信自己置身于一个天生不值得信任的世界"。换句话说，即使你无法控制影响你的每一个变量，你甚至可能会被一些事情严重伤害或危及生命，但你觉得风险是可控的。因此，虽然可怕的后果是可能发生的，但只要拥有适当的技能和经验，就不太可能发生。海军上将和计算机先驱格蕾丝·默里·霍珀（Grace Murray Hopper）可能最好地阐明了这一点，他曾经说过"在港口的船是安全的，但这不是建造船只的目的。"或者就像我们在"极致驾控"中常说的，"你认为你能或不能，你都是对的。"

这一现象有个完美的例子，四届美国摩托车协会一级方程式摩托车赛（AMA Formula One）冠军迈克·鲍德温（Mike Baldwin）曾预测，车手韦恩·雷尼（Wayne Rainey）将取得巨大成功，甚至在雷尼前往欧洲赢得三次世界锦标赛之前就这样断定。为什么？鲍德温说："我永远无法让自己完全相信前轮。但是韦恩有能力，当比赛开始前，他就决定信任它，并且骑着它好像每次都有充足的抓地力一样。"这种信任来自于自信。简单地说，雷尼完全相信前轮会黏住地面。

需要注意的是，骑士骑行时的状态多少"影响"了一些摩托车的牵引力。例如，阳光明媚的日子里，身体可以轻松、自信地骑行，并且欣赏路旁的景色。此时假设你在放松、自信的状态下，后轮有一些滑动。这是件大事儿吗？一点都不是！你只需顺其自然，就可以继续前进。相比之下，请考虑一下你在黑暗的骑行环境中走过一个湿滑的弯道，心情会变得焦虑和紧张（也许是偏执）。在这种状态下，当后轮胎开始稍微滑动时会发生什么？当你的肾上腺素分泌过度，不听使唤的肌肉试图驾控摩托车时，过度矫正会使情况变得更糟，非常可能导致撞车。

在某种意义上来讲，当在恶劣条件下骑行时，你最好能假装成一个"演员"，假装骑行条件是好的。但是，这并不意味着你应该在一个湿滑的弯道中大油门加速。你的身体应该像路上有良好的牵引力时一样放松、专注。这样一来，如果摩托车开始滑动，你将处于完美的精神和身体状态来应对牵引力的任何变化。而这里的基础是：你必须接受正在发生的一切。毕竟，不管你是否满意此时车辆的牵引力，骑行时所出现的特殊情况是你必须要处理的。你越早接受现实，你就能越快地对它做出反应并与之共舞。

其实，这种"表演"状态最好的范例，可能就是即兴表演艺术家。如果你曾经想知道，在舞台上或电视节目中喜剧演员是怎么表演的，比如"到底是谁的台词（Whose Line is it Anyway）"这种节目，能够编出如此有趣的短剧甚至是即兴的歌曲。那么，今天你算是问对了。这是因为他们有一个秘密从不与观众分享：来者不拒。换句话说，他们从不拒绝任何东西，不管舞台上的其他演员有多离谱，观众中的质问者有多刻薄，即兴表演艺术家们的行为都是他们所期望的，并进行相应的表演。

作为摩托车骑士，我们可以使用同样的技术来帮助应对路上的突发情况。想象一下，一辆卡车穿过双黄线进入你的车道。通常情况下，大多数车手会进入完全恐慌模式，甚至可能目标锁定在卡车上，造成正面碰撞。但是"即兴艺术家"会怎么做呢？他并没有被"撞上卡车"的可怕想法而吓得僵住，他会毫不犹豫地改变路线。有趣的是，这和一个好的销售人员"见机行事"一样，当他意识到自己原来的策略没有朝着销售的方向发展时，他会立刻改变自己的想法。

通过利用粒子加速器，量子力学物理学家发现，如果不改变发生时的条件，就不可能观察到亚原子现象。

听起来很神奇，但你不能在不创造新现实的情况下观看某些事物，包括你自己和你的环境。这就是每个主要运动心理学家都强调可视化技术的原因。通过想象一个特定事件，你实际上可以创建其存在的可能性。

没问题！

老子在《道德经》中说："宠辱不惊，傲然而立。"对此名言，有多种解释。然而，当谈到摩托车，我发现其中具有很深远的意义。这可以解释为当你的摩托车开始滑动时会发生什么。

大多数摩托车骑士都有在弯中车轮侧滑的经历，这种情况通常发生在压弯出弯给油门时，而且通

即兴艺术家从不让任何事情困扰他们。利用他们"来者不拒"的秘密，可以在意外发生时帮助骑手在路上化险为夷。

一趟兴奋且非常有趣的旅程：你能压的多低？

在遇到生命威胁后的最初几秒钟内说这句话："我可以的！我能解决这个问题！"摩托车骑士似乎可以被赋予"神力"。这不仅使他们在骑行方面更高效，还能让他们更能抵御住威胁生命的压力带来的潜在破坏性影响。为了达到最佳效果，你的身体和心灵必须更加强大。

强健身体

关于你的身体因素，身体技能、力量、耐力和其他必要属性至关重要。更强的身体素质，可以让你做出更有效反应来应对特定威胁和拥有应变的能力，身体健康和身体素质是对于威胁最好的回应。相反，身体健康或身体素质欠佳，可能会大大降低骑士的能力和自信心。对威胁做出积极反应的另一个生物学先决条件是大脑反馈电路的有效和正常运作，以控制负面情绪、非自愿反射和身体／大脑活动，这是减少大脑威胁警报所必需的。完备的大脑系统是积极应对威胁必不可少的一部分基础，但它们也很容易被严重、持久的压力削弱，甚至受损。

强大心灵

增强应对危机和保持适应性意识的能力，基于你对所遇到的具体威胁的熟悉程度和是否有能力将其视为熟悉情况。熟悉程度的培养，可能来自于实际训练或类似操作。就算遇到了不熟悉的突发情况，有经验骑手也可以有效应对，他能对所学知识进行总结和概括，用以适应当前发生的问题。打造这样的概括和适应能力，需要加强骑手的智力、创造力和自信，以促进有效的实操能力和适应性。精神力量的最终贡献者来自于意志力和毅力，它们共同组成了勇气。毅力是面对危险、忍受痛苦或面对逆境而不动摇的能力；然而，意志力则是将这种精神力量转化为勇敢行为的动力。这两点因素是对突发问题是否具有掌控能力的两个关键因素，也是最不持久或不稳定的两个因素。知识和技能一旦获得，基本不会很快丧失。但意志力、毅力和勇气会因不断遭受苦难和危险而消磨殆尽，并可能在意外事件中蒸发。意志力和毅力是职业车手和赛车手最重要的品质之一。

在紧急情况下，你的身体被编程为"做你想做的事情"。如果你在练习时没有克服恐惧的话，那么当你遇到意外情况时，你很可能会惊慌失措。

常是在雨中。发生这种情况时，你的反应是什么？优秀的骑手会自然地让滑动发生，就像应该发生的那样。如果你能够保持镇定自若，那么摩托车通常会自行校正，好像什么也没发生。这就是在底盘中拖曳距的作用，它能使摩托车在扭动时恢复直线行驶。

然而，我们大多数人面临的问题是，每当我们认为正在发生的事情不应该发生时，就会把这看作一个问题并感到害怕。一旦感到害怕，你的身体就会紧张，你的思想就会超负荷运转。在这种情况下，你就像一个新手，无法接收和处理所有的外界信息和突发情况。你已经失去了与外部环境的联系，并开始专注于你内心的恐惧。在这一点上，你撞车的概率大大增加了。要想避免这种情况，就需要一些特殊的训练。

只有通过练习滑胎，才能对摩托车尾部滑动感到足够的自在，以至于不会把你对滑动的恐惧阈值推高到所不能接受的程度。因为在街上滑胎（特别是大型休旅摩托车）非常危险，所以最好的选择还是在非铺装路面上用越野/公路双用途摩托车进行练习（比如本田CRF系列、宝马的GS系列探险车型）。用更轻的摩托车在松软的土路上骑行，你会在这种安全的环境中学会并了解滑胎时的车辆动态。（请参阅附录，以了解学习滑胎技术的最佳越野学校列表。）

当在土路上骑行，你开始意识到摩托车后轮滑动时没什么大不了的，你可以让它发生而不必与之对抗。总之，一旦你的车子开始滑动，你就顺势让它发生。因为，你越是奋力抵抗滑动，情况就会变得越糟糕。因此，当你的摩托车在大街上开始滑动时，你能根据经验更好的处理这种情况，但不会有过分的恐惧。

过度恐惧也可以称为恐慌。在一个恐慌的心理状态下，你无法正确地推理和思考。关于恐惧，《辛普森一家人》中的主人公荷马可能是最好的例子。在有一集中，父亲荷马，大家公认的一个在职场中不算优秀的人，有一天他回家陷入了一个真正的难题。他的女儿丽莎是一个好孩子，却一反常态地惹上麻烦。因为丽莎在学校从不惹麻烦，所以荷马并没有准备如何处理这种情况。思考了一会儿，他想出了解决办法，那就是和小儿子上演个正面"事例"给女儿看。此时，他让小儿子巴特用吸尘器打扫地板。当巴特抗议的时候，他打趣地说："孩子，在困难的时候，你只需按照你所知道的去做就好了！"

同样，在骑车遇到问题的时候，我们只需按照我们想做的去做。我们想做的动作是已经养成的习惯，而养成的习惯就是一遍又一遍练习的结果。因此，如果你想将学习的技能变成习惯，就必须反复练习它们，直到将它们训练成肌肉记忆为止。这样一来，我们即使是在恐慌的情况下也不必多想，直接去做就好了。

肌肉记忆

在对抗恐惧的斗争中，另一项需要培养的重要技能是托尼·罗宾斯（Tony Robins）所说的"锻炼你的肌肉记忆"。也就是说，面对恐惧时可以依靠身体动作，从而产生精神动力。例如，我一直以来都是一名专业歌手，但我几乎每次上台表演时都会怯场。在1994年的亚特兰大 WERA国家摩托车公路赛上，我被要求在24000人面前唱国歌。尽管我之前在公众场合已经唱过几百遍了，但如此大的场地还是让我异常紧张，手不停地在颤抖，几乎握不住麦克风。尽管害怕得几乎要瘫痪了，但我还是闭上了眼睛，深呼吸，然后站起来演唱了这首歌。我能办到这件事的原因是我以前的练习积累。注意，不仅仅是我的歌唱练习，还有我紧张状态下的表演练习……我的肌肉记忆练习。在马尔科姆·格拉德威尔（Malcolm Gladwell）的畅销书《异类》（Outliers）中，作者指出，1万小时是掌握一项体力或脑力活动所必需的练习时间。

多年来，我训练自己不把紧张当作问题来处理。相反，我把自己的恐惧看作是表演前的信号。我真的很庆幸它能让我的肾上腺素水平升高，这样我才能更有状态地演唱。如果我以前没有在人数较少的人群面前，练习过那么多次带着恐惧演唱国歌，我就无法集中力量来处理所有的紧张情绪。这就是为什么我不能强调完全进入舒适状态不带一点恐惧感的去练习骑行技术，至少要让自己在稍微不舒服的状态下练习。这样，当意想不到的事情让你措手不及时，你就可以轻而易举地处理这种感觉。

勇气

与大众的看法相反，我相信每个人都有一个相似的恐惧阀值。当承受超过这个恐惧阀值后，他们会开始无意识地思考和行动。勇敢的人不是那些能克服大量恐惧的人，他们是当恐惧控制自己时还能继续进步的人。例如，如果著名车手瓦伦蒂诺·罗西（Valentino Rossi）经历了和你同等程度的恐惧时，他也不一定能处理的比你快。他的能力差异不过意味着他经历和你同样恐惧程度的速度要比你我快得多。一旦他达到那个速度临界点，他也不能再突破了，就像我们不能突破我们的速度临界一样，除非我们改变脑海中的思想。一旦你的大脑达到"信息过载"点，你就需要尽快地重新调整自己。希望你能在失控之前完成救车。我们将在下一篇章中讨论如何做到这一点。

第 2 节　专注力

为了让你的摩托车达到最佳可控状态，心理素质其实和骑行技能一样重要。因为骑车时注意力不集中的后果是相当严重的，骑摩托车时需要全神贯注。因此，摩托车被称为"懒人的禅"，它可以产生与深度冥想相同类型的意识。恐惧和分心是意外的催化剂，而专注则是良方。

你是否注意到，在人多嘈杂的房间里，你很难和某人进行专注的谈话？由于许多人只是草草交谈，因此很难专心于你所说的话。同样，骑摩托车时也会有许多干扰因素，妨碍你将注意力集中在道路上。骑士们的专注能力可能是他们保命的关键，但很少有骑士接受过这方面有效且专业的训练。我们经常使用"专注"这个词，但我们应该怎么正确理解它呢？

三届美国空手道冠军、摩托车手肯·梅雷纳（Ken Merena）将正确的专注定义为"放松时的注意力"。换句话说，专注意味着在不给身体施加压力的情况下了解周围的环境。因为我们所有人最终都会因为任何长时间的活动而感到疲劳。梅雷纳强调，在长时间集中精力的前或后，进行适当的休息尤为重要，这样可以让你获得最佳表现。

根据韦氏词典解释，专注就是"将注意力集中在一个共同的中心或目标上的行为"。以此定义出发，让我们来了解下"专注"是如何发挥作用的，并来聊聊怎样提高你骑行的熟练程度。

专注如何发挥作用？

要想掌握某样东西，首先必须确定它是什么，这通常都是从零开始的。在此过程中，你排除各种可能性，直到你对所面临的问题有了一个好的解决办法。此时，你可以决定你想做什么，以及把你的注意力集中在它身上。就像这个例子一样，想要在吵闹的房间里将每个声音都"消除"掉，你只需要和一个人进行深度对话即可。

尽管每个人的思维都会时不时地飘忽不定，但重新集中注意力的能力却参差不齐。高手，就是能轻易找回注意力的人。

在《历史的用途与滥用》（*The Use and Abuse of History*）一书中，尼采强调了"非历史性"生

即使是一时的注意力不集中，也会造成灾难性后果。这张照片是我在2004年第一次参加摩托滑胎比赛时撞车的瞬间，当时已经冲过了终点线，我没有注意到前方的车手，也没有准备好刹车。碰撞发生的17分钟后，等我恢复了知觉后，立即尖叫起来："不要切开我的皮衣！"这时我才意识到，除了脖子上的固定颈托，身上什么都没有。

活的价值，这是一种通过短暂忘记阻碍我们集中注意力的过去事件，而充分活在当下的行为。他说："执行力强的人为了做一件事而忘记大多数事情，对已经发生过的事情不再纠结。他只关注于一点，就是即将要发生的事情。"

神经学家认为，人脑最多可以将注意力放在七件事上，不然将会失去专注的能力。基思·寇德（Keith Code）在他的开创性著作*The Twist of the Wrist*中以花钱的方式描述了这一过程。他写道："在骑摩托车时，将注

骑摩托车时分心或注意力不集中已经成为美国国家交通公路安全管理局（NHTSA）最关注的问题之一。这张照片是我经过 975 英里和 22 个小时的骑行后瘫倒在地，由铁屁股协会（Iron Butt Association）主席迈克·克内博恩拍摄的。我意识到，由于疲劳对自己和其他摩托骑士都构成了威胁，于是在"铁屁股汽车旅馆"中休息一个小时。休息过后，我精力充沛，完成了最后 45 英里，第一次（也是最后一次）完成了铁屁股协会的"Saddlesore 1000"成就（24 小时内完成 1000 英里骑行挑战）。

意力集中在哪里是你如何保持良好骑行状态的关键因素。注意力极其有限，每个人都有'固定数量'的注意力，而数量多少因人而异。正如你有固定的财富一样，你也有固定量的注意力。假设你有10美元面额的注意力，如果你在骑行时的一个方面花了5美元，那么在其他方面就只剩下5美元了。如果开始花9美元，那么你只剩下1美元可用了，以此类推。"

因为在现实中骑行时，外在信息来自四面八方，你必须不断地选择哪些事情需要注意，哪些需要忽略。你可以通过按必要或不必要的原则筛选信息，而经验可以帮助你决定哪些事情应该被关注，哪些事情应该被忽略。这就是为什么初学者不应该尝试本书中的一些高级技巧，因为他们没有足够经验来识别即将摔车的预兆，所以练习的风险太大。

归根结底，专注力就是消除体内/外的干扰。当没有什么可让你分心的时候，你才会对当下全神贯注。有种说法这叫做"无心"，字面意思是"无念于当下"。在这种状态下，一切都是可能的。对于摩托车手来说，这是一种毫不犹豫地对环境做出反应的能力，赛车手称之为"in the zone"（得心应手的领域，最佳状态）。

保持最佳状态

在进行任何骑行活动之前，你必须反复练习骑行技巧。技能必须成为第二天性，你不应该刻意思考它们。骑行技巧的施展似乎会自然发生，你可以对任何情况做出即时反应。就像你不需要思考自己如何呼吸、如何心跳，甚至如何走路一样。当达到最佳状态时，正确的动作会自然而然地发生。在这种状态下，你所有的意识都花在对哪些状况做出反应上，而不是如何做出反应上。

意识就是一个信息整合的过程，它是一种在海量输入数据中筛选关键信息的能力。在任何特定的骑行情况下，你都需要用一定程度的意识去和外界"谈判"，选择对何种情况做出反应。一旦骑行对你来

说驾轻就熟，你会发现实现特定目标所需的注意力越来越少。当然，这也可能更危险。一旦你成为"老手"，这诱使你只用最低限度的意识来骑行，然后你就将大脑中"多余意识"用于其他活动。

例如，当你骑行的时候，你可能会想一会儿吃什么。我坚信我们应该做出意识冗余。换句话说，就是请全神贯注！这让你拥有额外的注意力处理意外事件。比如，此刻有另一辆车进入你的车道，你需要有多余的意识来应对这种突发事件。

当你处于最佳状态时，不需要刻意抑制脑海中的任何想法。如卡尔·荣格（Carl Jung）所言："你所反抗的东西，不仅不会消失，而且会持续存在。"如果你停止对恐惧和不确定性事件的抗拒，让它们自然飘过你，它们会消失，你的行为会变得纯粹自然，事情会慢慢变得井井有条。

在实际操作中，你会不自觉地处于最佳状态中。只有当你有意识地思考自己的操作表现时，你才会认识到它的存在，此时可能已经脱离了最佳状态。我们是怎么发现最佳状态呢？方法就是将无意识的操作表现和刚刚有意识的操作表现进行比较。不过需要注意的是，睡觉也是我们无意识便能做到的一件事，它和最佳状态中的无意识表现是有差别的，因为我们睡觉时对环境没有意识。当我们处于最佳状态做某事时，我们是清醒的，对环境有全面的了解，但不需要从内心对它做出判断。

其实，每个人都曾经历过不自觉地进入最佳状态。虽然很难令人相信，但这确实是真的。为了证明这个观点，你只需回忆一下你走了多少路。从你可以熟练行走的这么多年后，你的双腿似乎可以自行行走，而无需考虑如何支配它们。

相比之下，想想当蹒跚学步的孩子们迈出最初的几步时，注意力有多集中。当我们看到孩子们笨拙地学习走路时，我们会不自觉地发笑。因为让我们奇怪的是，他们怎么会在走路这样简单的事情上如此艰难。然而，事实证明，走路并不容易，而且非常困难。我们知道，让机器人做人类一样的肢体动作是极其困难的。因为我们必须对每一个动作进行编程，所以我们需要确切知道每个动作涉及哪些细节。

在机器人领域，令科学家们一直头疼的事情之一就是：复制两足动物的运动。换句话说，就是让机器人像人类一样行走。之所以困难，是因为要达到让身体通过两只脚与地面接触并保持平衡，我们的身体每秒钟要做大约1000次修正。

有趣的是，摩托车制造商本田的阿西莫机器人（Asimo Humanoid Robot）首次实现了这一技术胜利。这个机器人重54千克，高1.29米。这些技术指标，意味着在复制肌肉能量和计算行走能力方面，机器人机制仍然没有人类有机体那么有效。

提高专注力

提高专注力的秘诀是练习，但这种练习不同于我们大多数人想的那样，它是一种不用运动的练习。据报道，一位来自中国的地球上最长寿的老人，对于这种练习方法最有发言权。

当我们问他长寿的秘诀是什么时，他回答道："内心的

本田最新的阿西莫机器人于 2005 年首次亮相，它可以行走、跑步（6 千米 / 时）和转弯。对于以 5 千米 / 时的速度运行的回转，它在实际转弯之前，重心会朝转弯方向移动，就像摩托车正确转弯的 10 个步骤中的步骤 2 一样（参见第 3 章第 6 节：身体定位）。

宁静。"因为你面对的最让你分心的因素是思绪不停被打断，"让内心安静下来"的练习对于你的注意力高度集中是至关重要的。其结果是提高意识，最终更好地控制意识。

为了达到内心的宁静，有人将这种做法称之为"静心"，意思是停止有意识地思考事情。但静心不等同于愚笨的头脑，更确切地说，它是一个蓄势待发的头脑。这不是一种我们经常认为的走神，而是入定。当你没有任何其他想法来分散你的注意力时，你就可以让你的骑行技巧和能力发挥最大化。

许多因素会阻止你达到内心的宁静。正如我们上一章节中所学到的，恐惧和不确定性就是其中两个因素。此外，你还要控制你的思想，不让这些因素来回干扰你。正如老子在《道德经》中所说的："胜人者有力，自胜者强。"

对你的骑行经历进行回顾性分析，将有助于你提高骑行专注力。如果结伴骑行，当停下来休息时，谈谈你们每人在骑行过程中意识到的危险。这是一个很好的机会，让你知道自己没有注意到或错过的风险，接下来的骑行中，你便会额外留意它们。

学习任何事情，从基础开始学起是很有必要的。还记得刚开始松离合起步时有多困难吗？而现在，你可以随时起步，根本不用去想怎么做。实现内心的宁静是一个相似的过程。

冥想练习

冥想可能是让内心安静和舒缓压力的最佳方式。冥想的主要目的是：完全存在于当下。无论你是在回想往事，还是在担心将来可能发生的事情，这两种情况都会让你远离唯一能让你感觉到安全的东西。这个东西常被称为"永恒的现在"，而下个瞬间就是一个不同的"永恒的现在"。

那么，冥想时你都在想些什么呢？就是什么都不想。奇怪的是，这可能是人类能做的最困难的事情之一。你会惊讶于脑袋里怎么有那么多的"噪声"。你的大脑会被从"看看那个金发女郎"到"别忘了拿花生酱"的各种声音所轰炸，这种不断产生的想法和房间里人声鼎沸一样，都让我们感到困惑和害怕。冥想就像一个派对上，请客人一个接着一个离开。如果你足够努力的话，你最终可以让自己的脑海空空如也。

人的大脑一次最多只能处理七个问题。在高水平的比赛中，你需要知道什么是无足轻重的，什么是至关重要的，这种辨别能力尤其关键。在美国拉古纳赛卡赛道Corkscrew下坡弯中，车手必须同时处理方向、速度以及海拔的变化，同时还需监控自己车辆的状态和其他车手的动作。这不仅是身体的锻炼，也是一种脑力的锻炼。

其实，造成胡思乱想这种现象的原因是，从思想角度而言，我们的生活方式非常复杂。我们对某件事的思考并不是连续不断的，而是思考……停顿……再思考，依此类推。冥想练习和良好的骑术技巧的目标一致，就是让停顿变得越来越长。当你可以让停顿变得足够长时，这可能就是你达到最佳状态的真正意义了。

这个过程，可能是非常治愈的，尤其是在骑行的时候。通过练习，你的大脑将变得更加平静，并且你的专注力也将得到改善。而更好的方法是，你可以借助一个漂浮舱进行冥想。

警告预兆

专注力会受到许多因素的影响，比如低血糖、休息不足以及受控药品，都会对你的专注力产生不利影响。每隔一段时间做一次自我诊断测试也是很必要的，以确保你的压力水平不会超标失控。因为精神压力很容易表现在身体上，症状还是比较明显的。比如，在西方文化中，我们通过收紧腹部、肩膀、手臂和手来为腹部抗冲击做好准备。但是，这不仅会不必要地使我们的肌肉疲劳，还会阻止正常的呼吸。

放松的深呼吸有助于给身体带来氧气。这使得肌肉可以自由地以最高效率运作，这使你能够在当下的环境中更专注，而不是被压力分散注意力。正确的呼吸，利用的是"腹部呼吸"，而不是"胸部呼吸"。婴儿天生就会腹部呼吸，但是随着时间的流逝，他们会变得社交化，通过更短、更强迫的呼吸来承受压力。把你的手放在你的腹部，你应该感受到空气进出，但肌肉是放松的，这是自然的呼吸。如果你的胸部在做大部分呼吸的动作，是时候调整一下你的呼吸节奏了，直到呼吸再次变得轻松自然。记住，真正的专注是不用刻意集中注意力。

"漂浮车手"

我想，在漂浮舱内练习冥想，可能是我最喜欢也是最简单的方法之一。多年来，在我的赛车生涯中，我一直使用它们，以至于现在我还在坚持使用它。漂浮舱，也可以称为感官剥夺室，其结构原理相当简单。它基本上就是一个 2.4 米 ×1.2 米 ×1.2 米的封闭式浴缸，里面盛有 0.25 米深的水，水中溶解了 340 千克的泻盐，高盐含量的水创造了一个类似死海的超级浮力环境，在水中你基本上达到了"失重"状态，可以轻松漂浮在水面上。

漂浮舱中的盐水会被加热到 93.5 华氏度，也就是接近你皮肤的表面温度。一旦关上门，你的身体几乎没有感觉输入。漆黑一片的环境，让你感受不到任何温度、压力、视觉和声音，你好像漂浮在无限的空间里。它可以让你身体上的每一块肌肉都能完全放松，让你的大脑进入深度冥想状态。而此时你不需要刻意对外界环境做任何实际的抵抗。冥想中最难的部分是消除外界刺激，而漂浮舱为你省去了大部分的工作。

漂浮舱非常适合治愈伤病、减轻压力和提高专注力。9 年前，我因为事故遭受了严重脑震荡（见 63 页图）。而最近，我决定再次尝试滑胎摩托车赛。因为之前的伤病，我还是有所顾忌的。在比赛前，我决定每两天花一个小时待在漂浮舱中来帮助我准备比赛。结果让我惊喜的是，两次热身赛和两次正赛，我全部夺冠。更有意思的是，有几位车手在赛后对我客观评论到，赛道上的我表现得既平稳又放松。我只能说："你应该考虑在下一场比赛之前做下漂浮冥想了。"当然，漂浮舱疗法对于街头骑手同样有效，并且对你的健康也是有益无害的！

第 3 节　正确的态度

在实践任何骑行技术之前，保持一个良好的精神状态是很重要的。如果你是铁杆的摩托迷，不管你看了多少有关骑行技巧的书籍或者杂志，或者多么努力训练，你终究在某一时刻会对自己的进步感到沮丧。而结束这种沮丧的秘诀，就是拥有正确的态度。

初学者的心态

什么是拥有正确的态度呢？最关键的部分就是保持初学者的心态，即"初心"。这是一个孩子在性格形成时期的学习态度，孩子大部分的大脑学习都在这一时期进行。你可能没注意到，孩子们学习新技能或语言的速度非常快！然而，作为一个成年人，学习新语言是很困难的。部分原因是我们与孩子们看待世界角度的不同有关。孩子们的眼睛里充满了好奇，就像巨大的海绵一样，来者不拒，我们可以称之为"孩子的不可思议之处"。这是因为人类是非常好奇的生物，当我们第一次体验任何东西时，都会很自然地被吸引。

然而，人类最大的成功和悲剧之一，就是我们难以置信的"模式识别能力"。随着我们更年长、更有阅历后，会熟知更多模式。很快，我们就变成了小占卜师，开始预测模式的发展方向。这种能力肯定是有价值的。但不幸的是，当我们预测能力足够好时，我们便开始被固有认知所束缚，只看得到模式范围之内的事情。在工作和生活中，很多人都在为此而挣扎。例如，当开展一份新工作时，我们发现它有趣且富有挑战性。但当我们把它做得足够好且经验十足后，我们开始发现自己陷入一种重复的模式中。这种体验经历过几次后，我们就很难在工作中取得满足感，因为这份工作的一切发展都符合你的已知模式。

有人说："在初学者的心中，世界是无限可能的；在专家眼中，世界是很单一的。"不足为奇的是，初学者是谦恭的，这种态度是学习的关键，因为自负的态度让我们很难接受新思想。你越认为你是骑行高手，你越难以放下身段来学习新技术。因此，学习新事物的最佳态度，就是始终把自己当成初学者。这种初学者的心态，不仅能让你从课程或正式训练中收获颇多，在其他方面也可以学到更多。具体来说，只要我们骑上摩托车，都是一次学习的机会。

初学者心态可以被描述为：生活在可能性中，而不是期望中。事实上，只有一件事被证明是世界上所有不幸福的根源，那就是期望落空。坦率来说，就是想得却不可得。回想你不快乐的生活经历，你会发现期望没有被满足是根本原因。事实上，根据欧洲民意调查发现，在过去的30年间，丹麦一直是世界上幸福指数最高的国家。丹麦人似乎本能地知道，过高的期望会扼杀幸福，于是他们保持低期望，因此常常在生活中发现惊喜。

如果你骑车时感到沮丧、愤怒或士气低落，你就会明白你的态度是有偏差的。当你处于这种心境时，其实都是因为期望没有被满足。解决这种情绪的关键是，不要焦虑未来什么事情应当发生，而是享受当下。

现实世界经常会让你以先入为主的视角来看待它，所以不要因为"经验主义"而限制你的学习。在对待不确定性这方面，我最喜欢的例子是一个电视节目中的角色：麦盖佛（McGuyver）。他的荧幕形象之所以如此引人注目，是因为他拒绝让旧认知去阻挡新的可能性。比起随波逐流，他更愿意以孩子般的视角惊奇地看待生活中的一切。很酷的一点是，他解决问题的方法并不难，我们中的任何人都可以做到。但不同的是，解决问题的方法却是常人很难想到的。我提起他，不是为了让你想出"把你的摩托车变成炸弹"这种无厘头做法，而是引导大家从一个全新的角度来看待骑行，从过去的经验中理清思路，把这种理念运用于摩托车骑行上。你可以将雨天骑行当做对于学习了解牵引力极限的有趣机会，而不是抱怨骑行日好心情被雨天毁了。

　　不同顶级车手之间的骑行风格有着巨大的差异。因此，有效的骑行方法有很多。有时，一个赛车手需要在不同的赛道中采用不同的骑行风格。那些能保持初学者心态并能根据条件快速切换骑行风格的骑手们，他们在骑行方面的造诣更高。然而糟糕的是，你越朝此方向练习，你的大脑就越想预测下一步发生什么。这会更快地让你感到无聊，或者通过压榨车辆极限来消除无聊。而找到一个舒适的学习节奏后，你才能充分享受在路上的美好体验，并保持积极性。

奥林匹克运动员和职业赛车手都会做假想可视化训练（Visualization Training），这可以帮你学习新技能并培养连贯性。在学习方面，人类大脑不会区分真实和想象的体验。然而，对于身体上的物理疼痛，大脑肯定能分清！

积极性

　　正确态度的第二个组成部分是积极性。你需要有足够动力去探索未知。例如，你心情不好时，学习新技能是很困难的，因为你的大脑被不相关的想法所占据，很难专注思考。你的头脑越清晰，就越容易接受并理解新的信息，这样一来，你学得也就越快。如果你独自练习一项技能，很容易感到沮丧和挫败感，但是沮丧也是有正面意义的。这是大脑在提醒你：你已经失去了正确的态度，现在是时候重新调整自己的心态了。

　　和车友共同练习是保持积极性的最好方法之一，对方不仅能看到你在做什么，还可以提供有价值的反馈。当你开始感到疲倦或偷懒时，他们还能鼓励你。想更专注于训练，找个好队友至关重要。如果你的思想开始游荡，你不仅没有进入学习状态，而且也在增加犯致命错误的概率，还提升了导致更严重事故的可能性。

你与道路的关系

　　正确态度的第三个组成部分是"你与道路的关系"。作为摩托骑士，我们喜欢花很多时间在开放公路上，但是很少有人真正考虑我们和道路的关系。不管你骑得快还是慢，其实你与身下的道路都有一个不成文的约定。

　　与家庭或商业关系一样，你的人际关系也可分为三种基本形式：冷漠、敌对和互补。冷漠的关系就像你在快餐店与收银员之间一样，你既不喜欢他也不讨厌他，只是为了达到某种目的而打交道，比如订餐和付钱。大多数骑士和道路之间的关系都是冷漠的，除非有一个非常明显的危险信号，不然他们几乎不会去关注道路，更不会有什么关联。而在危险的情况下，他们才会小心谨慎并带着不信任和道路打交道。虽然这是个正常的生理反应，但如果你不学会管理这种关系，它可能会给你带来麻烦。

另一种常见的道路关系是敌对关系，这种情况通常出现在运动型和探险型摩托车车主的身上。他们大多数都有征服赛道和道路的强烈想法。此时，车下的路便成了他们的敌人，并开始与之搏斗。一位著名的骑术教练也曾这样建议："你不必打败你的对手，而是比对手更好地征服赛道。"这种态度存在一个问题，就像很难与你意见不同的人沟通一样，当不喜欢车下的路时，你很难发现路面的细微变化。

而最完美的道路关系是互补关系。你与道路是在合作，而不是对抗。想要拥有正确的态度，你需要学会正确的处理恐惧和集中注意力，它们也是学习骑行技巧和提高骑乘水平所必需的能力。不幸的是，许多老手缺乏积极的道路关系。尽管你不能选择家庭成员是谁，但你可以决定怎样与之相处。同样，你也可以决定和道路是何种关系。

关于如何处理与道路的关系，传奇摩托车越野冠军鲍勃·汉纳（Bob Hannah）是一个伟大的例子。汉纳在比赛中喜欢雨战，这不是因为他喜欢把自己弄一身泥，而是因为他知道大家都讨厌在雨天比赛。他意识到，如果他能以正确的态度对待这件事，将在雨战中拥有很大优势。对于这个观点，你很难反驳他的逻辑，毕竟他取得过7个美国全国冠军头衔。

那么，如何建立一个积极的道路关系呢？也许最好的方法，就是使用假想法让你处于正确的心态。在我骑行之前，我倾向于思考过去积极的经历，比如一次很顺利的美好骑车经历。我闭上眼睛，记起路和风景是什么样子，空气是怎样的味道，以及我耳边的声音。我将自己完全沉浸于记忆中，直到感觉自己真的在那里。在这个内在的旅程中，我也会有一些生理上的变化，使我情绪放松，身体也会随之放松。这是很有效的，因为当人在学习状态时，人类大脑不会区分这些经历到底是真实的还是想象的。

一旦想起喜欢的名言警句，我就会大声喊出来，而不只是想想。比如，"人车合一"和"恐惧是心灵杀手"。虽然听起来很老套，但这是一个非常有效的方法，让你迅速专注于当下。自然而然，它引导你拥有一个积极的道路关系。例如，当我说"人车合一"时，我想象着与摩托车的紧密联系，我沉浸入这个过程，以至于我对其他事物仿佛置身事外。

如何正确处理交通问题也是积极道路关系中的一部分。在南加州，摩托车可以在缓慢的车流中合法行驶于两车之间，这尤其需要骑士们有正确的态度。当我在1992年搬到加州时，我很害怕"钻车缝"，我一度把汽车当成敌人，遇到的几次险情让我非常后怕。但随着时间推移，我开始改变对交通的态度，我渐渐开始认为这是一个"躲避游戏"。现在，我很少遇到"惊险时刻"了。即使遇到，我也不会惊慌失措，而是做出必要对策来避免事故，这让我可以更安全地骑行。有些时候，稍微走神，后果可能是致命的。

享受当下

正确态度的最后一个部分是拥有"享受所做之事"的能力。你必须享受训练骑术这一过程。对于像我这样有竞技精神的人，就可以将其带入到训练中来，丰富练习的感受。但记住不要把竞争看得太重，否则你最终可能会失去练车的积极性。与其他车手甚至秒表竞争都是可以的，但出发点应该是一种游戏精神。例如，我告诉你向前跑3米，停下来，向左跑5米，向右跑4米，然后再向后跑5米，你会认为这是一个无聊的练习。但如果你手握网球拍，以同样的轨迹练习击球，你便会感到非常有趣。

游戏精神的另一个方面是不确定性。如果你在比赛前就知道自己会赢，那是多么无趣啊！而且你也很难学到更多东西。有了不可预测的因素，任何事件都会变得未知且有趣，这就是游戏的魅力。因此，想想你是否可以利用速度、时间和位置等因素当成目标，让骑行训练变成一场游戏。

如果你和好兄弟一起练习的话，不要有攀比心态，以至于让你忘了练车的根本目的。因为每个人的学习节奏不同，因此不要拔苗助长，超越自身能力去学习。练车之前，妥善制定学习计划是很有必要的，确保大家都清楚练习的内容和目的。

对于骑行技术或者生活技巧的正确态度，我听过最好的观点来自《学会谈判》（*You Can Negotiate Anything*）一书的作者赫伯·科恩（Herb Cohen）。他在书中写道："我很关心，但又没那么关心。"这种态度在练车上的体现是要竭尽全力去做骑行练习，但也不要太在意。如果没达到预想的练习效果，这反倒成为一个困扰你的问题。换句话说，不要太看重"做对"这件事，犯错误也不要难过或沮丧，因为这能让你学到更多。

在我们的学习中，成功和失败都是必须经历的。如果你一开始就做对了，那太棒了！但如果做得不对，你实际上只是成功地排除掉了一种失败的方法而已。当然，要知道某件事是否正确，唯一的方法就是通过对比来了解不正确的做法。这就是我在本书中向你展示正确和错误技术示例的原因，以便你从中获益。

在公路或赛道上，过度自信会转变为鲁莽。而正确的态度则不然，它可以把你（或其他车手）犯错误的过程转化为学习的体验。

当你有了正确的态度，就会变得自然且随和，也能享受成功和接受失败。不管是哪种方式，你都学到了新东西。能成熟地看待成功或失败，在避免自负、鲁莽、自卑和犹豫不决等负面情绪的能力上至关重要。

从小白到骑士

本书的"封面男孩"是海军下士斯科特·冯－莱昂奇尼（Scott Fond-Leoncini），他可以说是培养正确态度这一过程的典范。以下就是他自己的故事。

我的骑行生涯是从19岁生日后的一个月左右开始的。在我第一次从伊拉克服兵役归来后，我买了一辆本田 CBR600 F4.1。通过了在 MSF 基础骑行课程（Motorcycle Safety Foundation，美国官方的摩托车安全培训课程）后，我拿到了摩托车驾照。不久之后，我就在洛杉矶 Crest 高速公路上进行了拿证后的首次骑行，结果那天摔了两次车……而且，我也不明白自己为什么会摔车。我第二次服役归来后，骑着新买的川崎636参加了 MSF 中开设的运动型车军事骑行训练（MSRC，Military Sportbike RiderCourse，课程只有一天）。培训过后，我骑车去了巴乐马（Palomar）山。结果，我和川崎636差点飞下悬崖车毁人亡！再后来，我又换了 TriumphDaytona675，前往基思·寇德（Keith Code）的加州超级摩托车学校进行培训。在那里虽然学到了很多，但我深知还远远不够。培训中，我在道路课程上摔了车，后来又滑出了赛道。其根本原因嘛，就是我没有领会这套课程的要义。

在被教练"鄙视"之后，我参加了一级（Level 1）和二级（Level 2）的"极致驾控"高级骑术训练营，它彻底改变了我骑车的方式，也深深影响了我的骑士身份标签。甚至一些骑哈雷（骑哈雷巡航车普遍不需要太高级的骑行技巧）的朋友都注意到了我骑行技术方面的飞速进步，于是他们怀着"取得秘籍"的心态也报名了课程。这次学成之后，我回到之前的赛道上，磨着膝盖压过赛道中的每个弯道，好像贴地飞行一般。看看下面我的骑行风格在学习前后的对比图，你应该能受到一些启发。

我在"极致驾控"中学到的技能，确实多次挽救了我的生命，并且让我获得了更多的骑行乐趣。例如，我撞上了一辆从停车场开出的汽车，虽然我用尽了所有牵引力，最后还是摔车了。但碰撞之前，我在很短的时间内将车从64千米/时减速到了24千米/时左右。显然，如果我没有学会正确的紧急制动，我可能就没有机会讲述我的故事了。我知道，没有任何办法完全避免骑行时的风险。但在我这样最糟糕的情况下，掌握正确的技能并妥善应对，可以极大地减少人身伤害。在上面的事故中，我只受了一点膝盖和小腿的擦伤，仅此而已。

错误的骑行态度会导致错误的选择，错误的选择可能会把公路当成赛道，像赛道一样对待公共道路可能会被警察叔叔戴上手铐。不要让你的骑行生涯以被逮捕结束。因此，你需要练习"极致驾控"的骑行技术，并学会树立正确的态度。

学习前

学习后

第 3 章
Chapter

3 车身
动态

毫无疑问，视野是正确骑行需要的最基本因素。我们在骑车时，大多数决策都是基于眼睛看到的信息进行判断的。基本上，你的视力应该达到20/20[⊖]或者更好。所以，定期去检查视力绝对是值得的，因为现在的技术已经可以快速且方便地纠正视力。

然而，合理用眼和拥有一个好视力同样重要。要想巧妙地使用你的眼睛，我们需要了解眼睛对所见事物做出反应的机理。

不管是摩托车新手还是Moto GP车手，几乎所有人都要在弯道中努力保持正确的视线。这是因为人类经过数百万年的进化，眼睛是基于意识中认为的最高速度来处理潜在危险的。目前，世界上跑得最快的人是尤塞恩·博尔特（Usain Bolt），但他在百米冲刺中的最高速度也就刚刚超过43千米/时，而摩托车可以远远超过这个速度。因此，我们需要重新训练眼睛，适应更高的速度，比原本自然状态下看得更远。这是尽早识别潜在危险从而有效应对的唯一方法。

为什么视力如此重要呢？主要原因是你去的方向取决于你看哪里。你可能听过这种说法，但从来没有人告诉过你为什么"看哪里就会去哪里"，其实，根本原因与我们的生物构成有关。

虽然我们未曾这么想过，但从生物学上讲，人类是捕食者。作为食肉动物，我们的两只眼睛离得很近，在头的正面，非常适合捕捉移动的猎物。在野外，正是这类视觉帮助了我们，让人类处于食物链的顶端。不幸的是，在公路上，摩托车手处于"交通食物链"的最底层。这意味着我们必须停止像捕食者一样发现猎物，而要学会如何像猎物一样观察周围。如果你想知道"像猎物一样观察"是什么意思，那就想想上一次你夜里独自一人散步去一个治安很差的社区时，视野是什么样子的。你的眼睛大概同时看遍了能看的所有地方！

聚光灯和泛光灯

你能看到的事物，不仅取决于可用光的覆盖区域，还取决于你主观上的关注点。就像可调节光束的

正确示范

错误示范

看穿整个弯道有助于你选择最优路线，这让你的视野更好，而且肩膀也会更贴近弯道内。

⊖ 如果你的视力是20/20，数字代表的含义是：正常视力在20英尺看到的内容，你也在20英尺处能看到。20/10则代表视力超常，正常视力在10英尺看到的内容，你在20英尺处还能看到。而20/40这样后面的数字越大则代表视力越差。

MAG手电一样，同样的灯源，我们可以照亮一大片区域，但细节很弱（泛光灯视觉）；或者只照亮一小片区域，却能显示很高的细节（聚光灯视觉）。或大或小，这取决于我们集中注意力的区域有多少。大多数人在聚光灯视觉的运用上没有问题，毕竟，我们能盯着电脑屏幕看一整天。不幸的是，我们大多数人已经失去了有效利用泛光灯视觉的能力，因为我们在"城市丛林"中已经不再有天敌了。

骑车时低头看路会增加你的主观速度感。此时，你需要使用泛光灯视觉，抬头看向远方。这可以降低速度感，让你的大脑和身体更加放松。

所以，像所有的捕食者一样，人类主要使用聚光灯视觉。在摩托车方面，我们称之为目标锁定。能完美运用目标锁定技能的例子是猎豹。在野外，猎豹的定位方式就像计算机一样精准。一旦它锁定了目标（比如羚羊群中的一只），在抓到目标猎物之前它不会停止奔跑。即使另一只速度较慢或受伤的羚羊从猎豹的眼前经过，猎豹也会直接跳过它并继续追赶之前锁定的猎物。这就是捕食者天生视觉反应的外在表现，是写进我们DNA中无法改变的代码。这也就能解释，当我们看到前方10米开外的路面有坑洼或碎石时，尽管我们理智地明白应该改变路线来躲避，但我们还是会撞上它们。换句话说，目标锁定这种本能对人类来说是有惯性的，因为它在野外有生存价值。但不幸的是，它在交通生活上有相反的效果。

在美国的教育体系中，更强调发现生活的细节。我们用显微镜和望远镜观察远近物体，我们通过计算机以二进制这种微观视角来观察和分析世界。实际上，我们已经被训练成依赖聚光灯视觉来观察世界的习惯，而忘记了如何使用泛光灯视觉。

相比之下，猎物主要使用泛光灯视觉，生物学家称之为"环境意识"，它们总是想办法知道潜在的捕食者在哪里（或可能潜伏在哪里）。因此，作为骑士，泛光灯视觉和聚光灯视觉要运用的一样熟练才行。例如，我们使用聚光灯视觉来挑选特定的参考点，包括像入弯点、出弯点以及制动点。

在过去的经历中，我唯一接受过的泛光灯视觉式训练是在驾驶人培训课上，也就是20世纪50年代被开发出来的史密斯驾驶系统课程。在这个系统中，正确驾驶的原则之一就是"驾控全局"。事实上，史密斯是对的。运用你的泛光灯视觉，可以减缓你主观上的"速度感"，让你能意识到更多潜在的危险和机会。

速度感

对于骑士来说，能够清楚区分实际速度和感知速度格外重要。当你主要依靠聚光灯视觉骑车时，大脑可能会捉弄你。举个例子，如果以缓慢的速度骑行，此时看着正下方的地面，你会感觉移动速度似乎非常快；但如果你以远处的山脉为参照物，即使实际速度没有改变，也会感觉自己和车几乎没有移动。

基思·寇德（Keith Code）曾经告诉我，他为了检验车手对于速度的感知而做过一个试验。他在纸上挖了两个"眼洞"，在骑车时只透过这两个小洞观察路况。他说，即使在笔直且空旷的道路上骑行也非常可怕，因为此时的速度感被大幅放大了。

当你低头骑车时，你会认为速度感太快了，这和上面的试验是类似的感觉。当你将视野缩小到聚光灯视觉时，就会发生这种情况。那怎么解决呢？答案就是将你的视野扩大到泛光灯视觉，因为视野越广，就感觉物体移动得越慢。扩大视野这种习惯当然需要练习，而且值得你这么做。在转弯时，你对于路况看得越远，速度感就不会过快。如果你开始养成向更远处看的习惯，你感知到的速度感就降低了，这让大脑有更多时间做出决定，从而避免潜在危险。

看穿弯道

大家需要记住一件重要的事实，当我们的瞳孔在眼睛中间时，这是视觉的最佳点。因此，寻找参考点时，最好多转动你的头，让瞳孔始终集中在眼睛中间，而不是试图转眼球，或者通过眼角余光来找参考点。在战斗机飞行员训练中，他们称这种技术为"头部旋转"（Head on a Swivel）。由于我们的眼睛正对着前方，视野有限，基因让我们更倾向于使用聚光灯视觉，所以我们的泛光灯视觉能力较弱，需要后天努力训练。

总而言之，在转弯时，你需要尽可能看得远一些。这里有三个重要原因：第一，看得越远，你就会越早意识到任何潜在危险，就能越早加速出弯；第二，你感知到的速度感会降低，这也会大大减少你对于压弯时的焦虑感。此时，你的身体也会更加放松，可以看到更广的视野；第三，你看得越远，你的身体自然想要朝着那个方向前进。

当然，在你看穿弯道前，需要先认清入弯点。这需要你迅速用聚光灯视觉来找到入弯点，然后再切换泛光灯视觉来通过弯道。

想做到"看穿弯道"，最好的练习方法是：在空旷的场地上画一个圆，中间站一个你的机车好兄弟，你在绕圈的同时要始终透过他看向对面。如果你此时惊慌失措或者一直向前看，他会提醒你，因为他只需要盯着你的眼神便知道你是否在调整视野。这种练习虽然听着容易做时难，但可以让你进步飞快。我建议你以非常缓慢的速度开始练习，直到你能熟练掌握。需要注意的是，此项练习不注重于速度，因为它训练的是你通过转头来看到圆心的习惯。

慢慢地做这项练习，直到你能毫不费力地做好它。"看穿弯道"的能力是本书中所有过弯技术的先决条件，一旦你掌握了它，你会发现其他一切都会变得更容易，所以先练好它再去尝试其他技能。有了良好的视野，我们就有能力做出最佳路线选择。

进行定圆骑行练习时，你可以转头去看圆圈对面假想的出弯点。找个朋友站在圆心，然后观察你的眼睛，考察你是否可以将视线始终注视着不断移动的出弯点。

77

　　由于摩托车是单轨车辆，这意味着前后两个轮胎沿着相同的轨道行驶。因此，它有一个独特的优势，那就是更容易在弯道中进行线路选择。通过精确调整进入弯道的车道线，我们可以走出弧度更大的轨迹，使线路比实际弯道"更宽"。但是，每个弯道都没有完美的走线，因为这会根据速度、路况、危险因素和骑手技巧而定，每项因素都在选择弯道走线时发挥着作用。

　　当没有条件限制或者危险因素存在时，理想的街道走线为：弯外—弯内—弯外。因为赛道的各种条件非常可控，赛车手会采用"外—内—外"走线，以最大化转弯半径。通过在弯中走出一条更直的线路，可以减小摩托车的倾斜角度并将牵引力最大化。一个优秀的赛车手，会将额外获得的牵引力转化为速度，以更快地过弯。在街道上，这样走线也是很不错的，但为了让我们更安全，速度一定要放低。通过这样走线，获得的牵引力和离地间隙将有助于应对我们在弯道中遇到的任何危险。

　　在培训过数千名学生（包括街头骑手和赛车手）后，我发现有三种主要的过弯"线路"错误。这三种错误的走线，都会导致出弯时容易将线路走大，也就是过于靠近弯外。而且，这种现象还伴随着速度的增加而放大。大多数单车事故都是因为骑手出弯时跑偏所造成的，所以避免这三种过弯错误是很重要的。但别担心，只需学习一些相关知识和简单的自我评估，错误很容易被纠正。

　　第一个转弯问题是入弯过早，第二个问题是转向压车不够果断，第三个问题是弯道中的修正动作过多。我将详细解析这些老手和新手都会犯的错误。另外，我也会告诉大家，在完美条件下，怎样选择最佳的线路；在被迫使用备选方案时，怎样走出非标准的最优线路。

入弯过早

　　许多车手在弯前会变得非常紧张，他们会担心很多问题，比如入弯速度是否合适？制动给多少合

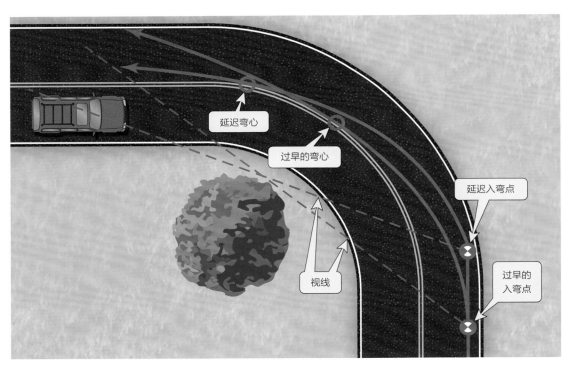

过早入弯

最常见的走线错误就是入弯过早。这不仅影响了你在盲弯中的视野，也会让出弯时走线过宽，并限制了弯中的转向修正。

适？轮胎在弯中是否有足够的牵引力？所有这些忧虑都挤在他们的大脑里。弯道越来越近时，他们很难在合适的时机入弯，最终往往会过早入弯（见上图）。这是个很容易犯的错误，因为如果我们不转弯一直往前走，线路就会更靠近外侧路肩，谁都不想太靠近那条边缘从而冲出道路，我们都希望远离马路牙子和路边其他造成危险的障碍物。因此，延迟弯心并稍晚一些转弯有很多益处。

正如前面所言，入弯之前，看穿弯道是很重要的。但正因为此，这使你耐着性子精准入弯变得更加困难，因为身体想跟着眼睛注视的地方走。当然，这种"眼睛先入弯，车还在保持直行"的动作需要一些练习。但出弯时，这对你的回报是巨大的。

好消息是，在弯道中看得更远，你对速度的感知就会慢下来，这有助于减轻转弯时的焦虑感。而且，这种方法还能让你尽量放松，沿着你预想的线路通过弯道。如果你总览全局而不是聚焦在一个小区域时，你就能考虑到所有安全过弯的可能性。

当骑手盯着弯内侧看时，往往会过早地开始入弯。当这个"固定"目标越来越近时，它经常被错误地当成是开始转弯的参考点。过早入弯的后果是，你被困在了一条出弯就会冲出弯外的线路中，你很难在弯中调整线路，因为你弯内侧没有足够空间来让摩托车做出大倾斜角转弯。这意味着，在通过弯心后，你需要做出最大程度的转向操作，直到出弯点前，你都需要让摩托车做出最大倾角。弯心是最接近弯道内测的点，因此过早入弯造就了一个过早的弯心，这迫使你的过弯线路变宽或需要更多在弯中的转向修正动作。

此外，如果当你的摩托车在弯中处于最大倾斜角而且需要修正方向时，你可能已经用尽了离地间隙，或许车身零件已经开始刮擦地面。这对于车架较低的摩托车非常不利，比如巡航摩托车。

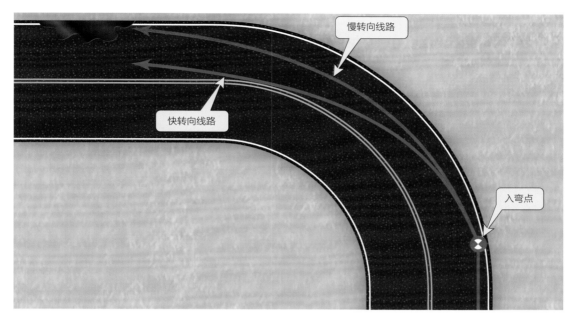

慢转向线路

快转向线路

入弯点

缓慢转向

缓慢转向会导致你长时间处于最大倾斜角，与过早入弯的后果相似。快速转向可以在入弯初始就完成大部分转向，这让你在出弯时有更多的线路选择。

　　虽然晚入弯可以帮助赛车手在赛道上更快，但是这项技术在街头骑行中更为重要。在开始真正的转弯之前，走出更宽的线路，这让你有一个更好的视野观察弯道，进而认定一条合适的入弯线路。如80页图所示，你的视线可以更好地观察弯中情况（特别是盲弯），比如迎面驶来的车辆。否则，你在弯中想要躲开它们可能为时已晚。经验之谈是，一般情况下，"慢进快出"犯的错误总比"快进慢出"轻很多。

　　入弯速度太快，通常会导致一系列错误连续地发生，这很容易摔车。降低你的入弯速度，并更深入弯道，延迟入弯，这让你拥有更好的视野和预判能力。通过看到更多路况，你就可以用正确的倾斜角度入弯，走出一个未经雕琢的完美弧线，做到不在弯中修正方向。如果弯道的转弯半径逐渐增大，你就能更早更快地加速。如果弯道的转弯半径在减小，就如84页图所示一样，你也有时间和机会去调整线路。

转弯过慢

　　当你高速骑行时，转向太慢可能和入弯太早的结果一样糟糕。即使不犯其他错误，你也很可能在出弯时冲向弯外的马路牙子。要说明的是，转向过慢不是指你的弯中速度过慢，而是从摩托车直立到完全倾斜时所耗费的时间过长。而这里的"完全倾斜"，不是摩托车的极限能力，而是摩托车在特定速度下过弯所需的倾角。转向过慢会导致骑手在完全倾斜时的时间过长，容易将线路走大。我们完全倾斜时称为"危险区"，因为这时是骑手最脆弱的时刻。因此，我们应该减少进入危险区的时间与次数。

　　除非你进行大量练习，不然快速转向会让人觉得很不顺手。很多骑手担心，如果用力过猛，车子可能会失控从身下滑走。但除了雨天或砂石路这样的湿滑条件，很少有人因为转向过快而摔车。即使是离地间隙过低、弯中速度受限的巡航摩托车也是如此。

　　快速转向不仅可以让你出弯时更早加速，也能帮助你在弯中稳定住车身。通过看穿弯道和在正确的入弯点快速转向，你不仅可以更快地完成过弯的必要工作，还能省出更多时间，根据实际情况改变预想线路，随机应变。

50 便士

英国骑士用"50便士"（Fifty Pencing）来形容在弯中过多修正转向的术语（见下图）。因为50便士的硬币是多边形的，有多个平坦的边缘，类似于很多新手在过弯时所走的线路。

因此，"50便士"就成为新手的代名词。初学者经验尚浅，不知道输入多少转向从而平滑地过弯。当他们意识到转向输入量不妥时，就会不断修正方向。

新手常常忘记通过看穿弯道来寻找出弯点。如果只计划摩托车下一秒的线路，车就会奔向弯中那个你想象的目标点。当你抬头看向弯道时，你会发现弯道还远没有结束。因此，你会进行下一次修正。同样，经过这一小段路程后，你还会发起下一次修正。这样一来，你会发现自己处于一个不准确且低效的循环进程中。

通常对于初学者来说，很难一次性就做出足够的转向幅度。当然，很多老手也多少存在这个问题。"50便士"的问题就在于，如果你只关心眼前这一小片区域，就无法顾及那些潜在危险可能会发生的地方。

如果你有"50便士"的问题，那么请从现在开始务必抬起头来。不要再看向地面了，无论如何，那块地面不会和你回家的，看它没有任何意义！相反，要尽可能将视线深入弯道。当你这样做时，头脑中所有想象的转折点都将消失。视野扩大后，规划一条顺滑的过弯线路就变得很容易。更重要的是，你可以看到更多潜在可能，进行预判，并做好准备。摩托车就像其他所有运动一样，是一个数字游戏。如果你走的是下图中红色线路，你犯错误的概率增加了大约500％。相信我，你的危险概率只会越来越高，危险会更早到来。此外，当你进行每次的转向修正时，都会再次进入"危险区"，最终迫使你将线路走宽，更贴近弯外。

英镑中的 50 便士硬币采用了多边形的设计，是新手在弯中走出多个转折线的灵感来源，这也被负面地称为"50 便士"（Fifty Pencing）。这枚特别的硬币来自于曼岛，用来纪念著名的曼岛 TT 摩托车赛。

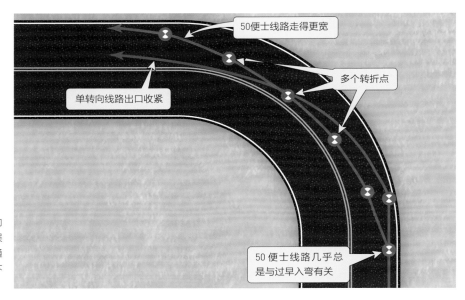

"50 便士"
在弯道中进行多次转向修正是初学者或严重误判弯道者的标志。它通常是由于转弯时看得不够远造成的。

50便士线路走得更宽

多个转折点

单转向线路出口收紧

50 便士线路几乎总是与过早入弯有关

"安全至上高级骑士训练营（Stayin' Safe Advanced Rider Training）"的埃里克·特罗（Eric Trow）在地面上用粉笔教授学生们如何走线。对于学习安全驾驶策略来说，街道练习是最好的途径之一。

弧度 = 速度

在特定的弯道中，并没有一条完美线路适合每个人。但在你选择线路时，这里却有一条理想的线路。有一点很重要，就是你要记住"弧度=速度"。弧度，与你能通过的弯中速度成正比。换句话说，弧度越大，你可以骑得越快。根据定义，一条弧仍然是一个弯。然而，改正我前面提到的三个坏习惯后，你可以在任何弯道中有更舒展、更宽的路线，从而让自己有更高的弯速，更大的安全边际，或者两者兼得。

通过延迟入弯点和快速反推把，你可以快速将摩托车压到最大倾斜角，在弯道中走出一条较直的有效线路，如上图所示。其实，你每做出一次转向输入，就增加了一份风险，所以最好将弯中转向输入的次数降到最低。在转弯过程中，稳住油门可以稳定车身。当出弯过程中弯道渐开，你可以在反推把时开

以赛道为基础的训练，比如"极致驾控赛道训练营（Total Control Track Clinic）"，我们利用桩桶来帮助骑手找到正确的入弯点、弯心和出弯点。这让学生们以点成线，最终完成一个完美的线路。图中是美国 Horsethief Mile 赛道，在 10 号弯的弯心处用带有数字的桩桶做标记，可以在收到教练的反馈时帮助学生记住赛道上特定位置。

线路选择

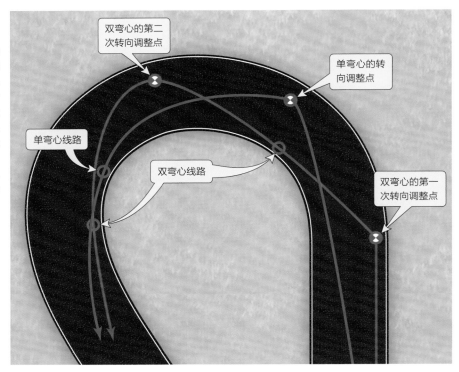

即使是经验丰富的老手，如果你没有足够的摩托车倾角余量，可怕的螺旋弯都可能让你栽跟头。如果使用延迟入弯的方法，你可以轻松且安全地在弯中调整一次就足够了。但如果你不知道前面的盲弯是个螺旋弯，你最好以较低的速度入弯。这样一来，图中的两条线路都可以选择。

图中标注文字：
- 双弯心的第二次转向调整点
- 单弯心的转向调整点
- 单弯心线路
- 双弯心线路
- 双弯心的第一次转向调整点

油门，不仅能快速拉直车身，还可以增加出弯速度。利用快速转向的另一个好处是，你可以将转弯倾斜的时间最小化。

因为每个弯道都需要特定转向量才能完成，所以弯道越长需要的转向量就越大，摩托车需要倾斜的时间也就越长。摩托车倾角越大，车身就越不稳定，就越难操控。在倾斜状态下突然断油或制动，这会导致车身突然被拉直，或者线路走大。如果你高速下做了以上动作，那么，你就离摔车不远了。

理想的线路选择源于入弯点，这也是你用反推把开始转向的位置。需要再次注意的是，要避免入弯速度过快或视野过窄。如果你的入弯点、入弯速度和视线都保持正确，摩托车其实很容易控制。

因为赛道的重复性，过弯更容易被预测。然而，当在一条蜿蜒的山路上行驶时，入弯点虽不如赛道上那么精确，但是不代表它应该是模糊的。相反，入弯点应该根据路况、速度和你认为的弯道弧度进行综合考虑。

正确入弯点的选择是有技巧的，需要你反复试错并在低速下练习，最好不要在一条陌生的山路上练习。选择一个好的入弯点，这能让你避免使用慢转向并利用好弯内侧的宝贵空间。即使你的选择离完美有一些偏差，但选择了总比什么也不干要强。因为，一旦有了计划，它有助于你远离"爬行动物大脑"的本能恐惧影响。（见第2章第1节：恐惧）

现实世界中的线路

理想的线路最常见于赛道，而在街道上，现实主宰一切，它存在着各种干扰和危险。即使在你熟悉的道路上，也会有意想不到的变化，所以你必须时刻准备着面对突发情况。比如，下一个盲弯处松散的砂石，一处新的坑洼，一辆挡在路中间静止的车，或者任何迫使你改变线路的情况。

在街头骑行中，没有人喜欢意外事件。为了不住进医院甚至更糟，你必须在线路选择上留两手。如

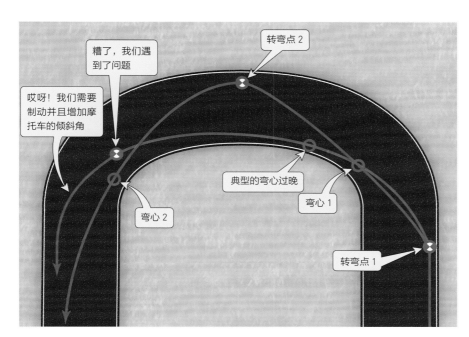

双弯心弯道

有两个以上弯心的弯道可能有各种形状与尺寸。过这种弯道的关键在于，尽可能让你的弯心更提前，而不是在问题出现后让自己被迫转向。

果你入弯速度太快，就更倾向于达到最大倾角，车身上坚硬的零件也会触地摩擦，这影响了弯道中的灵活性。如果有任何危险突然冲进你的视野内，你可能没有足够的离地间隙和牵引力来应对它们。

因此，你应该用一个较低的速度入弯，这允许你安全的在弯中进行转向修正，保留了让线路更宽的可能；这也让摩托车留出一定的倾角余量，你也有能力向弯内侧更深入地压弯（转向）。至于"最大倾斜角度""满胎""极限最大的入弯速度取得更快的圈速"这些指标和可能性，还是留给赛道吧！

非典型弯道

在开放公路上，有许多棘手的非典型弯道。如果你想顺利通过这些弯道，就需要对骑行技巧有更深的了解。最困难的弯道类型之一就是：螺旋弯道（半径递减转弯，如84页图所示）。当进入一个盲弯时，弯道可能会收紧。两点骑行练习技巧将有助于攻克此类弯角：1）慢入弯；2）延迟入弯。

根据经验来说，如果你在入弯时看到前面的两侧车道线正在收窄，甚至重合，这证明转弯半径正在减小，更倾向于螺旋弯；如果你看到两侧的车道线正在分离，这证明转弯半径正在增加，车道正在变直，你可以更早、更快地加速。

另外一种非典型弯道拥有两个弯心。如果有两个弯心，那么你就需要在弯中至少做一次转向修正，通过推内侧手把或稍微收油来开启第二条线路。如果你使用了很多次制动，这证明入弯速度过快，或者你没有为突发情况留出足够的摩托车倾斜角度。

线路选择训练

在实际过弯中，你总能学习到一些线路选择方法。但想要快速进步，你必须认真谨慎地去练习。最便宜也最安全的方法是：在牵引力良好的空旷停车场上，配合桩桶进行练习。以不同的入弯点和走线进入设置好的"桩桶弯道"，你可以快速发现最适合自己摩托车和骑行风格的过弯方法。用桩桶标记出制动开启、结束点和加速的位置，用不同的速度练习同一个弯道，可以让你快速发现自己的弱点，也能总结出具体实战技术。

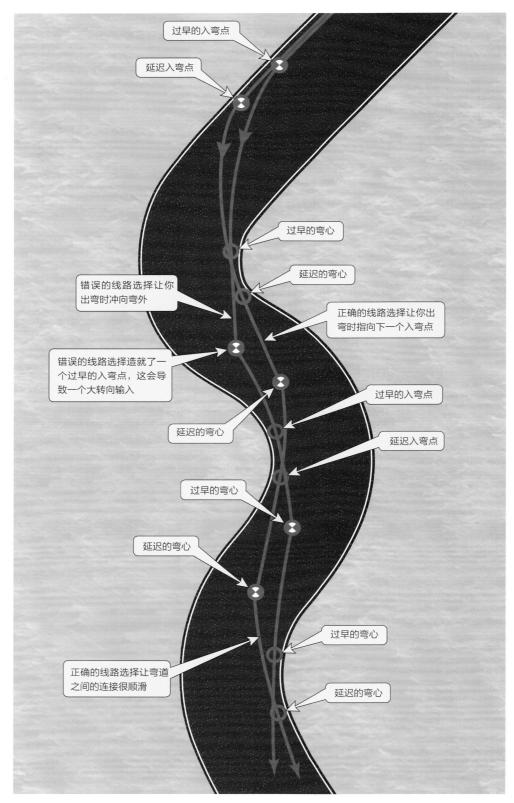

连续弯道

对于线路选择来说，多个连续弯道可能是最具挑战性的，因为你不仅仅提前考虑一个弯道。更可怕的是，在第一个弯犯下的错误，会在后面的连续弯道中被放大。

正确的线路选择其实需要你做好心理准备，并且提前将视线放到你要转向的地方。虽然，延迟入弯并深入弯道时会让你离弯道外侧太近，使人心生胆怯。但是，这样"慢进快出"的线路总体上却提供了更大的安全裕量。

延迟的弯心

延迟的弯心

　　你可以先从有恒定半径的标准弯道开始练习，记住，只做一次转向输入。在你可以顺畅地完成时，接下来设置一个螺旋弯道或者两个弯心的弯道，从缓慢的速度开始试验各种入弯点，直到你可以很舒服地完成它为止。接下来，试着以更高的入弯速度在同一个位置入弯，但此时你需要做出更快的转向输入，让车子迅速倾斜，对更高入弯速度做出补偿。虽然，这些是在停车场练习的技巧，但很容易应用在公路骑行中。如果你发现了一个很有趣但是车流不多的弯道，试着在路边标记出制动点和入弯点，然后叫上几个好友在路边观察你的动作并做出反馈，因为别人可以更清楚地看到你做错了什么，并能够提供建议。这与我们在"极致驾控高级骑行训练营（Total Control Advanced Riding Clinics）"中使用的方法相同，我们的优势是专业教练通过科学系统的练习指导你快速进步。

第 3 节　油门控制

摩托车上最重要的控制机构就是油门，因为它关乎到驾控的许多方面，比如牵引力、悬架状态、重量转移、转向、车身稳定性和离地间隙，当然还有最重要的：速度。懂得如何熟练地使用油门，这是优秀车手和伟大车手之间的主要差别之一。

油门效应

想了解油门的正确用法，你需要了解在任何方向下操作油门时，摩托车会作何反应。直线行驶时，开油门显然会使发动机转速提高，推动摩托车向前运动。但随着情况的变化，意想不到的事情也随之发生了。

由于摩托车的胎面为圆弧形，因此转速和车速比值会根据倾斜角度而变化。例如，当车身倾斜时，轮胎接触面从中央移至周长更小的胎面边缘。它与减小传动比的影响相同，在车速和档位都不变的前提下，都会迫使发动机提高转速。因此，在这种情况下，稳定的开油不一定会导致车辆加速。事实上，在某些弯道中，由于抵抗空气阻力和轮胎摩擦力会损失车速，除非你持续地开油门，否则摩托车可能减速。这种现象在高速弯中尤其明显，在出弯拉直摩托车时，车速和发动机转速比值会增加，即使此时全油门状态，也需要降档来增加"虚拟传动比"。

当车辆加速时，重量转移到后轮，你可能觉得后悬架会压缩。但事实上相反，它会抬升。这是由于后轮上的转矩反作用导致的。根据经验，前悬架因为加速时的重心转移同样会抬升。前悬架和后悬架都升高，这意味着摩托车在加速时整体更高了。对于倾斜能力有限的摩托车来说，这在过弯时大有益处，因为抬升效应增加了摩托车的离地间隙，可以有效对抗离心力导致的下沉效应。

如果你想测试后轮的抬升效应，可以将摩托车前轮顶着墙，然后让发动机怠速运行，挂入1档，操作离合器进行半联动。这样，你就会注意到驱动系统的扭矩效应是如何抬升后悬架的。

无论你的摩托车是链条传动、轴传动还是带传动，这种效应都存在。尤其是轴传动，这种效应更为明显。因此，无论你何时开油，前悬架和后悬架都会上升。这就意味着，你要避免在弯中断油，因为这会造成离地间隙的降低，减小你的安全余量。

虽然在你猛开油门时可以让摩托车慢慢转向且线路变大，但是快速转向和大油门却很难同时进行。因为前面提到，重量会向车后转移。因此，你需要在大力开油前迅速完成车身倾斜，如90页下图所表现的那样。理想情况下，我们希望用油门来控制重心的平衡。这样一来，车辆将拥有良好的离地间隙和牵引力。

当你迅速收油时，摩托车会向前倾斜，重心会转移到前轮。即使对于有经验的老手来说，这样的操作也很常见。你收油的速度越快，摩托车前倾的速度就越快，幅度就越大。在不合时宜的状况下这样操作，可能会带来各种操控问题。其实，快速大力制动也是如此，它与快速收油产生的影响类似。正如上面两段提到的，很多运动型摩托车骑手倾向于快速制动和快速加速，此时的摩托车会变得极其不稳定，而且很容易翘头。如何解决这个问题呢？答案是：你需要创造一个过渡期，在过渡期内让收油和制动同时交叉进行。

关于悬架系统还有一点很重要，当它在最佳高度或者行程的中间时，工作状态最佳。当悬架处于这种设定时过弯，50%的上行程可用于应对路面凸起，50%的下行程应对路面凹陷。无论前方道路如何，悬架都做好了准备。

超级摩托车（World Superbike）和MotoGP 250组别的冠军约翰·科辛斯基（John Kocinski）就以精湛的油门控制技术闻名。他的操作如此的娴熟，以至于他可以比同体重的对手们让悬架更服帖、听话。秘诀在于：他可以用油门更好地维持底盘平衡。

当你的悬架设定正确时，在弯中加速可以帮助摩托车保持稳定。因此，这意味你在弯中可以尽可能早加速，而不需要很大的油门开度来维持底盘的稳定。

下次路过一个弯道时，你可以尝试用滑行和加速这两种方式过弯。你会发现，两者表现出的底盘稳定性差异巨大。一旦做过了这种比较，你以后再也不会松完油门滑行过弯了。

任何曾经有幸看过约翰·科辛斯基（John Kocinski）或弗雷迪·斯宾塞（Freddie Spencer）进入弯道后如何加速的人都应该很熟悉这种技术。当科辛斯基参加MotoGP 250组别摩托车比赛时，他可以像芭蕾舞者一样优雅地加速。当他还在参加AMA美国摩托车大赛时期，他在1989年的拉古纳·塞卡美国摩托车全国大奖赛（Laguna Seca USGP）上击败了世界上最好的250cc级车手。我惊叹于他那惊人的油门控制能力，科辛斯基操作油门时非常顺滑，如果我没有在现场听到发动机的声音变化，我根本无法判断他是何时重新加速的。这种技巧，也帮助科辛斯基骑着臭名昭著的本田RC45赢得了世界超级摩托车大赛（World Superbike）的冠军。

而斯宾塞对这项技术的掌握更加炉火纯青。在他征战MotoGP的日子里，他的过弯速度非常快。当前轮因为超负荷而开始打滑时，他能通过开足够量的油门来缓解前轮压力，让其重获抓地力，从而避免摔车。当骑着本田NS500运用这项技术时，这让它的竞争车队相信，三缸机比动力更强劲的四缸机在弯中有着更好的转矩表现。事实上，有传言说，肯尼·罗伯茨（Kenny Roberts）就是因为他与本田

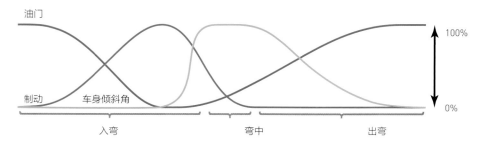

这张图描绘了在进行高速转弯前，骑手在何时及怎样操作循迹制动（参见第3章第5节：制动）。你可以仔细观察，在制动完全释放后，摩托车倾斜的速度有多快，以及油门是怎样操作的。这样操作，有助于最大限度地减少重心后移，从而保持前后悬架平衡，在加速时拥有更好的牵引力。如图所示，出弯时，油门开度与车辆倾角成反比。

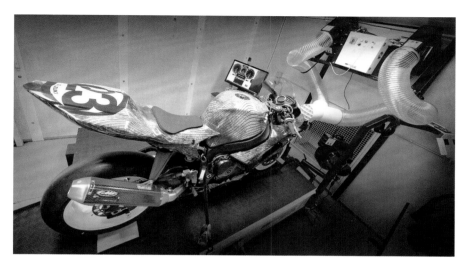

从前，要想获得更佳的油门响应，需要手动更换化油器喷嘴。然而，在燃油喷射发动机时代，燃油供给可以在测功机上用计算机进行调节。图为 Bazzaz Principia 测功机，它可以用来为铃木 GSX-R1000 调整发动机喷油特性图。顶级控制计算机可以同时对喷油特性图、快速换档和牵引力控制进行数据修改。

在弯中搏斗的经历，才将自己那台命运悲惨的Modenas 500 GP赛车换上三缸发动机。

当然，他们那种高超的专业骑行技术不是我们这些普通骑士能够复制的。但他们确实让你明白，当将大量的练习和卓越的车感、反应能力结合起来时，一个骑手能达到怎样的非凡水准。

出弯

无论你的骑行技术有多好，良好的油门控制都依赖于平稳运行的燃油输送系统。虽然现在很少有化油器摩托车出现严重的喘振问题，但更先进的燃油喷射车型仍在努力解决这个问题，这让重新平稳加速变得异常艰难。凯文·卡梅隆（Kevin Cameron）曾在《摩托车世界》（Cycle World）编辑专栏上的"顶级死亡中心（Top Dead Center）"话题中指出，马特·姆拉丁（Matt Mladin）的铃木GSX-R750便存在燃油喷射问题。在反复观看姆拉丁过弯后，他发现姆拉丁重新加速的时间点总比杜卡迪的车手们晚很多。卡梅隆认为这是因为他在初段油门开度下，喷射系统不能提供足够少量的燃油，这时不顺畅的供油会使动力输出不线性，致使车身抖动。正因如此，姆拉丁不得不等到摩托车更直立时再加速，即使此时动力不线性，但也不至于失控。

上面这一点很重要，尤其是在赛道，因为它关乎出弯速度。

出弯速度主要受摩托车倾斜角度的影响，车倾角越大，此时你的加速就越受限。正如90页的曲线图所展现的，摩托车倾角和油门开度呈负相关，这是因为牵引力在任何时候都是有限的。当倾角减小时，油门就可以增加，反之亦然。

在弯中某个点加速，并在剩余弯道中保持油门开度。这种操作便造就了一个弯中加速点，加速点的位置是确定你入弯速度的最佳指标。根据经验来说，如果你的加速点在弯道中段甚至后半程，那证明你的入弯速度太快了。即使此时并没有失控，入弯速度也已经超出了你的技术水平。因此，你需要降到弯道所需的入弯速度，这样就可以在车身倾斜后逐渐加速。当你练习到足够熟练后，入弯速度将会逐渐提高，但还是要时刻注意你的加速点，以防止入弯速度超出了你的技术水平。

牵引力控制系统的配备，让大家在骑车时变得信心十足，现在有越来越多的新车上都配备了该系统。这一现象也催生了后市场的升级改装业务，比如 Bazzaz 这样的公司就是从事该项业务的。此图就是 Bazzaz 公司程序修改软件的界面。它可以允许用户根据不同的条件、不同的牵引力控制量对每个档位和转速范围进行编程。通过手把上的选装旋钮，你可以实时调整牵引力控制的介入等级（右图）。注意界面的左下角，它可以储存两个预设，例如性能模式和经济模式。（图中为默认和专家）

　　当摩托车直立后，有效的油门开度会增加，但你最好早点加速，渐渐加速，而不是突然拧油门。如前面所说的，平稳顺滑的加速有助于悬架保持在最佳几何位置，而快速加速会产生很多不必要的问题。因此，花些时间进行一些特定的油门控制练习，它能帮助你找到正确的油门控制节奏和适合自己的骑行风格。

练习

　　你最好先从直线上练习油门控制，这样的话，你几乎不受场地限制。我最喜欢的练习方式源于弗雷迪·斯宾塞（Freddie Spencer）的方法。首先，你要练习的是缓慢、平稳、始终如一地加速和收油。我这里说的"慢"，意思是非常慢，尤其是在收油的时候。我发现，大多数学员认为的慢速通常比实际需要的速度快上3倍。事实上，这种练习中的油门操作真是非常非常慢的。当摩托车的悬架几乎没有上下位移且没有任何抖动时，就证明油门操作的速度是符合"慢"的标准。而对于那些骑着拥有直喷发动机的宝马摩托车主，或者其他怠速响应粗糙的摩托车主来说，进行以上练习是极具挑战性的，但它还是非常值得你去付出努力的。另外，节气门拉线设置正确并保证不松弛也会对练习有所帮助。

　　在掌握了正确的加速和减速方法，接下来，你将了解油门和制动之间配合的操作方法。请看第3章第5节：制动。

油门调校设定和维护

调整油门拉线的额外松弛度可以大大改善油门控制，尤其是在怠速状态下。当车把在整个转向行程中转动时，固定住油门拉线管路很重要，确保它们不会因为太紧导致线束拉扯而自行加速。你可以手动或使用工具调节油门线螺钉进行微调。在上公路或赛道之前，最好清楚了解油门拉线的调整方法。即使进行很小的调整，摩托车性能也可能大不相同。我相信，你肯定不愿意骑着一辆加速极其突兀的摩托车出门。

改装油门握把，可以对过度激进（或被动）的油门特性进行有效改善，例如 G2 Throttle Tamer（www.g2ergo.com）。Throttle Tamer 握把的油门特性是非线性的，它的凸轮结构让初段转动半径更小，你需要更多的旋转才能达到与普通握把同样的节气门开度。这最大限度地减少了生涩的"抢油"现象，这种现象在当今的搭载燃油喷射发动机的量产摩托车中尤为明显。

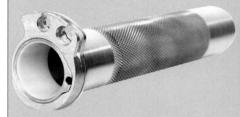

随着时间的推移，油门拉线的管路中会沾上灰尘、碎屑或各种影响拉线顺滑度的杂物。最好的解决方案是从 Motion Pro（www.motionpro.com）获得类似型号的拉线润滑器。它和线管的末端连接，并允许你使用气雾剂将液体压入管路，从而清洁和润滑拉线。手柄的润滑也同样重要，以防止与油门总成和杆端／护手间存在过大的摩擦。记住，起动摩托车前，务必每次都进行油门测试，以确保在系统配合间没有卡滞现象。

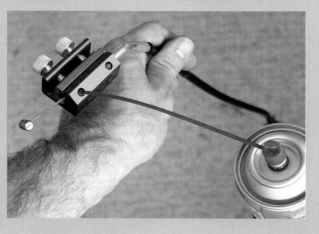

第4节 换 档

衡量骑手经验水平的最简单方法之一是观察他的换档方式。因为在骑行中需要经常换档，一旦有草率的换档动作就会使骑行不舒服，而有经验的骑手会根据感觉学习换档。当然，即便是有经验的骑手，大部分人换档过程也需要花费大量时间。高效换档很重要，因为每次换档的间隔时间里，骑手特别容易受到伤害。比如骑行时需要突然改变速度。当一辆汽车突然驶入你的车道，此时能否立即加速至关重要。如果在这个过程中你正在升档，就无法在紧急情况下加速。

赛车手，尤其是跑直线加速的车手，已经将换档变成了一种艺术形式。仔细看赛车的加速数据，换档的过程中是会有极短的时间（也可以说是速度）损失。如果是直线行驶，没有这些损失可以拥有更快的加速。如果是在转弯，没有这些损失可以让过弯保持稳定的路线，避免悬架卸载以及由此导致的牵引力和控制力降低。如果想找到自己车辆的最佳换档点，让每次换档都可以将转速保持在发动机的峰值转矩上，那么请将其带到带有后轮测功机的店铺。可在 www.dynojet.com 上在线获取商店列表。

升档

只要肯花时间练习，就能很容易地掌握快速、高效的升档。但需要注意的是，有些摩托车，如 1999 年之前的宝马和哈雷戴维森、2000 年之前的 Moto Guzzis、本田金翼和所有风冷 Buells，如果没有对其内外部进行大量的修改，它们永远都无法正常换档。出于这个原因，原来的车手研究专业骑行时，都只能做出一些糟糕的档位选择。因为他们都不敢保证在弯道中能够进行可靠的换档，所以大家都是入弯前换档。这些车型的车主大多不想投资改装，毕竟大部分改装非常昂贵，他们只能提前换档。为了提前换档可能需要在峰值转矩之前换档，并在很短的时间里换好档，之后还需准备好应对较慢的弯道速度。

升档练习的主要目标是减少我们没有加速的时间。正如在图表中所看

二行程 125 GP 赛车教会了作者快速换档和正确选择档位的重要性。由于功率低于 45 马力，动力带极薄，赛车手必须不断地在六个档位间上下切换，以将转速保持在"最强输出"范围内，这个范围上下仅有 1500 转 / 分。

用脚预加载换档杆将显著减少换档所需的时间。在赛道上，这意味着有更快的单圈时间；在街道上，这意味着更容易在档位间切换，从而实现更平稳的行驶。

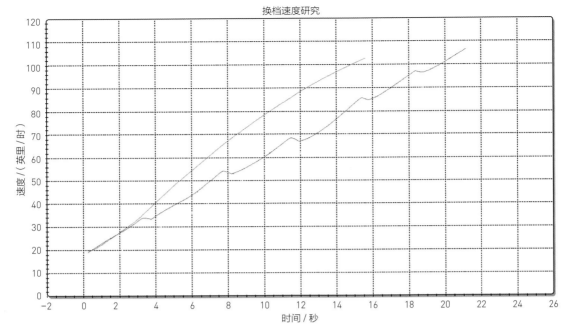

换档速度研究

纵轴：速度 /（英里 / 时）
横轴：时间 / 秒

比较一下传统换档（蓝色线）和电子快速换档（红色线）的 GSX-R600 加速曲线，会得出令人惊讶的结果。由于换档发生得如此之快，除非在非常高的放大倍数下，否则测功机软件不会显示换档期间速度的微小变化。使用无离合升档技术将产生更接近红线的结果。

到的那样，对比红线可以看出我们每次捏下离合器换档时所失去的速度。在比赛时这些换档的空隙，很容易就会受那些试图超越的车辆进攻。理想情况下，我们可以通过不使用离合器强制升档来最大限度地减少加速损失。多年来，赛车一直使用快速换档机构，就像图中所示的那样，无需松开油门即可换档。如今，不仅是赛车甚至一些街道摩托车也开始搭载这项技术。它们的工作原理是让传感器检测来自骑手脚部的换档连杆运动，然后切断点火约 50 毫秒。这会使变速器有短暂的动力中断，以使其轻松换入下一个更高的档位。虽然，我们的摩托车可能并非都有快速换档机构，但我们可以通过用油门模仿"切断动力"动作来实现几乎相同的结果。

基本升档技术的第一步，是确保发动机处于满负荷状态，这意味着需要全油门或者超高转速（但不一定是必须的）；第二步，通过用比接合下一个档位

更多像 Triumph Jason Disalvo Daytona 675 Race Replica 这样的摩托车开始配备快速换档系统。它们检测换档连杆的运动并切断点火大约 50 毫秒，以允许在不使用离合器的情况下完全或部分油门升档。

所需的力稍小的力向上拉脚来预加载换档杆，紧接着快速将油门收回大约 10%~20% 的转动行程，然后回到全油门。这里的手腕运动应该尽可能小和尽可能快，就像眨眼一样。一旦操作成功，变速器上的转矩将暂时卸载，预加载的换档杆将顺利切入下一档。

快速、精准地换档对乘客来说会特别的友好。你也会感谢没有因换档不流畅而撞到"后脑勺"。

　　一般来说，全油门"变速"是不需要离合器的。事实上，全油门状态下换档使用离合器比不用离合器更难。大多数骑手第一次发现他们在激烈驾驶时换档可以不使用离合器会非常惊讶。这项技术也将使乘客的乘坐感受更加顺畅。不过要切记，只有在发动机满负荷状态下才适合这种换档方式。当节气门开度比较小，不需要快速升档时，还是要按照正常的换档流程进行操作。

降档

　　专业骑行中降档比升档困难得多，需要一些专门的练习时间来感受它。降档最重要的地方是使发动机速度与车轮速度相匹配。如果发动机转速太低，换档后会让后轮在努力恢复牵引力的时候开始跳跃，这可能导致严重的事故。因此，降档是公路赛车新手在学习快速行驶时面临的第一大问题。

　　只需捏紧离合器即可降档，等变速器降档后，再松开离合，此时离合器会强迫发动机的转速升高并与车轮转速同步。这种抵抗与较劲会导致轮胎失去牵引力，也会使离合器过度磨损，并在松开离合器时让摩托车出现颠簸。

　　一些现代运动摩托车具有所谓的"滑动离合器"或"反向转矩限制离合器"。滑动离合器的设计目的是让离合器片自由转动，直到发动机速度赶上车轮速度。滑动离合器和快速换档系统以及 ABS一样，它们都是很棒的技术。但是，如果你不了解它们在做什么，那么在习惯这些技术后再骑没有这些功能的摩托车会变得非常危险。这也包括该技术出现故障的情况。换句话说，不要想着依赖这些技术。它们的存在只是为了以防万一，而不是作为良好车技的替代品。

　　正确的降档技术需要你能够快速转或拧油门。在捏紧离合操纵杆分离离合器的瞬间，将油门瞬间"抽动"大约50%的行程。一旦离合器分离，这会迅速增加发动机转速，类似汽车驾驶技术中的退档补油。此时，快速挂入较低的档位。接着松开操纵杆结合离合器，完成降档动作。这么操作，是由于降档时低档位的齿比需要发动机有更高的转速才能平稳地与后轮转速同步，如果不同步，发动机制动会瞬间打破车辆平衡性，有失控的风险。尽管在这种情况下可能会使油门过大，但这种可能性很小，并且对摩托车行驶几乎没有负面影响。开始学习这项技术时，快速拧油门宁可让转速过高，也比转速过低要好

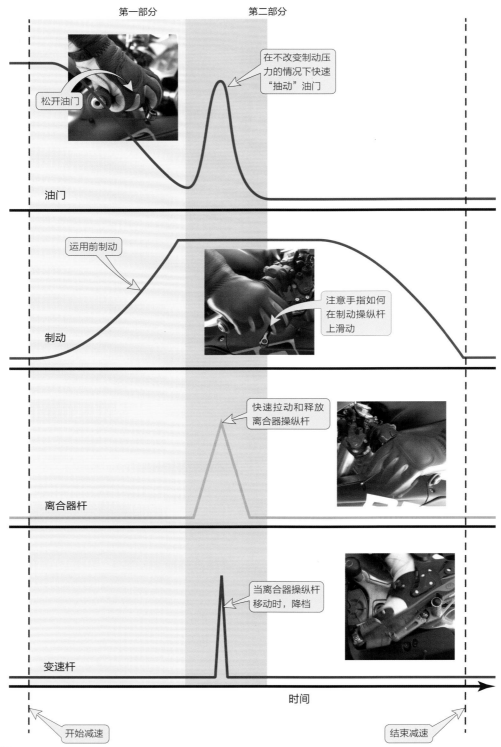

第一部分　第二部分

松开油门

在不改变制动压力的情况下快速"抽动"油门

运用前制动

注意手指如何在制动操纵杆上滑动

快速拉动和释放离合器操纵杆

当离合器操纵杆移动时，降档

油门

制动

离合器杆

变速杆

时间

开始减速　　　结束减速

降档顺序

正确降档分为两个部分，第一部分已经算复杂了，而第二部分会更复杂。在第一部分中，车手需要同时松开油门并使用前制动器。第二部分需要同时做四件事：1）右手保持均匀制动压力；2）快速分离和结合离合器；3）右手同时快速"抽动"油门；4）同步快速降档。

2001 年在顶峰赛道（Summit Point Raceway）举行的公路比赛中，虽然我是轻量级组别位于后排发车，但却拥有最快的起步反应，一举超越众人成为"Holeshot"（直译为"漏洞"，赛车运动中指起步最快的人，或第一个冲进一号弯的人）。快速换档和高效离合器控制比功率大更有价值，因为图中的几辆摩托车都比第一位的 311 号 SV650 多 10~20 马力的动力优势。

得多。通过在赛道上或电视上仔细聆听超级摩托车或Moto GP比赛，你会听到摩托车在转弯时减速的声音。不用担心那些高亢的油门声。当然，在尝试快速降档之前，需要花大量时间静态练习（在摩托车停止和关闭的情况下）。

弹射起步

掌握快速起步需要多年的练习，比较糟糕的是，不同的摩托车起步或许会需要一些不同的小操作。不过可以确定的是，最直接有效的首要动作是双脚离地，并且尽可能将身体重心向前。此时双腿就像是走钢丝时的平衡杆，重心的把握至关重要，尤其是在骑有翘头倾向的大功率车型。我也喜欢保持稳定的转速并用离合器完成大部分换档工作。确切的起步转速取决于车型，这个转速应该在功率峰值处，并在接合下一个档位后接近峰值转矩。同时，操作的控件越少，每个控件的效率就越高。

虽然，翘头看起来很酷而且很有趣，但它们并不适合快速起步。理想情况下，前轮应该只是微微掠过地面。这是在轴距和重心一定的情况下，全油门能够施加最大动力输出的极限。轴距越长，重量越低，可以施加的加速力越大，这就是为什么直线加速摩托车又长又低的原因。一旦摩托车开始离地超过几英寸，额外的动力就会使它想要向后翻转，而不是向前加速。在大功率、短轴距运动型摩托车上，为了克服过度翘头，一般起步时会提前换档（快速升档），使发动机动力输出在下一档降至峰值转矩以下。有些摩托车出厂时甚至带有防翘头控制，但这个功能的设计初衷是万一你搞砸了还能救回来，而不是每次起步都依赖这项功能硬要大油门。

像所有技能一样，弹射起步需要大量练习才能掌握，但要注意离合器磨损。用不了几次高转速弹射起步练习就会破坏一组新的（或不那么新的）离合器片。高温是离合器最大的"敌人"，所以每次弹射后让离合器能够运转一会儿冷却下来，这样它的寿命能更长一些。

第 5 节　制　动

制动是最容易被误解的骑行技巧之一，关于这个主题有很多相互矛盾的数据。导致人们误解制动的部分原因是汽车和摩托车制动系统之间的差异。与汽车不同，摩托车的前后制动控制是分开的，这需要骑士有专门的技能。摩托车相比四轮汽车在制动的过程中，会有更多牵引力因重心转移而改变。当我们使用制动器并且重心向前转移时，前轮胎更用力地推向路面，这增加了前轮胎的接地面积。同样，随着重心向前转移，后轮胎的摩擦力变得越来越小，这意味着从后端获得的牵引力也越来越小。对于巡航摩托车来说，通常我们可以从前制动器获得大约 70% 的制动力，从后制动器获得30%的制动力。在运动型摩托车上，这种重量转移可以更加极端，前制动器能够提供大约90%的制动力，而后制动器的制动力仅为10%。

娴熟的"制动专家"大体可以分为两个基本阵营。一方面，有些物理专家喜欢把他们的理论建立在数学公式上，探索什么是可能的。另一方面，还有一些"经验主义者"，他们的理论基于现实世界中数百公里的测试。我属于后一类，所以我会将物理理论保持在最低限度，并专注于已证明在该领域有效的内容。

还应该指出的是，我的技术和理论是基于广泛的测试后总结归纳而来。这包括对1万多名学生进行高级制动技术的培训，还包括从 1995 年到 2000 年这五年期间，作为《摩托车消费者新闻》（*Motorcycle Consumer News*）杂志的编辑和试车手，进行了数千次科学控制和测量的制动测试。在那段时间里，我几乎对每辆新摩托车都进行了制动测试。如果和其他类似摩托车出版物（大部分是在2014年以前出版）相比，这样的测试距离，我甚至可以说，就保持最短制动距离和一致性方面，我可能是这个领域中位居前列的专家之一。通过在同一段柏油路面，相同的测试条件下，大量的测试每辆摩托车，不难发现其中的奥秘。然而，在我们了解它们之前，必须首先从能量的角度来看待停止这个问题。

能量

首先让我们看看制动过程中发生的能量转换。摩托车和骑士在沿路行驶时具有向前的动能。当我们

很少有情形像在湿地急制动一样会吓到骑士。在赛车界，雨被称为"伟大的均衡器"，因为必须明智地应用动力和制动力。虽然雨胎有助于提供牵引力，但即使是像瓦伦蒂诺·罗西（Valentino Rossi）这样的 MotoGP 冠军也无法打破物理定律。

骑士训练中争论最多的话题之一是在制动时应该使用两根手指还是四根手指。正确的答案是你更舒服的方式——但要懂得平衡各种需求。大多数现代运动型摩托车只需两根手指就可以轻松发挥全部制动力。但许多制动效率低下的巡航摩托车和休旅摩托车，则需要对前操纵杆施加很大的压力才能获得足够制动力。制动的手指越多，可用于的转向和油门控制就越少。制动上的手指越少，杠杆上可用的动力就越少。

使用制动器时，无论是调整车速、正常停车，还是为了避免危险而紧急制动，摩托车上的制动系统都会将前进的动能转化为热能。如此之多的热量汇集在一起，以至于夜晚赛车时可以清楚地看见制动盘发出鲜红色的光！许多现代摩托车的制动盘上都钻有孔或外缘有波浪纹，以这种方式制造制动盘的原因之一是帮助它们将部分热量散发到大气中。

此外，如果后轮抬起并离开地面，一些向前的动能可以通过止动件转换为势能。事实上，在最大制动期间，如果摩托车即将停止时令后轮抬起30厘米至60厘米的高度，可以让总制动距离减少多达60厘米。不幸的是，如果后轮上翘得过快、过高会导致转动惯量过大，这可能会导致连人带车向前翻转过去。

有助于快速停止的技巧

不同类型的摩托车在减速时会呈现出独特的体验与感受，但都必须遵循基本的物理定律。以下是我所了解的制动"真相"列表。

1）轴距越长，制动距离越短。在快速停车时，向前的惯性加上向前方转移的重心使摩托车想要绕前轮翻转。更长的轴距，使摩托车成为一个更长的杠杆来抵抗这种力。这也是为什么在你的头上挥动短锤子比挥动相同重量的长锤子更容易的原因。

2）重心越低，制动距离越短。就像更长的轴距一样，较低的重心使得翻转更加困难。出于同样的原因，摔跤手试图保持尽可能低的位置，以防止对手将他们翻倒。如果将屁股向后靠在运动型摩托车的座椅上，上身自然会更靠近地面，从而降低骑士和摩托车这个整体的重心。摩托车的总重量远不如重量分布在摩托车的哪个位置重要。在休旅摩托车或巡航摩托车上，除了在制动时降低骑行位置外，行李质量的分布也会对制动距离产生可测量的影响。始终将重物存放在摩托车上尽可能低的位置，以便随时可以更快地停下来。

3）轮胎越黏，制动距离越短。牵引力使摩托车制动系统能够将前进动力转化为热量。正因为此，赛车轮胎的最佳抓地性能都被设计在比较高的工作温度状态下。相反，赛车胎如果用在街头骑行时将会是个糟糕的选择，因为与街道复合轮胎相比，它们在较低温度下的抓地性能会差很多。这对于运动型摩托车来说并不像对于巡航摩托车和休旅摩托车那么有用。例如，几乎任何现代街道轮胎都可以让运动型摩托车达到最大制动力，向前翻转。但如果巡航摩托车和休旅摩托车用黏性大的轮胎，制动效果将会有显著的提升，因为长轴距通常允许摩托车在向前翻转之前拥有更长时间去制动前轮。当然，较软、较黏的轮胎的使用寿命明显较短，这就是为什么它们在此类重视长里程而不是性能的机器上不受欢迎的原因。

4）制动系统效率越高，制动距离越短。对于给定的减速量，具有更高效率的制动器在操纵杆上需要更少的力。制动时你越用力地挤压控制杆，你的肌肉就会变得越紧，这会严重限制你的灵活性。放松的手和手臂会有更多的感觉，这样就可以更好地控制转向精度和制动精度。由于不同车型之间在制动效率上存在巨大的差异，因此在首次骑新摩托车时需要小心，以慢慢达到极限。例如，大卫·霍夫（David Hough），他是《精通摩托车》（*Proficient Motorcycling*）的作者，也是我所知道的最安全的骑士之一。有一天，我用自己的Triumph Street Triple R和他的三轮Can-Am Spyder进行交换。Triumph 的超高效前制动器比他习惯的使用脚部制动踏板的Spyder制动器灵敏得多。当一辆卡车在他面前减速时，他狠狠地抓住日清（Nissin）制动器的操纵杆，最终他翻了个跟头。

同样，最初Buell摩托车公司在推出产品后不久就选择降低其后制动器的效率。因为在 Buell 上进行试乘的许多骑士都是哈雷戴维森的车主，Buell发现其中不少人都在制动时抱死了车轮，经常导致撞车。这是因为他们习惯于在低制动效率摩托车上施加的杠杆作用量，这对于现代运动型摩托车制动器来说太大了。

5）同时使用两个制动器会有最短的制动距离。后制动的效果取决于摩托车的类型。巡航摩托车和休旅摩托车的后轮都承载着很大的重量，尤其是当它们有乘客时。然而，即使是重载的休旅摩托车或重度低趴的巡航摩托车上，后制动器也只能提供大约 30% 的总制动力。这意味着如果你只使用后制动器来减速，将面临巨大的安全风险。相比之下，现代运动型摩托车的后制动器仅提供10%左右的总制动力。在像 GSX-R和R1这样的仿赛上，这个百分比甚至更低。

在每小时96千米或更高的速度下全力制动时，运动型摩托车的后制动器仅适用于前3到4米左右的距离，而重量则完全转移到前轮胎上。在经过前4米或开始制动1秒左右后，后轮将离地，再多的后制动也无济于事。如果你将现代运动型摩托车的后轮放在地面上，制动距离会比稍稍悬空时稍长，但这并不意味着你不使用后制动器。一旦后轮抬起，摩托车就会变得非常不稳定，几乎无法转向。此时，骑士和摩托车的总重量将会压在前轮胎非常小的接触面上。最重要的是，后轮的陀螺力已不足以稳定底盘。这就是为什么赛车手在制动时不会用尽全部制动力，因为牺牲一些终极制动力可以获得稳定性更高的底盘动态。在赛道上，进入转弯时让底盘稳定比极限制动更重要，这是因为恢复稳定性所花费的时间比使用制动获得的时间要多得多。这一原则在街道上更为重要，制动时还是否具备改变方向的能力可能意味着生与死的区别。

6）现代运动型和竞速型摩托车都受到轴距或重心的限制。改进卡钳、制动片和轮胎等物品不会影响摩托车的最小制动距离潜力。事实上，当摩托车仅使用原装

后制动器在低速行驶时特别有效，可用于循迹制动。在更高的速度下同时使用前后制动器，可以减少转移到前轮胎的重量。

赛道通常会在直道末端设置标有 3、2、1 的锥桶制动标记，以便为骑士提供何时开始制动的参考点。仔细对比自己与这些标记的关系，可以帮助你提升操作的一致性，并且也为改进驾驶指明了方向。

组件时，它们已经会向前翻转。因此，改装市场中制动部件的真正好处是制动时可以获得更好的效率和感觉，这也可以带来更多的信心。如果巡航摩托车的轮胎更黏，会在制动时碾压运动型摩托车。

现在，最好的巡航摩托车与运动型摩托车相比，停下来的速度一样快，而且更稳定。

正确的快速制动技术

为避免危险而用力制动时，最好在使用制动器之前将臀部向后移到座椅上，并使胸部靠近油箱。通过在摩托车上向后移动和降低身体，能够帮助将重量更均匀地分布在两个轮胎上。这将有助于底盘稳定并防止摩托车过快地向前倾斜。但是，一旦开始使用制动器，就不要移动躯干。如果你使用制动器后，再将躯干向下靠近油箱时，则会增加系统的旋转能量，并且更有可能使底盘不稳定。

一旦开始使用前后制动器，重量转移就开始了。因为前轮胎的牵引力随着重量向前转移而增加，所以正确的制动动作应该是随着重量向前转移逐渐加大前轮制动的力度。增加的压力会导致更多的重量转移，这会增加接触面的尺寸，因此可以施加更大的压力。当然，根据轮胎在路面上的可用牵引力，可以施加多少压力是有限制的。例如，在潮湿的条件下，轮胎会在摩托车向前翻转之前抱死。在制动的最后阶段，摩托车即将停止移动前，制动杆上的少量额外压力将导致摩托车的后轮抬起，这个动作将最后一点动能转化为势能。在运动型摩托车上，终极制动目标是在有良好的牵引力条件下让后轮微微抬起30厘米。

那么，在制动期间后轮胎发生了什么？由于重量转移，前轮胎的牵引力增加了，而后轮胎的牵引力实际上却在减少。许多仅施加适度后制动压力的骑士发现后轮胎打滑了一半左右！这不是在制动时过度使用后制动器造成的。随着后轮胎变轻，其接触面积会缩小，并且越来越容易打滑。如果出现这样的情况，正说明是以渐进的方式在使用后制动器，然后在制动停止期间缓慢且持续地减少踏板上的压力。事实上，如果你骑的是运动型摩托车，则后制动压力应在制动到一半的时候下降到零。

适当的调节

现在，我们了解了如何让摩托车快速停下来以及其原理，接下来让我们更详细地了解如何操作制动。请记住，任何突然干扰悬架的东西都可能突然导致失去牵引力。因此，在尽可能平稳的同时使用制

眼睛应该保持专注于前方，以保持正确的路线

手臂应放松，以保持灵活性

将你的臀部向后移动，这样你的躯干就有空间靠近油箱，向下和向后移动重心以防止后轮抬起

将膝盖挤压在油箱上，以防止向前滑动，并用身体的核心支撑躯干

油箱侧面的防滑材料有助于减少疲劳

不正确

手臂紧张和过度劳累，因为躯干太直

垂直的躯干角度意味着高重心，这使得后轮更容易抬起

前倾骨盆位置使裆部处于危险之中

后制动过多导致后轮抱死

制动

动器非常重要。

　　同时使用两个制动器，将有助于稳定底盘并防止其过快向前倾斜。由于不同摩托车和骑士的无数可变因素，理想的前后制动力配比将取决于骑士的偏好和车辆调校。在受控环境中尝试不同的比率，这是找到自己摩托车完美制动力配比的最佳方式。

　　1998 年的本田VFR800FI 是第一款配备联动前后制动系统的量产摩托车，实际上可以比熟练的骑手更好地调整制动比例。其精密的比例阀恰到好处地控制了前后制动量，以实现最大程度的控制。事实上，约翰·科辛斯基（John Kocinski）在安装了类似系统的RC45上赢得了世界超级摩托车锦标赛冠军。如今，越来越多的摩托车制造商正在加装这种联动制动系统，以提升减速过程中的稳定性。

在使用制动器时，一定不要太快地使用它们。这是新手和有经验的骑士都很常见的错误。发生这种情况时，后轮容易打滑，车辆前端会迅速下潜，造成较大的不稳定。衡量正确应用制动的标准是实现最小的悬架运动。你可以轻松感受到摩托车在制动过程中向下倾斜的程度。如第3章第3节：油门控制中所述，弗雷迪·斯宾塞（Freddie Spencer）开创了一种循迹制动技术，通过在稳住油门的同时缓慢施加制动来最大限度地减少悬架运动。这意味着要同时使用制动器和油门，使两者间的过渡尽可能平滑，从而在进入转弯时留下最大量的悬架行程可用于吸收颠簸。其详情如下。

像 Skidbike（skidbike.com）这样的倾斜训练器是一种很好的练习前轮抱死的方法，有了它几乎不存在因失败导致的身体疼痛。使用这个训练器，从雨地到雪地，骑手可以精确地调节牵引条件。

循迹制动

练习摩托车的学生通常被教导在转弯前完成所有制动动作。这有时是一个很好的建议，但在有些时候，最好甚至有必要在进入弯道前到进入弯道期间连续制动。这种操作通常被称为拖制动入弯，因为制动动作是在转弯前施加的，一直使用到弯道入口，并在骑手"拖"着制动接近弯道中间时逐渐放开制动。在制动时，重心向前转移导致前端下沉，通过均匀地将前轮负载从制动为主切换到转弯为主，使前轮接触面积增大，当向下压力被侧向压力取代时，接触面积可以保持更大。你的操作过渡越一致，牵引力就越好。

这意味着你将同时应用不同级别的油门和制动。这听起来可能很奇怪，甚至荒谬，但你会惊讶于它如何解决悬架问题，防止摩托车向前和向后倾斜。几乎每一个MotoGP和 世界超级摩托车大赛（World Superbike）的赛车手以及每一个摩托骑警，现在都使用这种技术，所以在判断之前先尝试一下。虽然很多人认为这是一种赛车技术，但很快就会发现在街道上使用循迹制动比在赛道上使用有更多的好处。由于油门使前悬架升起而使用制动器使其下降，因此这两种控制对悬架产生相反的影响。我们将利用这些对立的力量来帮助相互抵消。最终结果是摩托车的悬架几乎没有移动，并且在进出弯道时底盘更加稳定。

该技术需要我们在进入弯道的同时慢慢地给油门。一旦进入弯道，我们将开始慢慢地给油门，同时慢慢松开制动器，这可以仅使用前制动器、仅使用后制动器或两者的任意组合来完成。在第一部分中，

传统制动可以用前（左图）、后或两个制动器来完成。行驶得越快，前轮制动越有效；行驶得越慢，就越应该使用后轮制动。

部分油门可以防止制动器过快让前端下沉，而在第二部分中，部分制动器可以防止油门在离开弯道时过快地抬起前端。因为同时安全地使用油门和制动需要一定的骑行经验，以及很多的灵巧性，所以这项技术不应该教给初学者或让初学者使用。

制动时用前制动、后制动或双制动的主要因素取决于速度，当高速循迹制动时应该使用前制动、后制动或双制动。骑行速度越慢，后制动应该越多使用。这是因为它们在低速时更容易调节，并且后制动不会轻易地让前悬架快速压缩，前悬架的快速压缩这可能导致摩托车在转弯时翻倒。由于这些原因，骑警经常使用后制动器进行大部分精确机动。

当超过一定的速度后，前制动器会更加有效，这就是为什么许多公路赛车手甚至不接触后制动器的原因。在正常的街道速度下，两者中的一个或组合起来使用可能更合适。

影响循迹制动时使用前制动器还是后制动器的其他因素还包括：重量分布、轴距、联动制动系统/集成式制动系统/标准制动系统、骑手的个人限制或偏好、身体位置、摩托车类型等。

了解应该使用循迹制动与如何正确使用同样重要。有4个在街道或赛道上使用循迹制动的重要好处：

1）尽量减少悬架运动的数量和速度。悬架运动越少，摩托车就越稳定，这将使你能够更快地施加油门。此外，摩托车越稳定，进入弯道时就越舒适、自信和放松。更多的放松和信心转化为更精确的控制输入和更高的安全性。

2）修改摩托车的前后姿态，以便更快、更轻松地转向。通过在入弯点保持前悬架的预载，底盘的几何形状动态变陡，前倾和后倾更少，这将使摩托车以更少的体力更快地转弯（请参阅第4章第2节：底盘改装，以更详细地了解底盘悬架几何形状）。在外行人的术语中，后倾角是摩托车的前叉角度。因此，前轮几乎接触发动机的运动型摩托车具有非常陡峭的后倾角。相比之下，前轮与后轮的区别似乎不同的巡航摩托车具有非常大的前叉角度。拖曳距是与轮胎接触面位置有关的更细微的测量值，它的大小与转向轴线和轮胎接触地面的位置有关（见30页图）。基本上它控制着摩托车在路上行驶时重新对中的趋势。骑手是可以感受到底盘的拖曳距的，因为当你摆动车把并松开时，车把总是试图将自己拉直，这就是靠的拖曳距作用。通过循迹制动暂时减少底盘中的后倾角和拖曳距变化，从某种意义上说，可以使摩托车更具运动性，因为它的姿态变得更像"臭虫"。赛车手喜欢这种技术，因为他们可以让入弯速度变得更快。另一方面，长途骑手也可以从这项技术中受益，因为它可以使你的手臂在每次转弯时轻松多达40%。那么，在4小时、6小时、12小时或更长时间的骑行结束时，你的疲劳感会减少多少？这主要是在对你们这些"钢铁屁股（长时间骑车）"车手说的。

3）减少切换油门或制动的反应时间。因为你已经使用了部分油门和制动，所以几乎可以瞬间增加或减少任一控制装置的压力。如果你没有正在使用油门或者制动，则需要一些时间向这两个控件施加压力。也许你有那个时间，也许你没有。

4）最大化的控制方向。尽管大多数骑手认为操纵车把是改变方向的方式，但你也可以使用制动和油门来改变路线。例如，如果在转弯时没有使用循迹制动，快速的增加油门或制动，那么摩托车就会立起来，并且很可能会撞到你想要避开的任何东西。每当你增加速度时，摩托车的线路自然会变宽。同样，每当我们快速减速时，摩托车也会直起并在转弯时线路变宽。

要理解为什么会这样，必须首先认识到，在直线上制动时悬架会压缩，这会使重心下降。如果这个压缩下降太快，摩托车可能会停下来，但通常摩托车的重心会随着制动程度而下降。

但是，当你俯身并快速制动时，由于悬架向同一方向压缩，重心会下降并移至弯道外侧。这种向外的重量转移使摩托车立起来，这种方式与四分卫在铲球期间将重量投向他线卫的原理相同。但是，循迹制动实际上可以在你过弯制动的同时使你收紧线路。不同之处在于，循迹制动在进入弯道时悬架就已经被压缩。因为悬架不能再压缩更多，当你通过施加更多制动来降低速度时并不会改变倾斜角度，摩托车的线路就必须收紧。这意味着通过练习，你可以通过几个手指的简单动作，给制动控制杆施加压力从而达到在弯心收紧线路的目的。

在现实世界中，循迹制动对三种弯道来说最有价值：高速弯、半径缩小弯和死角弯。如对弯道有疑问，请使用循迹制动技术，因为一旦你进入弯道，再利用循迹制动的收线能力就为时已晚。

防抱死制动系统、联动和集成式制动系统

如果制动抱死时间过长，摩托车通常会摔倒。出于这个原因，大多数摩托车都可以对前后制动器调整适当的制动压力。然而，我们现在能看到前后独立的两个制动器有越来越多的增强型功能。如前所述，我真的很喜欢VFR800FI精密的联动式制动系统，但我对其他大部分同类型制动系统并没有感到太兴奋。联动式制动系统使用相同的主缸向前后卡钳的一个或多个活塞施加压力。

我真的不喜欢集成式制动系统，例如GL1500/1800金翼或任何带有此系统的Moto Guzzis。每当在使用集成式制动系统的后制动器时，该系统都会同时使用后制动器和前制动器。在潮湿或光滑的碎石路面上，这可能会成为一个问题，因为过多的前制动会导致抱死，但又需要后制动来减慢摩托车的速度。

大多数现代联动式制动系统只允许对未使用的制动器施加部分制动压力。很多时候，如果卡钳是双活塞卡钳，则联动式制动系统只会推动一个活塞。当同时进行前后制动器的制动操作时，制动器才会完全工作，此时才会发挥摩托车的全部制动力。这意味着，作为使用联动式制动系统的骑手，最好熟悉使用两个制动器进行最快的制动。

另一方面，防抱死制动系统（ABS）在低摩擦力的情况下可能是一个巨大的优势。如今，它是大多数汽车的标配功能，现在几乎每个摩托车制造商都将ABS作为选装件，或者也在一些车型上标配。早在20世纪80年代中期，来自宝马的原厂摩托车ABS每秒循环启动和关闭4次制动器。一般来说，使用ABS就等于放弃了相当多的终极干地性能，但潮湿天气性能的提升也算弥补了一些整体性能。更现代的系统可

可怕的前轮抱死！它会在摩托车倒下之前留下一条深色橡胶印迹……或者骑手瞬间松开制动，让轮胎重新获得牵引力并重新踩下制动。

以每秒循环启动和关闭制动器多达100次，当它们具有如此高的性能时，即使是专业骑手也很难在干燥路面上实现这样的制动能力。

在干燥的道路上，基本都会考虑用尽最后一点制动性能。即便是在比赛，甚至一些赛车也开始使用赛车版的ABS。即使现在ABS是个价格非常高的系统，但它们也物有所值。如果ABS使你免于一次翻倒，那么仅在摩托车维修费用中就可以收回成本。拥有 ABS 的一大好处是它可以让你在不用担心过度制动的情况下，更安全地练习用最大制动力快速停止。如果你有 ABS，应该在练习期间多尝试几次，这样在实际使用中偶然用上就不会感到惊讶。

当制动器抱死时

对于骑摩托车的人来说，没有什么比制动时前轮抱死更可怕的了。后轮打滑也令人不安，但它们更容易控制。在摩托车过弯后轮打滑的情况下，你可以通过解除车轮抱死保持原来的线路，或者更好的是轻轻松开后制动器，并在轮胎恢复牵引力后立即重新施加操纵来保持原来的路线。当然，重要的是要记住，如果你放松得太快，摩托车就有将你从"高位（High Side）"抛向空中的风险。当后轮猛烈地恢复牵引力时，会将侧向惯性瞬间转化为翻转动力，此时就会发生这种情况。

后轮抱死虽然具有挑战性，但前轮抱死更危险，因为几乎没有反应时间，因此很难防止碰撞。你可以通过尽快并尽可能平稳地释放制动操纵杆来解决前轮抱死问题，这将有助于车轮的陀螺力和底盘的拖曳距重新获得控制。摩托车会想要直立，但是当它这样做时，最终会指向前轮胎在恢复牵引力时前进的方向。因此，你可能需要立即进行转向修正，接下来重新逐渐使用制动。此时前叉完全伸展，快速压缩前悬架会导致前叉受到较大压缩，从而产生额外的控制问题。

我认为练习在恐慌下停止是不可能的。在恐慌的情况下，你的身体会做出反应，只做它习惯做的事情，而没有有意识地思考技术。只有通过定期练习良好的技术，它才会成为你的第二天性。因此，在你最需要的时候可以使用它。也许在恐慌情况下有一件最重要的事情需要你记住，肾上腺素水平升高会导致你比平时更用力地挤压制动操控杆。因此，在使用制动系统紧急停车时，请强迫自己限制手部施加的压力。

第 6 节　身体定位

正如我之前提到的，骑士的身体在摩托车上所处的位置，对操控它的方式有着深远的影响。这个位置，还决定了需要多少体力才能控制摩托车。根据禅师铃木俊隆的说法，"当你以正确的姿势坐着时，存在的心态本身就是开悟"。虽然我不能保证给你什么神秘的体验，但通过练习我称之为正确转弯的10个步骤，你的身体和摩托车将开始有节奏地运动，就像是芭蕾而不是鳄鱼摔跤⊖。正确转弯的10个步骤，涵盖了在整个转弯过程中何时何地怎样定位你的身体。

运动效率

如果在骑行时你接受了10个步骤，那么完成摩托车转弯的必备事项将尽在眼前。这种"运动效率"

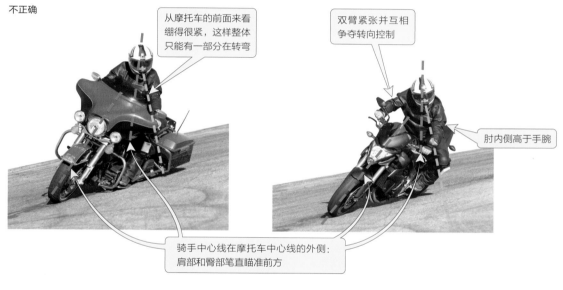

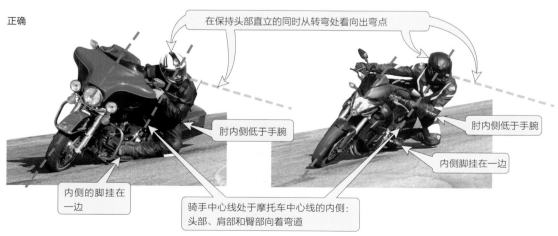

⊖　鳄鱼摔跤，这是一种由古老的鳄鱼狩猎技术演变而成的表演运动。

过程类似于专业舞者和拳击手所经历的过程，因为他们学会了保存力量，而不是将其浪费在过度的肌肉紧张或无关紧要的运动上。

在我的武术训练期间，我了解到了"运动效率"这个概念，之后我开始这样练习以提高我的公路赛车技能。我了解到，在做某些特定动作的时候，没必要完全放松肌肉，而是将我们精力集中在这些肌肉上。因此，我可以更长时间地保持我的力量，并且每个动作都变得更加强大。

每种武术技巧，都能最大限度地发挥身体的自然利用能力，让肌肉发挥最大作用。比如，在有些展会上有那种用力击打靶心来完成敲钟的游戏机，当我去击打的时候就喜欢使用这个技巧。通过专注和杠杆作用，与比我强壮得多的人相比，我通常能够打出更好的成绩。

作为骑手，当我们开始关注自己的身体各个部位在不同状态下使用肌肉的情况时，大多数人会发现骑车时非常紧张，并且消耗的肌肉能量比骑行所需要的多得多。

底盘动力学

关于骑士身体的定位，大家首先要了解到摩托车的底盘是经过精心设计的，可以在没有骑士的情况下快速平稳地过弯。事实上，骑士在摩托车上所做的一切都是糟糕的，无论是运动型摩托车、旅行摩托车还是巡航摩托车都是如此。在摩托车上添加一个"软肉袋"（骑手）会干扰摩托车的固有行驶能力。想想上次你的摩托车上有一个不安分的乘客是什么时候。有时候，摩托车在需要稳定性时，糟糕的乘客会在过弯时向错误的方向倾斜或摆动，从而影响车辆的行驶稳定性，骑手的不合理动作也同样会导致该情况。因此，良好骑行的理想目标是尽可能地让自己表现的不存在一样。当然，每个骑手都会情不自禁地投入到摩托车的动态中，因为这是你控制摩托车朝目标方向行驶的唯一方法。你必须控制油门、制动和转向，但做每个动作时都要巧妙一点，尽可能地少用体力。

几年前，当我在迪通拿（Daytona）国际赛车场的一号弯内拍摄照片时（下图照片），照片清楚地向我证实了摩托车在没有骑手的情况下可以更好过弯的想法。在600毫升超级运动大赛（Supersport）的比赛中，吉村铃木车队（Yoshimura Suzuki Racing）的艾伦·雅特（Aaron Yates）正处于第三名的位置，此时他在重制动的同时并没能握紧车把，丢掉了方向控制。尽管他摔倒了，但碰撞的冲击力使摩托车又重新回到正常行驶状态，"无人"的GSX-R600超过了另一名车手和米格尔·杜哈梅尔

（Miguel DuHamel）（17号）成为领先车辆。当然，它很快就倒下了，因为不再有人控制它。但是，这个过程清楚地展示了摩托车在没有骑手干扰的情况下可以很好地工作。

至关重要的舒适度

我的一些过弯技术一开始会觉得有点别扭，但是当你练习得足够多之后，它就会变成第二天性。在我们进入实际步

在公路赛车中，有时必须在外观与空气动力效应间做到平衡。在世界超级摩托车大赛（World Superbike）中，朱尔斯·克鲁泽尔（Jules Cluzel）在马自达拉古纳·塞卡（Mazda Raceway Laguna Seca）的3号弯道中尝试做到平衡。

骤解读前，我想强调一下"自然"对摩托车的重要性。我的意思是在摩托车上找到一个骑行位置，此处是人对摩托车的压力最小，但不违反10个步骤中的任何一步。同时，我也鼓励大家在练习时能找到自己独特的风格。每一步都有一定的回旋余地，你的风格将取决于你如何解读动作。就像我们带两个舞者教他们同样的舞蹈步伐一样，但每个人都会根据自己的身高、体重、柔韧性和避免受伤情况等对舞蹈进行不同演绎。同样，我们每个人都会根据自己对摩托车的适应情况来练习这10个步骤，最终的理解情况也会略有不同。因此，虽然我们希望大家都遵循相同的10个步骤，但它看起来会有些不同，因为我们每个人都有自己的特点与习惯。

举个例子，我听过几位赛车手甚至是骑术教练的理论，他们都谈到了在过弯时对外侧脚踏施加压力的重要性。然而，我和我学生的个人经验表明，只要身体与摩托车的关系正确，外侧脚踏比内侧脚踏多施加多少重量并不重要。实际上，在一些摩托GP（Moto GP）明星车手兰迪·马莫拉（Randy Mamola）的照片中，我们可以清楚地看到他的外侧脚在转弯时完全脱离了脚踏。鉴于他已经击败了世界上一些最好的车手，显然这足以说明想要骑得更快，完全没有必要对外侧脚踏施加重量。当然，如果你觉得对外侧脚踏使劲更舒服，那么也可以根据自己的喜好来做。

当你能摆出正确的身体姿势时，你就会知道摩托车可以轻松地过弯，并且自己并没有对握把施加多少转向力。当驾驶摩托车转弯时，外侧手臂应该轻轻地放在油箱上，用内侧脚、外侧腿和身体核心支撑身体的大部分重量，而不是用手臂。

虽然在摩托车上放松很重要，但这不意味着转弯动作最终变得懒散并简单地将摩托车向身下推。当这种情况发生时，很快离地间隙就没有了，接着就会抓地力不足。

　　想要正确掌握转弯技术，要永远牢记不要过度使用肌肉力量将自己身体伸展到一些特定位置。例如，如果想要放下膝盖，那请打开臀部，让膝盖以最舒适的姿势落下。永远不要通过强迫双腿张开来"尝试"让膝盖下落。如果正确地使用了这项技术，并且足够灵活，那么当速度起来后身体会自主摆出这个姿势。另一方面，如果你骑的是巡航摩托车或旅行摩托车，且不想挂在摩托车上转弯，那只需照着最低限度去运用这项技术即可，这样仍然会显著地提高控制摩托车的能力。

　　请记住，某些肌肉，例如后背下部的肌肉，可能需要进行一些加强，然后才能正确地执行该技术。因为放松上半身很重要，但是你的后背下部和大腿会有点压力，直到它们习惯于承受比平时更多的重量。查看第5章第1节：身体素质，以帮助增强身体的核心力量。这项技术最关键的要求自然是针对上半身的，特别是手臂和手。它们都需要放松以有效使用油门和制动并准确转向，它们还需要放松以具有足够的灵敏度来衡量可用的牵引力。

　　让上半身放松之所以这么重要，主要有两个原因。首先，肌肉承受的压力越大，灵活性就越低。

如果遇到大雨，即使是在大型运动型旅行摩托车上，只要身姿适当且轻松握住车把也是可以用非常大倾斜角度转弯。"极致驾控"讲师鲍勃·赫夫纳（Rob Hephner）的演示。

为了说明这一点，请拿起一支笔，以通常的方式在一张纸上签三遍自己的名字。请注意手是如何以可重复的准确度轻松地从一个字母流向另一个字母。接下来，收紧你的手，尽可能用力地弯曲你的前臂。在保持肌肉紧张的同时，再签上你的名字三遍。注意保持对笔的控制有多困难，以及每个签名看起来完全不同。控制摩托车的能力就像控制笔一样。放松的上半身，可以以可重复的精度改变方向或速度。

需要上身放松的第二个原因是，这将使摩托车能够进行必要的低幅度变线穿梭。如果上半身僵硬地试图控制转向，为了让前轮的路线保持"平滑"，摩托车车身则会出现小幅度摆动，当摆动变大时变线的路线就会越来越宽。

正确转弯的 10 个步骤

第 1 步：重新放置脚的位置

如果你的摩托车有脚踏板，你就想着脚踏实地，这是能够拥有最大影响力的地方。换句话说，这是你用最少的肌肉能量能移动最远距离的地方。无论摩托车有脚踏板还是底盘地板⊖，只要能让脚踏实地踩住，无论你在摩托车上俯身有多远，你脚的任何位置都不会接触地面。

第 2 步：预置体位

这一步的目标是在过弯开始之前，就想好在弯道中自己需要摆一个什么样的姿势，并迅速将自己的身体调整到那个姿势。这样做的原因，是因为直立移动的摩托车很难会失控。但是，当摩托车在危险区完全倾斜时，还是非常容易失控的。因此，每次调整自己的姿态时一定要在转弯前或者转弯后进行，而不是在转弯期间。

在街道或赛道的速度下，要确保身体的中心线始终位于摩托车中心线的内侧。它可以向内侧3厘米或30厘米，但必须要在转弯开始之前处于该位置。你和摩托车应该同步倾斜，同步抬起，人与中心线之间的距离应该永远不会改变。直到摩

第一步：重新放置脚的位置

头部、肩部和臀部朝向转弯出口

从生物学上讲，人类是捕食者。作为食肉动物，我们在基因上倾向于朝着头部、肩膀和臀部的方向追捕猎物。也就是说，这三个"轴"最好都能面向弯道的出口（"教授"瓦伦蒂诺·罗西的演示）。如果它们开始扭曲彼此不对齐，你的神经系统会向大脑发送关于它要去哪里的混乱信号，使正确的肌肉动作更难以执行。

⊖ 踏板摩托车是拥有底盘地板的。

托车直立，你才能移回中立位置。同样重要的是，三个轴（头部、肩部和臀部）应该指向弯道中间的内侧点，这就是我所说的"自然的攻击姿态"。

实际上，自然界中的每个捕食者在攻击时都会将这三个轴面向猎物。在我们的例子中，我们的"猎物"是弯道的出口。唯一我们不需要这样做的时候，是当摩托车停车刚起步转弯或以非常缓慢的停车式转弯，因为此时没有足够的离心力将我们带出弯道，无法平衡的重力只会将我们拉向转弯摔倒（参见第3章第7节：低速

2, 3, 4

不倾斜

第2步：预置体位——骑手的中心线向摩托车中心线内侧移动

摩托车中心线和骑手中心线形成"V"形位置

第4步：找到弯道方向

第3步：推外侧手把

离地间隙的距离与外侧倾斜度成正比

转弯）。在这种情况下，我们实际上会将中心线移动到摩托车中心线的外侧，这样就可以利用重力将身体的重量从弯道内侧拉向外侧，以平衡倾斜向弯道内侧的摩托车重量。但是对于在街道上正常驾驶过弯来说，不管什么样的弯道，骑手的中心线一般都位于摩托车中心线的内侧。

这样做有三个很重要的原因。第一个原因是，一旦你将中心线移动到摩托车中心线的内侧，重力就会通过倾斜摩托车来让它转弯。这是一件好事，因为现在可以让重力做一些以前你必须用手臂和手做的工作。

将中心线置于摩托车中心线内侧的第二个原因与空气动力效应情况有关。一旦你将身体从摩托车的气流中移出，你就会感觉到高压空气撞击身体。前面有高压，后面就有低压，这个宇宙万物都是由高压转向低压的。这与飞机飞行和真空吸尘器的工作方式相同，这将使摩托车想要绕着低压区这个轴旋转。每当你在驾驶时把手伸到车窗外并注意到它是如何被迫向后的时候，你都会经历过这种情况，那是因为手心压力大而手背压力低。这种强大的力量仅由手掌这么小的面积导致。相比之下，可以想象整个身体的面积会产生多大的影响。

将中心线置于摩托车中心线内侧的第三个原因是中心线的位置对倾斜角度的影响。对于任何速度和半径来说，倾斜角的目标始终都是越少越好。因此，无论你是在停车场以16千米/时的速度行驶，还是在赛道上以177千米/时的速度行驶，都要尽可能地让摩托车少倾斜。摩托车倾斜得越少，改变速度或方向就越容易；摩托车倾斜得越多，改变速度或方向就越危险。通过将中心线移动到摩托车中心线的内侧，实际上可以额外增加3~5厘米的离地间隙，这就是赛车手在转弯时"挂在"摩托车上的原因。他们使用额外的离地间隙在条件受控的平铺道路上行驶得更快。在条件不受控的街道上，额外的离地间隙

会增加安全余量。具有讽刺意味的是，悬挂在车身上对于巡航摩托车和旅行摩托车来说最有用，因为这类摩托车的离地间隙非常有限，并且很容易就将摩托车擦到地面或者发生事故。不过，这个做法也适用于各种街头摩托车。

第 3 步：推动外侧车把

因为你还没有完全准备好开始转弯，只需推动外侧握把继续直行，这样就会沿道路呈"V"字形，骑手的中心线向中心内侧倾斜，摩托车中心线向中心外侧倾斜。有趣的是，垂直于道路的一条线和摩托车的外中心线之间的度数，就是当你倾斜时能获得的离地间隙量。因为摩托车从垂直于地面 90 度的线开始向外倾斜的（116页图），倾斜出去的这个量就是摩托车完成转弯时所需的倾斜度。

通过这样做，可以同时将未来的转向能量（重力和空气动力）存储到摩托车中。这个最好用弓箭手如何射箭来解释。当他向后拉箭时，弓和弦中就会储存能量。接下来你要做的也和弓箭手所做的事情类似，即在适当的时候松开弓弦（释放弓弦上的压力），利用储存的能量直接准确地射向你的预定目标。但是，在你能做到这一点之前，你需要弄清楚想去哪里。

第 4 步：找到入弯点

接下来选择一个特定的入弯点很重要。事实上，选择一个特定的入弯点实际上比它是一个特别好的入弯点更重要。入弯点甚至不用太极限是有原因的，因为这个点必须是由大脑前额叶主动选择的，这使你远离产生恐惧的爬行动物大脑（参见第2章第1节：恐惧）。在普通道路上，这个点可以是人行道上的一个点、街边的一棵树或一个假想的坐标，就像你在台球中用来打球的那样。这里的挑战是能够记住它的位置。你必须知道它在哪里，即使你在转身的瞬间无法看到它。

第 5 步：看向弯道出弯点

在进入转弯之前，最好能将摩托车的行进路线与弯心和出弯点对准连成一条直线（参见第3章第2节：线路选择）。在正常的街道速度下，应该在弯心前3米到5米的时候开始这么做（更高的速度将需要更长的距离），这样做的原因是人脑非常擅长连接点。因此，如果有起点和终点在脑海中，就可以将这些点连接起来，并确切地知道将摩托车放在什么路径上。不管在什么样的弯道中，想要拥有一条干净整洁的线路，唯一方法是在进入弯道前就能确切地知道将摩托车放在什么路径上。做到这一点的唯一方法，就是在你做之前选择一个绝对的起点和终点。

第 5 步：看向弯道出弯点

第 6 步：放松外侧握把

从这一步开始，想要让摩托车转弯所需要做的就是放松外侧车把的压力，所有储存的重力和空气动力将立即开始让摩托车转弯，而不会扰乱悬架动作。这比简单地将一个大的反向转向操作传递给摩托车要有效得多，因为在这种情况下前悬架会显著压缩，为前叉弹簧增加能量。就像一根大弹簧棒，前叉弹簧突然释放所有能量，会导致摩托车拥有许多潜在的不稳定。但是，你放松外侧握把的压力，你的一些重量就会很容易转移到内侧握把上。

第 7 步：推动内侧握把

如果你在放松外侧握把压力的同时，轻轻推一下内侧握把，任何尺寸的摩托车都可以快速轻松地进入弯道。入弯后，也只需使用内侧手臂进行转向（见35页图）。

这意味着，有时你用内侧手臂推动，有时你用内侧手臂拉动。但是，任何方向的改变都只能用内侧手臂进行操作。这种技术可以防止你的两只手臂在反馈回路中为了控制摩托车而相互争斗。当不断地向系统增加越来越多的能量就会发生反馈循环，感觉就要爆炸一样。每个人都知道将麦克

风放置得太靠近扬声器时会发生什么。声音被放大，再放大，再放大，直到让每个人都想跑出房间。这与转弯来回推车把时发生的事情相同。可能你感觉不出来自己的双手在进行拉锯战，但你会注意到自己的行进路线会变得越来越宽。

一旦停止用双臂转向并开始仅用内侧手臂转向，就能够打破反馈循环的回路，并回归到持续有效的转弯方式进行转弯。但是，不到那个确切时刻，一般人都不会察觉到自己在阻止单内侧手臂转向。

第 8 步：加油门

当我说尽可能早地加油门时，并不意味着尽可能用力。而是指要尽可能早地加油门，但也不要打乱

底盘动态平衡。

油门位置将始终与倾斜角度成间接比例。因此，当摩托车完全倾斜时，只能稍微加一点油门。当摩托车从倾斜回到直立状态时，就可以给越来越大地拧油门，直到摩托车完全直立，此时才能全速加油。

现在的轮胎有好有坏。好消息是现在的轮胎已经变得很黏，在温暖干燥的日子里具有良好的牵引力，在许多情况下，只需轻拧油门，轮胎就会将摩托车车身的重量轻松举起（抬起前轮）。但是，如果在湿滑的日子里尝试全油门出弯，后轮肯定会打滑，原因是你要求此时只有非常小接地面积的后轮胎在抬起你人和摩托车的全部重量的同时还要出弯。让摩托车出弯的另一种方法，就是回方向。

第 8 步：加油门

第 9 步：推外侧握把

摩托车恢复站立时保持"V"形位置

第 9 步：推动外侧握把

通过回方向可以完全摆脱弯道，但这需要非常多的转向输入，并且你会在过多的转向输入中失去很多潜在的牵引力。这是因为现在要求只有非常小接地面积的前轮胎在抬起你人和摩托车全部重量的同时，还要出弯。

正确的方式是稍微加一点油门，同时稍微回一点方向，从而在前后接触面之间分配工作。这样，即使在湿滑的天气环境下，也能有最好的机会让车身恢复直立且流畅。如果操作得当，骑手只需很少的身体姿态变化，摩托车就可以轻松地自行调整。请记住，在弯道角落里的整个过程中，都保持与路面呈"V"形。

第 10 步：回到中立位置

要等到摩托车完全垂直后再将身体移回中立位置的原因，是为了最大限度地减少因大的重量转移引起任何过度的悬架运动。从牵引力的角度来看，这可能是众所周知的"压垮骆驼的稻草"。

如果现在感到有些不知所措，请不要担心。目前，你已经完成了 10 个步骤中的一些（如果不是全部），你只是没有意识到自己正在执行它们。幸运的是，不必每次通过弯道时都考虑这些步骤。许多步骤是在你无意识的情况下发生的。例如，一旦预先定位了身体，就会自然的推动外侧握把保持摩托车直行。此外，一旦放松外侧握把，就不得不推动内侧握把，因为你手上的重量无处可去。还有就是，你的内侧手臂现在是唯一能够操纵摩托车的手。将过弯分解为这10个步骤的目的是，当在转弯中遇到任何类型的问题，都可以通过检查这10个步骤去发现问题出在哪一步，并在寻找到问题后加以改正即可。

当然，即便是"极致驾控"的教练，也是在接受过培训后才能做到。幸运的是，你可以通过让朋友为你拍摄视频，并将镜头与本章中的图片进行比较学习，帮助自己，指导自己。

第 10 步：回到中立位置

过渡

多条弯道曲线之间过渡时，例如较急弯的折返，则需要对10个步骤稍作修改。不是完全完成一个转弯然后准备下一个转弯，而是在第一个转弯中就开始为第二个转弯做准备。当摩托车出弯但仍然处于第一个弯道的倾斜姿态时，快速且平稳地将身体移动到下一个弯道所需的正确位置，然后继续其余的步骤。

练习过渡的一个好方法是在大型停车场设置8字形桩桶。你应该能够平稳地从一个弯道转向下一个弯道，并不会突然改变油门开度。如果努力练习，你的油门位置根本不会像你做8字形那样发生改变。做8字形转弯是一项很好的练习，因为它几乎结合了本书中教授的所有技能，并且不会像一遍又一遍地转圈那样让人头疼。一旦掌握且擅长进行8字形转弯，10个步骤就能成为你的第二天性。

像瑞奇·卡迈克尔（Ricky Carmichael）这样的越野摩托车赛车手，在街头骑行和公路赛车中使用了相反的身体姿势。在越野车上，骑手将车推到身下，而不是挂在车上。由于越野摩托车非常高，所以骑手可以牺牲一些足够的离地间隙，以便在滑动时更好地控制。这样摩托车的后端可以独立于骑手移动，像钟摆一样寻找牵引力，并且不会因骑手的体重增加惯性。

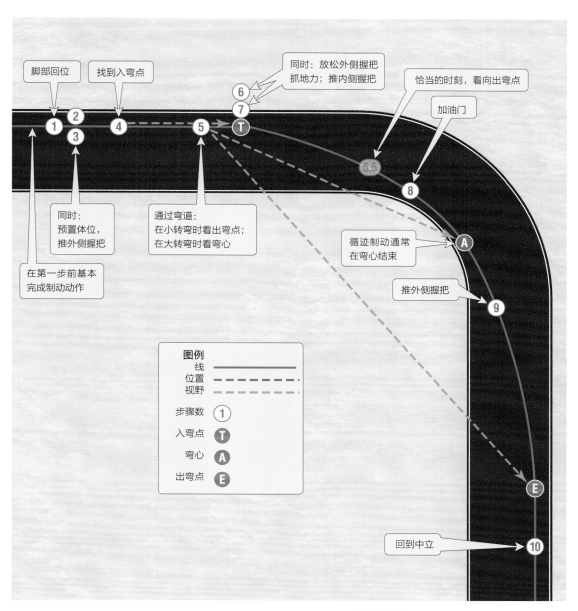

脚部回位

找到入弯点

同时：放松外侧握把
抓地力；推内侧握把

恰当的时刻，看向出弯点

加油门

① ② ③ ④ ⑤ ⑥ ⑦ T

5.5

⑧

同时：
预置体位，
推外侧握把

通过弯道：
在小转弯时看出弯点；
在大转弯时看弯心

循迹制动通常
在弯心结束

A

在第一步前基本
完成制动动作

推外侧握把

⑨

图例

线	———
位置	– – –
视野	- - -
步骤数	①
入弯点	T
弯心	A
出弯点	E

E

回到中立

⑩

身体定位

10 个步骤的时机

从左向右阅读，该图显示了在典型恒定半径弯道中，
正确转弯的 10 个步骤中每一步的相对位置。请注意，
步骤 2 和 3 以及步骤 6 和 7 是同时执行的，不管它们
与其他步骤的关系如何。

121

　　必须在有限的空间内低速急转弯非常的令人头疼，很少有街头骑行活动如此令人沮丧，尤其是在没掌握该技术的情况下。我总是在"极致驾控进阶骑行训练营"（Total Control Advanced Riding Clinics）的最后教授这项技能，因为需要使用的技术和我在高速转弯时使用的技术完全相反，而且我不希望学生们混淆两种技术。幸运的是，这是最容易学习的技能之一。事实上，大多数骑手能够在短短5分钟的练习中将他们的最小转弯直径减少 30%~40%。

　　如前所述，除了轴距的长度外，还有两个主要因素会影响摩托车的转弯能力：转向角和倾斜角。因为任何人都可以将车把转动到停止位置，所以增加车身倾斜角度是真正值得考虑的改进方向。

增加倾斜角度

　　在高速转弯时，都希望尽可能多地保留车身倾斜角。相反，在掉头转弯时，都会故意使用尽可能多的车身倾斜角。在高速转弯时，保持一些倾斜角的原因是为了能够有一个储备，以防由于道路的不规则路面或骑手对车辆继续操作而需要压缩悬架。如果摩托车遇到颠簸时没有预留倾斜角度，那么硬物（例如脚踏板、底盘或排气管）将会撞击道路，可能会使摩托车的轮胎弹跳。

　　相反，在低速急转弯中，这种危险是不存在的，因此可以使用最大的倾斜角来尽可能地急转弯。

　　为了真正将摩托车倾斜，必须抵消重力的影响，以免摩托车倒下。在高速弯道中，这主要是通过离心力完成的。然而，在低速弯道中，离心力是不够的。

　　重新调整身体的重量以平衡摩托车的重量很重要。做到这一点的方法，是将尽可能多的重量移到转

即使是沉重的、穿着正装骑行的旅行摩托车也可以通过适当的技术几乎毫不费力地进行掉头转弯。虽然在这里看不到，但骑手的内侧脚实际上是悬空的，因为他的大部分体重都放在外侧脚踏上。

在通过超紧的 U 形转弯时需要尽可能远地瞄准着身后

在内侧臂允许的情况下，将身体的中心线移动到摩托车中心线的外侧

急转弯的技巧是用内臂完成的，它必须改变压力以控制摩托车并保持平衡

弯曲膝盖和臀部，让躯干尽可能远离摩托车外侧，用外侧膝盖推动摩托车（见第 105 页，上图）

将所有的重心转移到外侧踏板上，并让内侧脚放松

弯的另一侧，这类似于双体船水手将他们的身体悬挂在船舷上以防止他们翻倒。当然，这与在本书中学习的高性能转弯完全相反，因此要牢记仅在进行低速转弯时才使用此技术。

使这项技术奏效的关键，是学会相信摩托车在适当平衡时不会翻倒，这样就可以放松对车把的抓力。就像在高速转弯中一样，最好用内臂进行所有转向输入。通过放松外侧手臂，保持紧密的路线会容易得多，因为两条手臂不会为了控制车把而相互较劲。

通过将身体移动到摩托车的另一侧，大部分重量将放在外侧脚踏上。同样，这与高速转弯中的做法完全相反。将胯部区域尽可能地向前和向外移动以找到理想的平衡点很重要。可以移动身体离摩托车越远，产生的倾斜角度就越大，转弯也就越紧。

决定低速转弯成败的一件事是骑士的视野。看哪里对你去哪里有深远的影响。为了尽可能地进行最急转弯，请像狗追着自己的尾巴一样向后看，摩托车会以干净、紧绷的路线跟随视线前行。

练习低速掉头的一个好方法，是在停车场中逐渐变窄地画圆圈，这样可以按照自己的节奏逐渐控制到最小直径。分别尝试左右方向，直到对两个方向都感到满意为止。掌握了这一点后，可以开始骑 8 字形画圈，这样就不会像绕圈那样头晕。像所有技能一样，练习得越多，技巧就越容易。如果掌握了这项练习，将再也不会害怕重复的掉头弯。

防止跌倒

也许在急转弯时要克服的最大障碍是害怕摔倒。如果摩托车开始倾斜到担心无法转向并会跌倒的程

来自文图拉（Ventura）警察局的奎因·雷德克（Quinn Redeker）是该国最好的急转弯骑士之一。他经常在与其他骑警的比赛中占据主导地位，因为他利用了大量从越野赛和公路赛车中学到的技能。奎因因其令人难以置信的转头能力而被取了"猫头鹰"的昵称。"传统"是骑警在比赛中不穿防护服给出的蹩脚理由。车上的辅助灯等外挂装置（www.clearwaterlights.com）是长途骑行和骑警之间非常流行的改装。

度，此时要做的就是加大油门。这将使摩托车有想要站起来的趋势，同样的使用离心力也能防止赛车手在极端倾斜角度下摔倒。正如一句古老的谚语所说："心存疑惑时就只管拧油门！"

事实上，许多摩托车警员都接受过培训，可以在已经大油门的情况下进行这些紧张的操作。一旦对身体和转向的练习感到满意，就可以适当增加油门。将油门保持恒定在两到三倍怠速处（"油门最佳点"因摩托车而异）的好处是，它能够让发动机运动部件变成了陀螺仪。只要保持油门稳定，这会进一步稳定摩托车。如果松掉油门，稳定性增益会立即消失。在使用桩桶辅助练习前最好能在开阔的停车场尝试一下。

当然，如果使用油门来获得稳定性，那么使用离合器和后制动器也需要保持缓慢、稳定的操作速度。如果是滑动离合器，使其尽可能保持恒定。这需要进行一些练习，以最小的调整保持油门和离合器的部分结合，同时还要将身体向外倾斜并操作比较大的转向输入。这使得后制动器可以精确地控制速度，并成为唯一需要调节的控制装置。如果你花时间学习这项技术，会惊讶于摩托车在低速状态下的敏捷性。

不同的学校还会强调平衡地使用油门、离合器和制动器。每种技术都有其优点，我鼓励单独尝试它们以及组合使用它们，以便在"低速驾驶工具箱"中拥有尽可能多的"工具"。

第 8 节　双人骑行

双人骑行运动不像普通骑行那样常见，但当两个参与者都熟练时，他们将获得同样的收益。当两名车手有很多作为一个团队一起骑行的经验时尤其如此。专业的双人骑行就像跳舞一样：一个人带头，一个人跟随，他们一起工作，就像一个单独的运动部件。我见过很多技术娴熟的搭档骑在毫无戒心的单人骑手身边，他们认为他们是在一起移动。看到真正有经验的双人骑行将会是非常美丽的景象。毕竟，骑行的部分乐趣在于与他人分享经验，这就是我们加入俱乐部并拥有骑友的原因。就像跳舞一样，良好的双人骑行秘诀就是节奏，这意味着知道正确的动作并以正确的顺序和精确的时间执行它们。

如果操作得当，摩托车将平稳运行。请注意，我意识到男人有时和女人一样也是乘客。不过，因为实在是太少见了，为了不让本章中出现无数的"他或她"，我将乘客称为她，骑手称为他。

乘客增加的重量和抗风能力会影响摩托车的操控性和悬架。知道了这一点，一个好乘客的目标是以尽可能减少这种影响的方式定位她的身体。

执行此操作的方式因摩托车目前正在执行的操作而异。针对摩托车的几个主要行驶状态，我们将介绍专业的乘坐技巧，这关乎专业骑行。但是，首先必须了解一些乘客的基础知识。

乘客普莉希拉（Priscilla）

我最喜欢的乘客是一位名叫普莉希拉·王（Priscilla Wong）的女士，她碰巧拥有双人骑行的天赋。尽管普莉希拉重140磅，但对底盘的影响比许多110磅的乘客要少。我第一次带她去兜风是在纽扣柳（Buttonwillow）赛道为杂志测试Buell时。我告诉普莉希拉我会慢慢开始，她应该拍拍我的肩膀让我知道什么时候我骑行太快了。我很惊讶她能跟得上我的节奏，在两圈之内，我们几乎每次转弯都在剐蹭车身底部坚硬的部件，即使我们都挂在摩托车内侧。但是，我们在三圈测试中从未错过任何一个节拍，她给我竖起大拇指称赞我跑得很快。不幸且令我惊讶的是，我们已经达到了摩托车的极限。

我问普莉希拉，她是如何在那些敏感时刻保持冷静的。她解释说，她完全信任我的能力，这让她可以专注于成为一名优秀的乘客，而不必担心摩托车的限制，这就是我的工作。后来，我才明白她的话的深奥。毕竟，她的任何怀疑都会对骑行产生负面影响。就此而言，对于乘客或骑手来说，最好的做法是出于完全信任而采取行动，不要让恐惧阻碍摩托车的能力。相信事情会好起来是远离恐惧的关键，这样就可以以最佳状态骑行。普莉希拉还说信任发生在骑车之前。如果她不信任骑手，她一开始就不会上车。她告诉我："在摩托车后面很像坐过山车。如果我开始感到有点害怕，我会想象我在坐过山车，放松并享受骑行。"

选择合适的同伴

当你决定是否应该与某人同骑一辆车时，需要考虑很多因素。永远都不要坐喝过酒的人骑的车，也不能答应喝过酒的人坐你的车。此外，还应该拒绝与任何有撞车历史或对出事故持放任态度的人同骑一辆车。切勿与未佩戴适当安全装备（包括 DOT 批准的头盔）的人同骑一辆车。最后，永远不应该与不完全信任的任何人同骑一辆车。没有信任，将无法舒适地放松并顺应骑行的潮流。如果缺乏信任，就会将自己和骑手置于危险之中，因为害怕和僵硬的乘客会做出剧烈的动作，这会极大地破坏底盘稳定性。

靠过去看着前方的道路可能会让乘客放心。不幸的是，这会导致直行时的空气动力学和重量分布出现问题。

在制动过程中支撑骑手的上背部会给骑手的上半身带来过大的压力，这会降低操作制动杆的灵巧性。在恐惧中尖叫也无济于事。

正确

"单眼窥视"是乘客在不影响摩托车操控性的情况下看到前方情况的最佳方式。这样做还能在过 S 弯时更快地转换身体位置。

摩托车快速停车，或大力减速时，乘客最好的策略是将手放在骑手的背下部或油箱上（并用膝盖夹住骑手）。

骑手应使用类似的标准选择乘客。作为骑手，要遵守的规则应该是"不轻信，不带装备，不服务"。请记住，如同乘客将他们的生命放在骑手手中一样，骑手也在将生命放在乘客的手中，因此请确保乘客值得完全信任。

骑行开始前

一旦决定承担载客的责任，就必须和乘客确定好哪些行为被视为"可接受的风险"，这点乘客和骑手必须达成一致。乘客愿意接受的风险范围很广，因此事先进行适当的沟通对于避免道路上的问题至关重要。在开始骑行之前，骑手和乘客还应就骑行时使用的一些手部或身体信号达成一致。

这些对于传达速度是太快还是太慢很有用。信号甚至可以表达需要上厕所。更好的是，考虑使用骑手与乘客之间的通信系统，这样与乘客交谈可以使体验更加特别。我的女朋友特别指出，当她需要停下来的时候能提出想法真的很好。以前我们俩骑轮车时，这是唯一她能让我闭嘴超过10分钟的时候。

超级乘客普莉希拉·王（Priscilla Wong）表示，成为专业乘客最重要的因素是"对骑士完全信任"和"密切关注接下来发生的事情以避免意外"。将手放在骑手的前面是加速时的理想选择。

作为骑手，你有责任确保乘客携带合适的骑行装备。如果乘客缺少合适的装备，骑手应该提供给她。乘客的骑行装备与骑手的骑行装备相同，请参阅第5章第2节：骑行装备，了解完整的骑行装备。

上下车

一旦骑手和乘客都对彼此的技能和态度感到满意，并就一些基本规则达成一致，就该享受一些乐趣了。尽管，上下车似乎没什么大不了的，但我见过很多人因为缺乏沟通或技术差而摔倒。

作为骑手，第一步是表明你已准备好，最好是口头完成。此时，你应该平衡好摩托车，并引导乘客从左侧骑上来。一旦你确认已为乘客做好准备，乘客应将左手放在骑士的肩膀上，作为她即将登上摩托车的信号，然后乘客可以使用照片中展示的任何一种方式上车。坐上摩托车后，乘客应跟骑士确认她已准备好出发。

有样学样

一旦骑行开始，乘客没什么特别要做的事情，就应该像不引人注目的小透明。最好的骑乘方法是让乘客尽可能地模仿骑士的动作。如果骑士向左倾斜20度，乘客也应该向左倾斜20

上车时，直接抬起右腿跨过座位对骑手的负担最小。如果做不到这点，乘客要先用左腿站上摩托车，再抬起右腿跨过座位。第二种方法，骑手应该稍微倾斜摩托车远离乘客，以抵消乘客的体重。骑手通过前倾能让乘客更容易爬上摩托车。乘客在下车之前，不应再次放下双脚。

度；如果骑士身体收起来，乘客也应该身体收起来。乘客做得最糟糕的事情之一，就是向骑手的相反方向倾斜，或者比骑手倾斜更多。

当在座位上一段时间后，乘客的膝盖、脚踝和臀部会酸痛，需要移动以保持适当的血液流向这些区域。乘客有责任在非关键时刻（例如在直道上）缓慢地进行这些调整，此时此类移动不会干扰摩托车和骑手。

加速和制动

由于多了乘客，涉及改变了摩托车的物理状态，所以需要对骑行方式进行一些改变。由于摩托车后部增加了重量，加速会使前端变得非常轻，尤其是在上坡时。大排量的运动型摩托车，甚至许多中量级摩托车，都无法在不翘起前轮的情况下全油门加速。后部负重的情况下加速会降低牵引力，还会导致前叉伸出，从而因改变摩托车的前倾和后倾导致转向速度变慢。这两种效应会导致摩托车在恒定速度下过弯的线路越来越宽。换句话说，在载客时将不得不放慢速度，以保持"正常"路线。

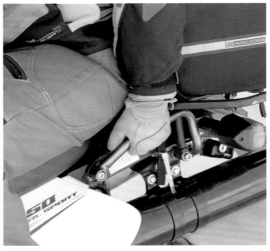

增加的乘客质量将需要更多的制动力来减速，并可能导致更大的重量转移到前部，这意味着需要比平时留出更多的减速距离。这不是偶然发现的。另外从积极的一面来看，由于后部重量增加，后制动器将具有额外的效力。

乘客最容易在加速和制动过程中失去平衡。提升油门和制动操作流畅度对乘客会很有帮助。通过让乘客感到舒适，可以避免很多焦虑的时刻，更不用说烦人的头盔碰撞了。为了防止从摩托车后部跌落或向前顶着骑手，乘客需要固定在摩托车和骑手身上。

由于腿部拥有人体最强壮的肌肉，因此最好让它们做尽可能多的工作。根据摩托车的特点设定，乘客应将脚跟或脚趾伸入脚踏支架或车架的侧面，以与摩托车牢固连接。此外，乘客可以通过对骑手施加一点挤压，使用大腿来稳定自己。

乘客的手可以以几种不同的方式定位。加速时，乘客应将手向前伸直，以便可以抓住某物。他们的手可以放在骑手的臀部两侧，也可以放在他的腹部前面，但他们应该始终轻轻地"抓住"骑手，而不是"扣死"。乘客的手也可以放在油箱上，同时轻轻地用手臂两侧挤压骑手，以帮助她保持原位。

在减速时，乘客最好通过支撑油箱或抓住乘客扶手来处理减速力，当然要在摩托车配备了乘客扶手的情况下。乘客也可以靠着骑手来支撑自己，但有非常重要的一点，他们要尽可能地压在骑手的背部。如果乘客将手放在骑手身上较高的位置，会对骑手的上半身和手施加危险的压力，这将使骑手很难有效地控制摩托车。

在制动过程中，如果乘客不能够到骑手周围并使用油箱作为支撑，那么她的手还有其他几种可接受的替代方法：握住扶手（顶部），将手放在骑手的背下部（中间），或握住骑手的腰部。

转弯

乘客的辅助重量压缩了悬架，显著降低了摩托车的离地间隙，从而需要降低转弯速度。虽然，更硬的悬架设定、弹簧和轮胎压力会对转弯有所帮助，但至少需要降低30%的速度才能保持与没有乘客时相同的安全水平。

乘客想看看前方的情况是很自然的，但乘客不应该过度移动头部，这是因为重量分布的变化加上头盔在风中的空气动力效应会导致摩托车意外倾斜和转弯。一般来说，骑手可以弥补这些区域的微小变化，但快速、突然的变化可能会导致严重的不稳定。这就是为什么乘客需要尽量减少在摩托车上与骑手不同步的任何动作，尤其是在处理施加在脚踏板上的重量时。作为我们"极致驾控赛道训练营（Total Control Track Clinics）"的一部分，当带学生在赛道上转弯时，我使用了一种有效的技术让乘客向正确的方向倾斜。我让乘客在右转时越过我的右肩，在左转时越过左肩。这可确保乘客调整其身体位置，使体重位于弯道内侧。

"我喜欢脚踏实地，这样我就可以准备好与骑手同步调整我的重心，"普莉希拉说道，"给骑手尽可能多的自由和空间，但要与他保持持续的身体接触，这样你就可以感受到他的动作并立即做出反应。乘客要非常清楚骑手在做什么以及他的需求是什么。与特定骑手一起骑行的次数越多，预测他的动作就越容易。当你在这方面做得足够好时，双人骑行过弯可以像芭蕾一样优雅，而且更有趣。"

后座的告白

作为多年的乘客，我自己也是一名骑手。最近，我有一次可怕的经历，让我重新思考我愿意和谁一起骑行。我经常坐一个骑手的车，他技术娴熟，这次我们和另一对夫妇出去骑摩托车进行双重约会。另一位骑手和他的妻子来自美国的中西部，从未骑过我们所走的那种曲折的南加州道路。老实说，作为一名骑摩托车的乘客，我多年来第一次真正感到害怕。

首先，我的固定骑手认为交换乘客和摩托车会很有趣。因此，现在我们有一位经验不足的骑手，他骑着不熟悉的摩托车行走在外地，还拥有一个不熟悉的后座乘客。我可以立即看出我的骑手很紧张。

当我们在一些非常狭窄的峡谷道路上第一次一起"跳舞"时，我能感觉到他上半身的紧张。我参加了很多极致驾控高级骑术培训班，包括一些教练培训，这使我立即注意到我骑手的异样。

糟糕的线路选择和懒散的身体姿势，再加上几次将发动机转速拖到几乎停转的位置，这让我变得明显紧张和不舒服。当然，这些都没有帮助我的骑手树立信心。不出意外，他也很难沟通，如果我们不停下来，我就无法快速地下车。当这位骑手之前将摩托车不好骑的问题归咎于他的妻子时，我就应该意识到出了什么问题。

我的建议是，乘坐摩托车不要找新手骑士，因为他自己还有很多"第一次"的问题要面对。同样重要的是，选择一条路面宽阔的安全道路，以防万一。

克里斯蒂·乌姆克（Christie Umc）

第 4 章
Chapter **4** 机械
设定

拥有正确的悬架设定是安全且快速骑行的关键之一。无论使用哪种减振器或前叉，它们都需要适当调整才能发挥最大潜力。我们在第1章第3节：悬架系统中介绍了悬架系统的基本理论，现在是学习如何专门调校组件的时候了。如果遵循我建议的程序，可以显著地改善摩托车的操控性。

调整静态下沉量

第一步是设置下沉量并判断弹簧是否合适。静态下沉量是悬架在完全悬空松弛状态和落地负载压缩之间的行程。

下沉量需要骑手处于骑行姿势时进行测量。静态下沉量也称为 "静态行驶高度（Static sag）"或"竞赛下沉量（Race sag）"。如果原来测量过下沉量，可能已经注意到，即使没有改变任何东西，检查三四次就会得到三四个不同的数字。发生这种情况的原因是前叉、减振器或连杆中有摩擦卡顿。幸运的是，《竞技技术》（Race Techs）的保罗·特德（Paul Thede）开发了一种抵消摩擦力的下沉量测量方法，以精确读数。下面我们将从设定后悬架的下沉量开始讲解。

后悬架

第1步： 使后轮离地，让悬架完全伸展。此时，如果能有几个朋友在身边，对完成这项任务会有所帮助。带有中央支架的摩托车通常能在支架上让后悬架悬空。如果摩托车只有侧支架，那么也可以小心翼翼地用侧支架做支点，以将后轮保持在空中让后悬架悬空。大多数的比赛支架无法让后悬架悬空，因为即使用比赛支架让车轮离地，摩托车的重量仍然通过后摇臂压在悬架上。后悬架悬空后，使用卷尺读取从车轴到底盘正上方的距离。在我看来，用公制单位测量最容易，因为没有分数，1毫米的精度就足够了。测量时，尝试将卷尺尽可能接近垂直，因为这样才能得出尽可能准确的测量值。此测量值称为"L1"。记录L1测量值，因为此数字将在稍后的过程中用作参考点（见下图）。对于没有中央支架的重型摩托车，或那些带有不可拆卸边箱、鞍座袋的摩托车，这个测量点可以是鞍座袋底部的

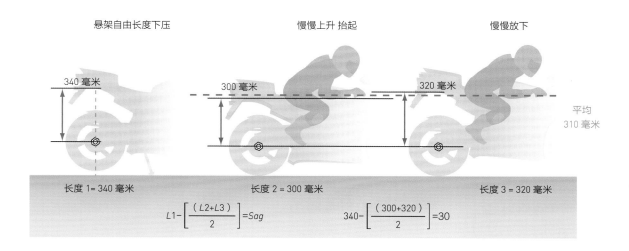

悬架自由长度下压　　　　　　慢慢上升 抬起　　　　　　慢慢放下

340 毫米　　　　300 毫米　　　　320 毫米

平均
310 毫米

长度 1= 340 毫米　　　　长度 2 = 300 毫米　　　　长度 3 = 320 毫米

$$L1 - \left[\frac{(L2+L3)}{2}\right] = Sag \qquad 340 - \left[\frac{(300+320)}{2}\right] = 30$$

一个点。进行这些测量时，请确保摩托车垂直于地面，因为任何倾斜角度都可能会显著改变测量数值。

第 2 步：将摩托车从支架上落到地面，并让骑手坐上去处于骑行姿势。让第三个人从前面平衡摩托车。接着，向下压车尾约25毫米或1英寸，然后让它非常缓慢地恢复高度。请记住，骑手应该在车上并保持静止。当悬架停止时，测量车轴与之前底盘上标记点之间的距离。悬架系统中的任何摩擦力都会阻止摩托车伸展到其真实位置。重要的是，不要卸力让车尾弹起，因为这会导致测量不准确。这个测量值称为"L2"。

第 3 步：让旁边的朋友将摩托车后部抬起约25毫米或1英寸，然后非常缓慢地放下。无论系统中存在何种摩擦力，现在都将阻止摩托车稳定到其真实位置。记录悬架停止时车轴与之前底盘标记点间的距离。记住还是不要让悬架弹起。此时的测量值称为"L3"。

第 4 步：准确的测量值介于L2和L3之间。事实上，如果系统中没有摩擦，L2和L3将是相同的。要获得实际的下沉量数据，需要先求L2和L3的平均值，再用L1减去这个平均值获得准确值。静态弹簧下沉量=L1-[（L2+L3）/2]。

第 5 步：使用合适的方法调整弹簧预紧力。弹簧圈很常见，其中一些需要特殊工具才能调整。

如果有必要的话，可以使用平头螺钉解锁锁定环并转动主调节环。街道摩托车应占其总行程的28%~33%，这通常相当于30~42毫米的下沉量。公路赛车的下沉量通常为25~36 毫米。

下沉量是必需的，这是为了让悬架自然延伸下压。另一种考虑下沉量的方法是调整行驶高度：下沉量越大意味着悬架在总行程中越低，下沉量越小意味着悬架在总行程中越高。

选择下沉量是一种权衡取舍：下沉量越小意味着可用的倾斜角度越大，但可能意味着由于悬架触顶而在颠簸时失去牵引力。更多的下沉量意味着在颠簸时有更好的悬架响应，但更有可能触底反弹。

三种流行的后悬架预载调节器包括液压旋钮（顶部）、螺纹环（中）和斜环（底部）。后回弹阻尼调节器通常位于减振器底部，顶部则是调节压缩阻尼。查看车主手册，了解自己的车辆都能进行哪些调整。

如果下沉量太大，则需要更多的预紧力；如果下沉量太小，则需要较少的预紧力。有时在赛道上使用较小的下沉量设定（通常非常平滑）则不适合街道使用，因为悬架无法应对公共道路上的不规则路面。牢记下沉量仅适用于有限的调整。例如，在使用最大弹簧预紧力时悬架中的下沉量过多（用完预紧力调整范围），则需要更硬的弹簧。同样，如果预紧力已降至最低，但下沉量仍然太小，则表明需要更软的弹簧刚度。

前悬架

前轴下沉量的测量方法与后轴下沉量的测量方法类似。但需要注意的是要考虑前叉上摩擦力，它会更明显，并且对测量有更大的影响。这是由于密封件和衬套在两个叉腿有较大面积的相互滑动所致。

第 1 步： 完全伸展前叉。下沉量通常是从擦拭器（滑杆顶部的防尘密封件）到三重夹具底部（或倒叉上的下叉铸件）间的距离。可以从底盘上任何可重复、方便的位置和悬架的非簧载部分进行测量。这种测量称为"L1"。

第 2 步： 将摩托车从侧支架或中心支架上落

一些前叉采用新颖的调节机制。杰森·迪索尔武（Jason DiSalvo）复刻的 Triumph Daytona 675（顶部）的预载直接使用三角形旋钮进行免工具手动调整。宝马 S1000RR 的回弹阻尼设定标记为 1~10，可以使用普通螺钉旋具或是车钥匙进行调节。

地，让骑手处于骑行姿势。找一个助手从后部平衡摩托车，然后向下压车头，让它非常缓慢地伸展而不会弹跳。在前叉停止时，再次测量下沉量。这个值称为"L2"。

第 3 步： 抬起车头，再让它非常缓慢地下降，不要弹跳。它停止时，再次测量。这种测量值称为"L3"。由于密封件和衬套中的阻力引起系统摩擦，L2和L3是不同的。伸缩式前叉的"静摩擦区"比后悬架大。

第 4 步： 就像后悬架一样，L2和L3之间的平均值就是没有阻力或摩擦的下沉量。因此，必须对L2和L3求平均值并用L1减去平均值以计算真正的下沉量。静态弹簧下沉量=L1−[（L2+L3）/2]。

第 5 步： 要调整下沉量，同样需要使用预载调节器（如果有），或改变前叉内预载垫片的长度。街道摩托车应占其总行程的28%~33%，这通常相当于30~42毫米的下沉量。公路赛摩托车的下沉量通常为25~36毫米。

方法论

这种检查下沉量的方法考虑了摩擦力，所以顺带还检查了连杆和密封件的状况。测量值L2和L3之间或向下推和拉起之间的差异越大，摩擦或"静摩擦区"越大。良好的低摩擦后悬架应具有小于3毫米的差异。一个糟糕的减振系统在L2和L3之间有超过10毫米的差异。状况良好的前叉相差小于15毫米。两次测量之间相差超过 30 毫米的前叉，就需要仔细检查和重组。

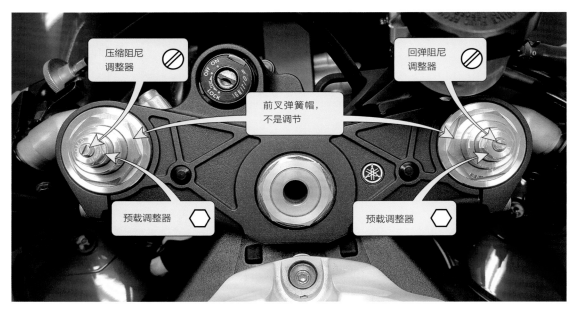

大多数卡式前叉在前叉盖上都有回弹阻尼调节器，可以用小螺钉旋具进行调节。它通常标有字母"TEN"（张力）、"R"或"REB"（回弹）。有些型号的车型，例如这款 2010 Yamaha R1、较新的 FZ18、许多 Moto Guzzis，前叉的压缩帽阻尼调整帽上标有"COMP"或"C"（左帽），另一个用于回弹阻尼调整（右帽）。预紧力通常用 12~14 毫米扳手调整。

在前轴和后轴使用不同的下沉量（在可接受的28%~33%范围内）会对操控产生显著影响。前部下沉量更多或后下沉量更少，会使摩托车转弯更快；前部下沉量较小或后部下沉量较大，会使摩托车转弯变慢。有关通过下沉量和行驶高度变化改善操控性的信息，请参阅底盘设定1节。赛车手通常使用较小的下沉量来保持摩托车离地更高，从而获得更大的离地间隙。由于公路赛车手的制动力和转向力比在街道上驾驶要大得多，因此他们通常使用更硬的弹簧刚度和更小的预紧力。

需要强调的是，在计算下沉量时，这个问题没有魔法或正确答案。可能你喜欢的摩托车下沉量比这些指南中描述的小或大。偏差幅度不要太大，否则可能会面临离地间隙不足和/或滑出的风险。有关个人下沉量和前后下沉量偏差将取决于多种因素，包括骑行类型、底盘几何形状、赛道或道路状况、轮胎选择以及骑手的体重和偏好。

调整回弹阻尼

对于回弹阻尼可调的摩托车，最好了解一下可用的调节范围。从前悬架开始，首先计算两个前叉当前设定的"咔嗒声"次数，并将其写下来作为参考。接下来，将回弹阻尼调整到最低位置，并在握住前制动器的同时尽可能用力和快速地向下推车头。在最大压缩量下，立即放松手臂，但要保持前制动。注意摩托车的回弹速度。现在，将回弹设置为最高位置并重复，应该能感受到和观察到两个极端之间的差异。接下来，调整自己觉得合适的回弹阻尼。

理想情况下，前悬架应尽可能快地回弹，并且在返回到其自由下沉点时只有轻微的"稳定"摆动。自由下沉点是没有骑手在车上，在摩托车重量下自然压缩的量。这是因为即使没有骑手，发动机和燃料的重量也会始终对车头产生很小的压力。

对于后悬架，它应该尽可能迅速回弹，并不产生丝毫跳动。反复快速地测试，直到它有最轻微的跳动，并继续尝试直到跳动消失。

调整压缩阻尼

因为即使是最强壮的骑手也无法通过推动悬架来克服锐利的颠簸能量，所以任何调整都必须在实际道路上通过撞击真正的颠簸来完成。第49页图表明，骑手在平坦道路上感觉最受控制的压缩阻尼量不是最大牵引点。这意味着设定压缩阻尼时，需要将压缩阻尼调整到摩托车感觉最受控制的位置，然后开始稍微减少压缩阻尼。完成此操作后，请使用以下故障排除说明来微调设定。

专业故障排除

在本书的这一部分中，我编制了一份骑手在悬架系统方面遇到的常见问题的清单。这些问题可能在街上或赛道中遇到。为了帮助理解问题，我提供了一些图表，这些图表象征着我在二维空间中复制三维运动的最大努力。故障排除分为三个部分：首先是一个快速的图片概述，鉴于目前的技术，来解读理想悬架系统在现实世界的体验；第二，简单描述在可能的悬架系统设定中，极端情况下会发生什么；第三，与摩托车上的前叉和减振器相关的常见问题。

在研究可能的解决方案时，它们会按照最简单或更有可能的顺序列出，然后朝着不太可能的方向排列。例如，它可能会在更改内部阀门前列出外部调节器需要做哪些更改。更改调整器比内部调整要容易得多，尽管内部更改的可能性要大得多。

专业测试步骤部分，放在故障排除场景之后，它是悬架系统设定中最重要的部分之一。如果有一个好的测试步骤，即使知识的深度增加，普通人也将能够做出好的设定。

使用插图和信息作为微调悬架系统的指南，并确保使用测试日志来跟踪测试结果。使用本指南将减少没有头绪的猜测，并有助于使悬架系统故障的排除，让解决问题的过程更容易和有趣。

理想的骑行在颠簸时，车头和车尾都有完美的车轮接触，同时车身保持完美的水平姿态。在现实世界中，最好的悬架并不存在，但这是目标。

阻尼极限

1. 回弹阻尼太大（压紧）

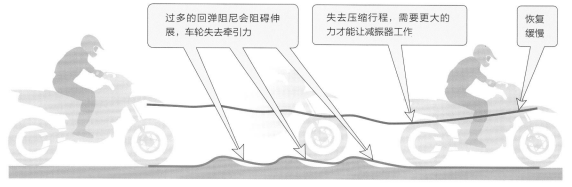

过多的回弹阻尼会阻碍伸展，车轮失去牵引力

失去压缩行程，需要更大的力才能让减振器工作

恢复缓慢

悬架行程被回弹阻尼压住，导致它不能足够快地回弹，并且颠簸会叠加压缩。骑行变得艰难，因为需要太大的力量来促使减振器运动。由于轮胎受到撞击而偏转，会导致牵引力损失。

2. 回弹阻尼太小（弹跳）

在这种情况下，悬架无法控制储存的弹簧能量，这会导致类似弹簧棒的效果。不受控制的垂直运动会使车轮离开地面，并导致失去牵引力。

3. 压缩阻尼过大（颠簸）

在这里，悬架会导致车轮在撞击时从颠簸处发生偏转，因为运动阻力太大，这使得骑行非常艰难。

4. 压缩阻尼太小（触底）

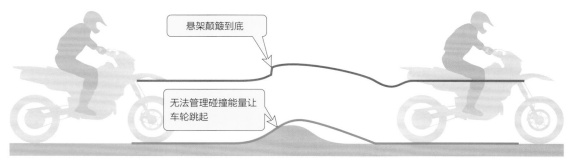

车轮在压缩过程中会越过路面凸起的顶部，并且无法跟随凸路面凸起的背面，从而导致牵引力损失。悬架压缩的感觉黏滞，很容易触底。

故障排除场景：前叉

1. 底部——太软、糊状

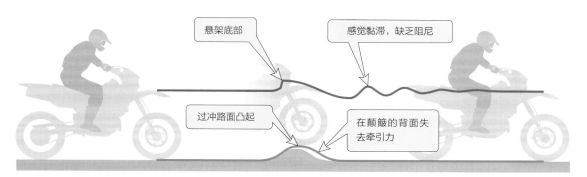

提出问题：

1. 什么样的条件（突破重心、跳跃着地，跳起等）？ 我们正在确定速度是低还是高。
2. 感觉好吗？否则？（如果是，请转到A）。
3. 是不是感觉太软了？一直都软？（如果是，请跳过 A 转到 B 和 C）。

A. 油位低——升高油位——主要影响行程的最后 1/3。

B. 低速压缩阻尼不够。

C. 高速压缩阻尼不够。

D. 弹簧刚度太软。

E. 预紧力不足。

F. 阀门脏污、阀门损坏、垫片弯曲、活塞/垫片上有 毛刺。

G. 筒杆衬套磨损（1996年之前KYB的典型问题）。

H. 压缩阀O形圈损坏，特别是如果刚刚重组过。

I. 筒杆未连接到帽上，损坏或拧松。

2. 太僵硬——偏斜、颠簸、紧致、摆动

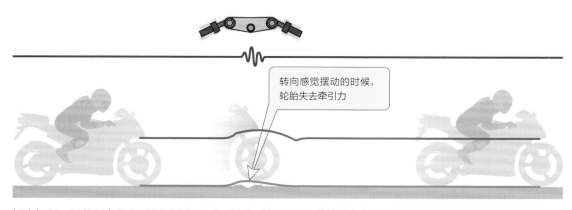

提出问题：无处不在还是只遇到路面有方形边缘时？ （只是方形边缘：见B和C）。

A. 压缩阻尼调整过多——高速和/或低速。

B. 内部压缩阻尼太大——先换高速，再换低速。

C. 弹簧刚度太硬。

D. 低速回弹阻尼过大——压紧。

E. 油位过高。

F. 见第9点（黏性前叉）。

3. 牵引力差

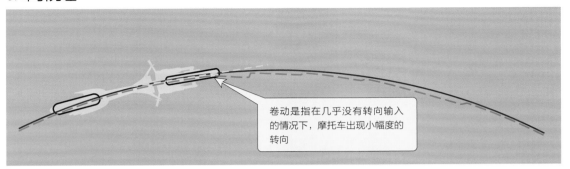

卷动是指在几乎没有转向输入的情况下，摩托车出现小幅度的转向

A.不良轮胎类型/化合物。

B.胎压过大。

C.胎压太低。

D.低速回弹阻尼太大。

E.低速压缩阻尼太大。

F.低速回弹阻尼不够。

G.低速压缩阻尼不够。

H.前端重量太轻。

　　1）摇臂太短。

　　2）后轴上移过大。

　　3）向后撒得太远。

　　4）车把太高或太靠后。

I. 见第5点（推动，拖拽距不够）。

4. 不转向

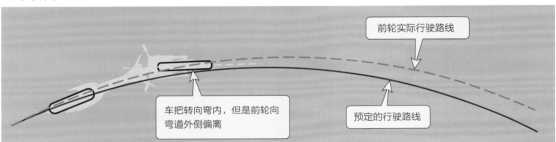

前轮实际行驶路线

车把转向弯内，但是前轮向弯道外侧偏离

预定的行驶路线

注意： 这可能是最容易被误解和误诊的前叉症状。尽管问题有些重叠，但通常更像是几何设定问题而非悬架硬件问题。在99%的时间里，调校技师/骑手会降低车头（在三重夹钳中提升前叉筒）以试图解决这个问题。有这种想法通常是因为两件事：要么是试图"加重车头"，要么是试图减小拖拽距。降低车头会加大前端的重量吗？是的，但没有你注意到的那么大。这是一个普遍的误解。

至于减少拖拽距——减少拖拽距的原因是因为转动车把太难了。但如果缺乏牵引力，又会反过来增加拖拽距。随着拖拽距的增加，牵引力（抓地力）通常也会增加。所以还是先提问：

车把容易转动还是很难转动？

如果容易转动车把，则是从第3点（牵引力差）开始查起，接着是第5点（推动）。

如果很难转动车把，则请转到第6点（需要更大的力）。

A. 轮胎轮廓太平或太宽，轮辋太宽。

B. 骑行姿势——车头重量太轻。

　　1）座位太低。

　　2）车把太高。

C. 骑行习惯（摩托车并不是都一样）。

　　1）骑士不懂反向转向。

　　2）车头不够重。

　　3）弯腰骑行习惯。

　　4）坐得太靠后，没有加重车头的重量——不适合泥石路和石板路。

　　5）骑手中心线移动到摩托车中心线外侧——不适合石板路。

6） 双臂转向——不适合石板路（只能用内侧臂转向）。

7） 没盯着转弯的方向。

8） 双人骑行——乘客没有依靠摩托车。

9） 双人骑行——前部重量太轻，后部重量太重。

10） 行李箱加到后面。

D. 轮距过大。

5. 推动

容易转动车把但是摩托车不转弯，低牵引力，进入大弯道和出弯时转向感觉松垮、颤抖（转弯太快，这是拖拽距不够，但没有推得那么剧烈）。

注意：这通常是底盘几何问题——拖拽距不够。

A. 与后部相比，前部过低。

B. 升高车头（在三重夹中向下滑动前叉筒）。

C. 降低车尾。

D. 前叉弹簧刚度太软。

E. 前叉弹簧预紧力不足。

F. 低速回弹阻力过高，造成填充感。

G. 低速压缩阻尼不够。

H. 增加低速压缩阻尼调节或阀门组刚度。

I. 任何可以使后部高于前部的方式

6. 转动车把用力过大，牵引力充足，无法完成转向

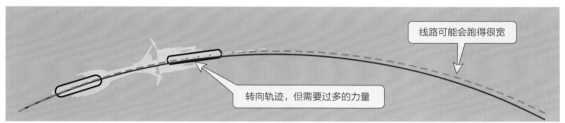

线路可能会跑得很宽

转向轨迹，但需要过多的力量

注意：这是底盘几何问题——拖拽距太大。

A. 车头与后方相比，骑行的灵活性更高。

B. 降低车头（将前叉筒在三重夹中向上滑动）。

C. 前叉弹簧预紧力过大。

D. 弹簧刚度太大。

E. 后部高度过低。

F. 泵气效应——更换前叉密封。

G. 任何使后部低于前部的方法。

H. 低速压缩阻尼太大。

I. 车把太窄，转弯不舒服。

J. 见第9点（黏性前叉）。

7. 制动下探（稳态）

A. 这应该是伸缩前叉问题！联动式车头可能不会下探，甚至可能会上升。

B. 制动时，下探俯冲仅由弹簧力（速率、预载和空气）控制，不受阻尼控制。

C. 前叉角度太平。

D. 前叉弹簧太软。注意：阻尼会影响下探俯冲和"冲击"的程度，但不会有任何可察觉的前轮高度影响。

E. 后排高度过高。

　1） 行驶高度调节太高。

　2） 后预紧力过大。

8. 感觉松散

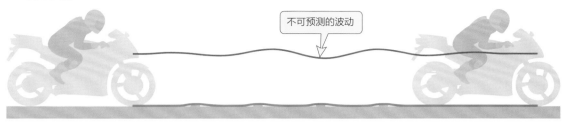

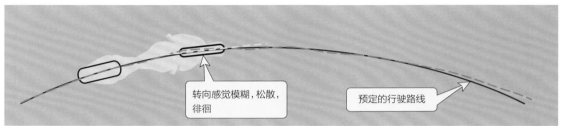

A. 低速回弹阻尼不够。

B. 高速回弹阻尼不够——只有大颠簸。

C. 压缩阻尼不够。

D. 弹力太软。

E. 转向轴承松动或磨损。

F. 摇臂轴或连杆轴承松动或磨损。

G. 胎压过低或过高。

H. 前叉弯曲，底盘弯曲，摇臂弯曲。

I. 油液老化。

J. 阻尼杆衬套磨损（1996年以前的 KYB 筒式前叉）。

K. 磨损的回弹活塞环——非常罕见。

9. 黏性前叉

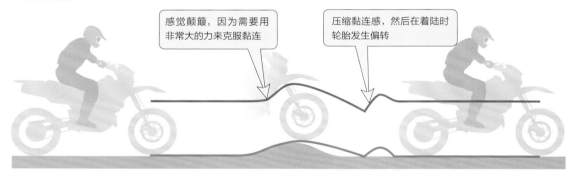

A. 从前面看时前叉管未对齐（张开或内收）——轴夹未居中（最常见）。

B. 三重夹弯曲。

C. 前叉管弯曲。

D. 前轴弯曲。

E. 前叉管有凹痕。

F. 衬套设计不佳的倒置前叉。

G. 外管阳极氧化磨损。

H. 泵气效应——更换密封件，特别是在下部三重夹处。

I. 密封件损坏或设计不佳（售后）。

J. 密封件未润滑。

K. 劣质油。

L. 设计不良的前叉支架或前叉支架调整——右侧前叉朝上。

M. 三重夹太紧—倒置前叉。

N. 前叉管高度错位。

O. 前叉未完全插进去——双管腔。

P. 因凹痕损坏或磨损的衬套。

Q. 金属嵌入套管。

　1）预载垫圈位置不正确——倒置前叉。

2）铝预紧垫圈。

3）钢制弹簧垫片直接安装在铝盖上。

4）触底导致底部不平整——1995年前的KYB筒式前叉。

5）安装时前叉盖"脱落"——螺纹毛刺。

R. 筒式前叉活塞杆衬套太紧。

S. 弹簧导向器摩擦弹簧内径/制造错误或导向器因浸泡在溶剂中而变长——倒置前叉。

T. 前叉弹簧外径过大——压缩过程中弹簧外径增大，会黏在前叉管内径上。

10. 摇头——（车把快速左右移动）

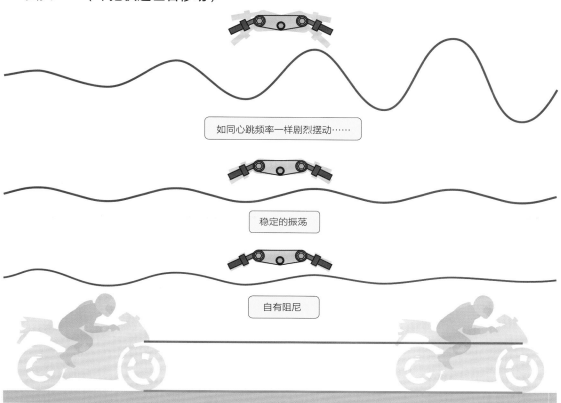

如同心跳频率一样剧烈摆动……

稳定的振荡

自有阻尼

A. 底盘不直——扭曲或偏移。

B. 车轮错位——链条调节器标记脱落。

C. 前叉弯曲、底盘弯曲、摆臂弯曲。

D. 转向轴承磨损或松动或抱死拖拽。

E. 拖拽距不够——自定效果不够。

F. 拖拽距太长——回到中心点后又会向另一个方向运动。

G. 油位太高（街道）——制动时摇头。

H. 触底太长或太突然（街道）——重制动时的摇头。

I. 低速回弹阻尼不够。

J. 回弹阻尼太大。

K. 太大的高速压缩阻尼——在颠簸时偏转。

L. 胎压过高或过低。

M. 轮胎胶料或类型不佳。

N. 轮胎未正确安装在轮辋上、轮辋弯曲或钢丝不直。

O. 车轮失衡——轮辋弯曲。

P. 制动转子弯曲——制动时的摇头。

Q. 前叉安装的整流罩没有空气动力效应平衡。

R. 任何类型的空气动力效应不平衡。

S. 任何使车头低于车尾的东西都会减小拖拽距。

T. 转向摆动惯性太大。

U. 见第9点（黏性前叉）。

V. 其他解决方案。

1）转向阻尼器——GPR高性能阻尼器。

2）拧紧转向轴承，使其稍微拖拽——"穷人"的转向阻尼器。

11. 抖动（嗒嗒声）——（车轮快速上下运动）

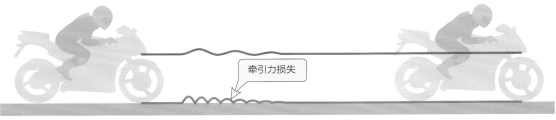

牵引力损失

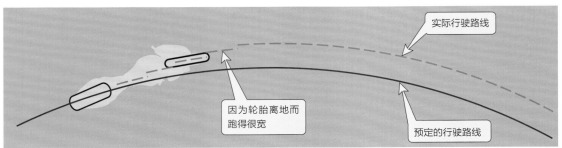

实际行驶路线

因为轮胎离地而跑得很宽

预定的行驶路线

注意：这可能是一个振动问题，其中运动（输入）频率与悬架系统的固有频率匹配。它经常与摇头混淆，并可能导致摇头。

A. 见第5点（推动，拖拽距不够）。

B. 回弹阻尼不够。

C. 压缩阻尼不够。

D. 将弹簧刚度改变为更软或更硬以改变固有频率——从更硬开始。

E. 压缩阻尼太大。

F. 回弹阻尼太大。

G. 胎压——太小或太小。

H. 轮胎设计。

I. 底盘或摇臂弯曲。

J. 预载变化——改变压力中心高度。

K. 见第9点（黏性前叉）。

12. 在方边凸起、根部、岩石、伸缩缝、方孔、路面铆钉上发生偏转

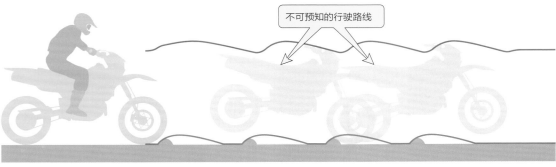

不可预知的行驶路线

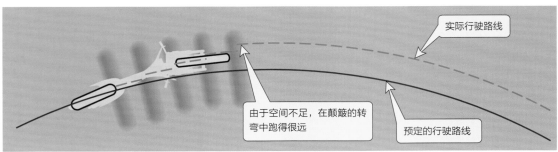

实际行驶路线

由于空间不足，在颠簸的转弯中跑得很远

预定的行驶路线

A. 太大的高速压缩阻尼——阀组或活塞节流孔。

B. 弹簧刚度太硬。

C. 预紧力过大。

D. 低速压缩阻尼太大。

E. 低速回弹阻尼太大。

F. 路面太软，底部太硬。

G. 见第9点（黏性前叉）。

13. 密封件泄漏

A. 旧密封件。

B. 管内有缺口。

C. 磨损的衬套。

D. 管弯曲。

E. 安装不当。

F. 前叉管太光滑。

G 过多的制动灰尘（烧结金属片）。

14. 前轮磨损——公路赛

A. 轮胎边缘撕裂。

　1）胎压不合适。

　2）底盘几何问题，拖拽距不够。

B. 轮胎中心磨损。

1）胎压过大。

2）前轮频繁跳动。

3）轮胎失衡。

4）前叉过硬。

5）转向轴承调整不当。

6）在上班或炫技时的路上转弯太猛——去酒吧的路上飙车太多了。

故障排除场景：减振器

1. 翘尾

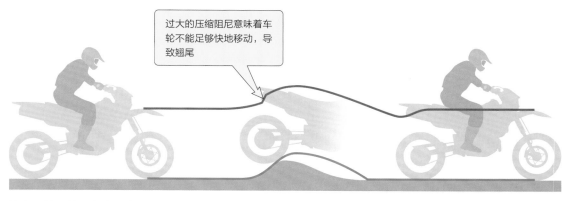

过大的压缩阻尼意味着车轮不能足够快地移动，导致翘尾

注意：这是越野车上最常见的误诊症状，这种症状通常被诊断为回弹阻尼不足，但通常是由以下两种情况之一引起的：

1）太硬。

2）太软。

翘尾1——太硬。

1）高速压缩阻尼过大。

2）弹簧刚度过大。

3）低速压缩阻尼太大。

4）回弹阻尼太大（不能太小）。

5）连杆轴承坏、紧、干。

6）胎压过大。

7）预载太大。

8）见第7点（黏性减振器）。

翘尾2——太软严重触底（参见第2点，触底）。

2. 触底

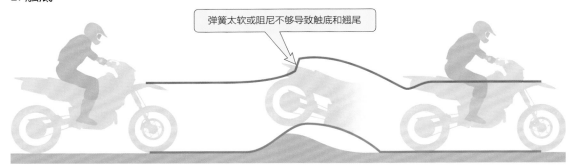

弹簧太软或阻尼不够导致触底和翘尾

A. 低速压缩阻尼不够。

B. 没有足够的高速压缩阻尼（跳跃着陆）。

C. 弹力太小。

D. 静态下沉量过大。

E. 活塞环O形圈、活塞环或阀体磨损。

F. 悬浮液磨损或质量差（低黏度指数减振器高温时热衰）。

G. 轴封密封不严。

H. 氮气压力不够。

I. 气囊漏气（通常是轴封密封不严造成的）。

J. 阀门垫片变形或弯曲。

3. 感觉松动 / 冲击

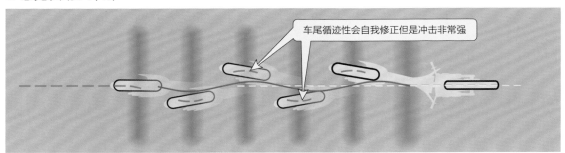

车尾循迹性会自我修正但是冲击非常强

A. 低速回弹阻尼不够。

B. 高速回弹阻尼不够。

C. 低速压缩阻尼不够。

D. 弹力太小。

E. 预紧力太小。

4. 牵引力差

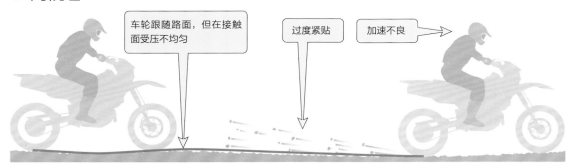

车轮跟随路面，但在接触面受压不均匀

过度紧贴

加速不良

A. 低速回弹阻尼太大（主要原因）。

B. 低速压缩阻尼太大。

C. 低速回弹阻尼不够（太大太小）。

D. 低速压缩阻尼不够。

E. 胎压过大。

F. 不良的轮胎类型/复合材料。

G. 轮胎磨损。

H. 减振器轴承磨损（松动）。

I. 连杆轴承磨损（松动）。

J. 弹簧刚度太大。

K. 摆臂角度不够——防下蹲不够。

L. 摆臂角度过大——防下蹲过大。

M. 预载过大。

N. 后排高度过大（调节器过高）。

O. 见第7点（黏性减振器）。

5. 加速下蹲

车尾下蹲

A. 摆臂角度太小——防下蹲不够。

B. 弹簧太软。

C. 预紧力不足（静态下沉量过多）。

D. 副轴链轮太硬了——防下蹲不够。

E. 后链轮太小——防下蹲不够。

F. 压缩阻尼太软——改变后下蹲的速度，而不是最终的下蹲量。

6. 没有循迹性

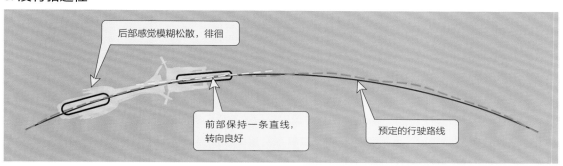

后部感觉模糊松散，徘徊

前部保持一条直线，转向良好

预定的行驶路线

A. 低速回弹阻尼太大——牵引力差。

B. 高速压缩阻尼太大——在路面方边颠簸上偏转。

C. 低速压缩阻尼太大——滑行，牵引力差。

D. 底盘错位。

E. 见前叉第9点（黏性前叉）和减振器第7点（黏性减振器，前后）。

7. 黏性减振器

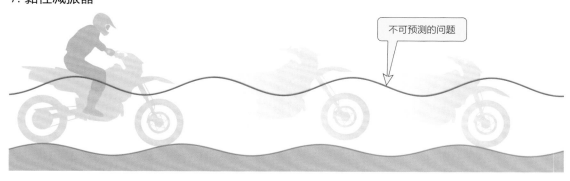

不可预测的问题

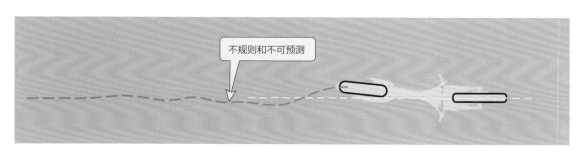

不规则和不可预测

A. 没有保持联动。

B. 摆臂轴承缺乏维护。

C. 减振孔眼轴承未润滑。

D. 浮动制动推杆或背板没有润滑——常见于带有浮动

后制动的老式摩托车。

E. 轴承垫片缺失或安装不当。

F. 减振轴弯曲——通常是由安装螺栓或U形夹向后安
装造成的。

8. 减振器气囊漏气

A. 漏油——轴封破损，由于轴有缺口或凹坑、硬铬
磨损、密封件老化或磨损引起。

B. 用不正确的方式重组减振器，并且油用得太少了。

测试步骤

由于悬架设定涉及的变量众多，而且每个骑手的喜好各不相同，因此没有一种完美的设定适合所有人。这就是测试如此重要的原因。如果完全遵循此测试步骤并始终使用附录中的测试日志表，则可以对摩托车的悬架系统进行重大改进。

需要在练习日和比赛日都使用此步骤。记录的越详细，在切换不同环境时就越容易预测未来的需求。请记住，优秀的骑手/调校技师团队协作才可以更好地实现正确的悬架设定。团队的关系和沟通越融洽，执行起来就会越有效。如果你不幸既是骑手又是调校技师，请尽力保持良好的心态享受全部过程。

还有一个关键问题：当进行设定更改时，骑手是感觉到了变化还是感觉到变化的百分比？换句话说，如果你改变 0.5千克力/毫米的弹簧刚度，是改变了很多还是改变了一点？这个问题的正确答案对于正确的悬架调整至关重要，无论是弹簧、阻尼还是牵引力。答案是骑手需要感觉变化的百分比，而不是变化本身。如果原始弹簧刚度为5千克力/毫米，那么0.5千克力的变化就是 10%——这是很显而易见的。如果原始弹簧刚度为15千克力/毫米，则0.5千克力的变化将只有大约3%，这可能根本不明显。研究表明，大多数人能感觉到的最小变化是10%，当然也有一些骑手可以感觉到5%的变化。关键是需要做出足够大的改变，让骑手能够分辨出来。太小的百分比变化，毫无价值且令人困惑。

就公路赛车而言，在制动过程中用尽大部分前叉行程是很常见的情况，但我建议永远不要将金属触底，也不要卸下触底装置。如果你这样做，就没有犯错的余地，有可能失去车头；另一方面，后部相对于前部来说几乎没有任何压缩。在大多数赛道中，正确设定的车尾不会用尽所有行程。

1. 出发前往赛道前，带上测试日志并记录初始状态。

2. 检查和设定静态下沉量、自由下沉量，静摩擦区域。在进行任何测试之前去除多余的摩擦。

3. 在去赛道的路上，上车前，如果可能的话，和车手一起执行测试步骤。

4. 使用上年的摩托车参数进行比较，通常会很有帮助。

5. 一旦来到赛道，让骑手至少做两次10分钟的热身活动，而不必关心悬架动作。可以玩得开心、放松。

6. 赛道准备好后，让骑手跑两圈或三圈，每次都使用完全相同的路线，专注于悬架动作。指示骑手谨慎骑行，以 90% 而非 100% 的速度骑行（公路赛车手应该使用轮胎加热器）。

7. 在测试日志上记录骑手测试摩托车后的初步反馈。让他决定看摩托车的哪里有问题，需要对什么进行调整。

8. 一次做一个改变。这是大多数调校技师都知道的通用测试规则，但大多数调校技师却都不严格遵守。

9. 不要告诉骑手你做了什么改变。如果你告诉他了，你大可放心，这是会影响测试结果的。

10. 先做大的外部调整。尝试用外部调节器来解决问题，但也要记住，一些调节器没有太大区别（特别是大多数原始装备的减振压缩调节器）。

11. 在附录中记录测试日志上的所有更改和评论。此时不必记录所有设定，只需记录更改即可。单圈时间有助于微调，但不要依赖单圈时间，因为影响时间的因素太多，包括道路和赛道状况。公路赛赛道和超级摩托车赛赛道在白天会发生巨大变化，包括风况和赛道温度。注意骑手的能力水平。

12. 每次调整后让车手测试两到三圈后就不要再跑了。超过这个时间，骑手将会改变操作尝试弥补问题。

13. 在赛道上观看摩托车，注意车轮和底盘的相对运动。车轮应该快速上下移动，底盘应该保持相当平稳。特别是当骑手越过颠簸时听发动机的声音。更均匀的转速，通常意味着更少的偏转。

14. 当骑手进来时，只问他："你感觉怎么样？"让他知道自己可能在一个领域特别厉害，但是在另一个领域可能相当无能。让他知道变化可能不足以令他感知。避免对话中出现"引导性问题"，从而导致回答不准确。

15. 如果你想用"确认清单"来提示骑手，你可以用以下几个问题：
你感觉怎么样：
- 路面方边边缘颠簸？
- 感觉模糊？
- 牵引力？
- 直线循迹性？
- 控制感？

16. 获得关于出现问题的反馈，而不是究其原因。发生了什么？在哪里发生的？

17. 如果骑手无法分辨，请返回之前的设定（有时候回到之前的设定，问题就很明显了）。

18. 尽量找出问题发生时的轴端速度。是高速还是低速？调整阀门时，更改阻尼曲线的那部分（数据采集系统在这里很有帮助）。

19. 通过使用较早的设定再次检查骑手的反馈，以查看反馈是否一致。牢记不要告诉骑手你做了什么。

20. 在当天的最后一次测试中，使用原始设定（当天开始时的设定）仔细检查一天所做的工作，这个很需要勇气。注意：要以怀疑的态度接受所有的结果，不要相信你的眼睛和耳朵。

第 2 节　底盘改装

调校设定不仅仅是悬架系统，还有其他可操作的地方。底盘几何形状也起着重要作用。正如第1章第2节：转向中所讨论的，摩托车底盘通过使用转向头角度、拖曳距甚至是摇臂坡度来设计特定的操控特性。因为每个人对摩托车理想驾控特性的想法可能与设计它的工程师想法不同，所以对摩托车的底盘进行调校可以显著改善摩托车的操控方式。小的改变可以产生很大的不同，所以在任何时候都不要做出太大的改变。

一般来说，当摩托车的车头降低或车尾升高时，摩托车的转向会更快，并且对车把的操作较小。当然，需要权衡的是稳定性不佳，前轮的抓地力通常较差。因此，无论何时降低后部和抬起前部，都是以牺牲转向速度为代价来提高稳定性。不管什么样的摩托车，都没有完美的底盘设定，因为一款车好不好骑实际上是取决于每个骑手的个人骑行方式。

旅行摩托车和巡航摩托车的骑手通常更喜欢稳定，而运动摩托车的骑手喜欢灵活的车把，不在车把上花费太多精力就可以快速改变方向。尽管如此，许多旅行摩托车和巡航摩托车如果有比原厂状态更快的转向会更好骑。同样的道理，大部分运动摩托车稍微减慢转向速度也会更好骑，因为它们在原厂状态时转向太快会令人感到"紧张"。由于这些调整必须使底盘在快速性和稳定性之间取得平衡，因此最好分步进行测试，看看哪些折中方案更适合自己。

在调校时有些重要事项，需注意弹簧预载的调整是会改变行驶高度的。预载不仅决定了车轮行程中有百分之多少可用于压缩与伸展，它还对操控性有显著影响。这就是为什么车轮的下沉量是悬架总行程的28%~33%这个范围，而不是一个固定设定值的原因。

再看后方，在加速或减速过程中，摆臂角度和链条力相结合会导致后弹簧刚度变硬或变软。这种对车辆后备加强的调整被称为"防下蹲（anti-squat）"，因为在加速过程中"支撑"了摩托车的后端，防止它下蹲。它是一种与加速度相关的瞬态（临时）效果，并且这种效果随着加速度的增加而增加。

做出改变

有几种方法可以独立于弹簧预载来改变行驶高度。提高前叉管在三重夹具中的位置，可有效降低车辆前端。通过抬高摩托车的后部，可以实现与前端几何形状有些相似的效果。但是请记住，这会同时增加后部的防下蹲效果。

升高后部通常需要使用改装减振器，因为大多数原厂后减振器（即使是在运动摩托车上）都没有行驶高度调节器。

我经常听到车手说更换轮胎品牌后，他们的摩托车操控方式会有所不同。有些人认为他们的摩托车驾控变得更好，而另一些人则认为他们的摩托车驾控变得更糟。实际上，这通常是前后轮胎周长不同的结果，不一定是轮胎本身的问题。例如，你的摩托车可能配备 120/70-17 的前轮胎和170/60-17的后轮胎，但实际测量的前后轮胎周长可能因品牌而异。在更换磨损的轮胎时，这一点非常重要（前轮胎的周长也会改变车速表的准度，这导致许多毫无戒心的骑士在换了轮胎品牌后步入交通法庭）。

如果选择的新轮胎与原轮胎的周长不同，摩托车行驶高度可能会发生显著变化。如果两个新轮胎的相对直径与旧轮胎相同，则操控性会更接近之前轮胎的初始状态，不同之处在于轮胎的固有特性。真正了解特定轮胎周长的唯一方法，就是对其进行测量，比较方便的方法是使用量衣服的卷尺。

除了改变轮胎品牌并因此改变轮胎周长，改变轮胎的尺寸——特别是扁平比，也会影响行驶高度。例如，在前部安装120/60 轮胎而不是120/70 会降低摩托车的前部，减小前倾和后倾，并加快转向速度。请记住，不要对摩托车的几何结构进行过大的改变。最好做很小的改变，这样就可以在调校过度之前看看自己是否朝着正确的方向前进。

底盘悬架几何修改

如果想自己对摩托车进行调整，了解自己的起点是非常重要的，在改动时一定要渐进式地更改。请记住，在不影响悬架或几何形状的情况下改变一件事是不可能的。以下是修改悬架几何的初级指南。

增加前端拖曳距

- 调整前叉底部——将车轴向后移动。
- 三重夹具偏移（可调或固定）——减小偏移（将前叉管向后移动），增量为2毫米。
- 更大的前轮胎外径。
- 通过在三重夹具中向下滑动前叉管或增加前叉弹簧预紧力来提升车辆前端——减小车辆前端下垂量（增加前倾），增量为5毫米。
- 减小车辆后端与减振器长度，减少后轮外径或调整更多的后轮下垂量（增加前倾），增量为5毫米。

加强后防下蹲

- 使用可调节的后减振器或车架高度调节器升高车辆后端（增加后摇臂角度），或在内部延长减振器。
- 使用较小的副轴链轮——请注意，这也会影响摆臂长度。
- 使用更大的后链轮——请注意，这也会影响摇臂长度。
- 在可调整后悬架的车型上升高车架中的摇臂旋转中心轴。
- 通过缩短链条或使用齿轮和链条调节器来缩短摆臂有效长度。
- 通过收拢来降低重心。
- 通过坐在座椅上向前移动重心。
- 提高车辆前端行驶高度（不推荐，因为这对前倾和后倾影响更大）。
- 使用较小的后轮胎外径——尽管这通常只会产生非常小的差异。

转向阻尼器，就像这个来自 GPR（gprstabilizer.com）的转向辅助装置，可以最大限度地帮助减小摩托车在极限骑行时的头部抖动。请记住，如果一辆摩托车在街道速度下都需要转向阻尼器才能正确驾控，那么这辆车可能存在悬架、错位或是悬架几何的问题，需要解决。

需要记住的几件事：首先，更多并不一定更好；其次，如有疑问，请咨询专业人士；第三，仅仅因为其他人都在这样做并不意味着它是最好的；第四，仅仅因为其他人都在这样做并不意味着它是错的。有关指导，请参阅上一节的故障排除部分。

检查定位

即使在全新的摩托车上，与制造商规格完美匹配的底盘定位也很少见。框架焊接、夹具和材料的生产公差都会影响最终结果的"偏离"程度。在某些情况下，与蓝图的微小偏差可能会在制造过程中累积或"叠加"。因此，即使是新摩托车，也可能表现出轻微的驾控怪癖。

二手摩托车的车架定位更成问题。摩托车可能是有事故，或者它可能已经撞坏并得到了适当的修理，但它也可能被严重撞坏（或只是废弃在停车场）并且没有得到很好的修理。

横向定位是底盘几何形状中唯一相对容易检查的方面。横向错位是指前后轮胎不在同一条线上，实际上彼此偏移。如果偏移量足够大，即使在直行时也会导致摩托车变得不稳定。如果是这种情况，则需要不断地向左或向右推动车把，才能保持摩托车的直线行驶。

应该指出的是，一些制造商故意设计了前后轮相互偏移的车架，例如宝马 K1200RS 和许多较旧的哈雷戴维森。这使得这些摩托车的横向定位成为一个有争议的问题。

为了检查横向错位，有一种粗略的方法叫"拉线"：面朝下躺在前轮前面的地面上，双臂向前伸出，将左眼与后轮胎的左边缘对齐，然后用左手食指在地面上标记前轮胎左侧的相应位置。不要移动左手，重新调整头部位置，使右眼与后轮胎的右边缘对齐，再用右手在地上标记那个点。前轮如果是直的，这两点与轮胎的距离应相等。这个方法不是很准确，但使用这种方法一般人可以看到5~8毫米的偏移，这比许多底盘要好得多。

另一种定位方法，是通过测量摇臂旋转中心轴和后轴两侧之间的距离，来确保后轮与摇臂旋

参观摩托车的脊椎神经医生 Scheibner Mega-M.A.X.（上图）和 G.M.D. Computrack（下图）。这些相互竞争的底盘优化公司诊断出操控问题，并且由他们调校过的摩托车能在弯道中像专业摩托车一样。请记住，摩托车的问题可能出在座椅／车把接口上！

转中心轴对齐。这并不能确保底盘是直的，但通常总比没有好。最好的选择是大约花费200 美元，在G.M.D.Computrack或Scheibner Mega-M.A.X.中心对你的摩托车进行一次专业测量。

G.M.D. Computrack 和 Scheibner Mega-M.A.X.

目前，只有两家公司有能力准确检查摩托车底盘定位的各个方面：G.M.D. Computrack（gmdcomputrack.com）和Scheibner Mega-M.A.X.（www.scheibner.de/scheibner/en/index.php）。两者都经营多年，在世界各地设有调校中心，并不断完善其底盘测量和优化的技术系统。多年来，我成功地运用了这两家技术中心的优势，并取得了同样令人印象深刻的结果。

G.M.D. Computrack使用复杂的三轴光学坐标系来进行极其精确和可重复的测量。Scheibner Mega-MAX则使用专有的红外光学系统来做同样的事情。两家公司都有专门的设备将底盘拉直，使其恢复"正常"状态。同样，他们的业务既有碰撞维修，也包括赛车悬架几何调校设定。

更多像 Triumph 675 这样的运动型摩托车开始配备可调节的后摇臂旋转中心轴来调节防下蹲。在这辆独特的摩托车上，原厂后摇臂旋转中心轴位于旋转中心点下方几毫米处。现在它被调节到旋转中心上方几毫米处，6 人减少在急加速下的沉蹲。

也许，这两个系统中最令人印象深刻的部分是公司独特的"模拟"软件。一旦他们测量了你的摩托车，该软件就会得出结论列举一些常规调整，如新轮胎，将如何影响摩托车的所有悬架几何。结合之前测量过的庞大数据库，基本上能适用大部分的摩托车底盘设置，因此可以在很短的时间内获得合适的摩托车调校设定。

例如，当我注意到自己的铃木SV650赛车似乎无法保持和一些竞争对手相同的行车线后，我决定对这辆车进行全面的G.M.D.Computrack底盘优化。通过拉直车架中的微小扭曲并使用不同的悬架组件、行驶高度和轮胎尺寸，我尝试了从95毫米到105毫米的所有拖曳距，最终我选择了101毫米的拖曳距（这是他们最初的建议，想象一下我的感受）。调整后，这辆摩托车过弯似乎变得更快，但在弯道中仍然稳定。结果不言自明。我不仅每圈的时间减少了整整一

这些定制的可调节三重夹使用可调节的铝制插件，配合椭圆形的孔，能够通过改变车把位置来改变拖曳距，同时不影响倾角。

秒，而且我的信心也大大提高了。我整年都没有在比赛中撞过车。最终，我的团队赢得了2001年WERA美国全国轻量级耐力锦标赛！

最近，我基于本田CRF150R的发动机，组装了一个成人尺寸的超级摩托赛事（Supermoto）底盘，但它在石板路上的操控非常糟糕。我在竞技科技（Race Tech）的朋友把这辆车放在Scheibner Mega-M.A.X.并尝试许多"模拟"场景来确定修复方法。他们的建议是使用完全不同的三重夹具偏移值，拖曳距从78毫米增加到101毫米。制作新的三重夹具后，摩托车的操控性就像在轨道上行驶一样。我决定在我的第一场迷你公路比赛中驾驶它，我很震惊地在引导潮流的情况下赢得了预赛和正赛。与我的"散装摩托车"底盘相比，能看到其他骑手的摩托车在弯道中间有多么的不稳定，因此我的车还是非常了不起的。比赛结束后，我注意到他们采用了标准结构的越野车，并将前叉从三重夹具中向上提，使它们模仿运动型摩托车的外观。这意味着他们现在的拖曳距甚至比公路赛车还要小，后者已经比普通越野车还小了。另一方面，我增加了23毫米的拖曳距，并将前叉与三重夹具的顶部齐平，使我的摩托车成为迷你公路赛车中名副其实的巨人。相比之下，这可能看起来很奇怪，但没有人会在终点线嘲笑我。

我目前的街头摩托车Triumph Street Triple R 也使用了一些新的更长的前叉盖和可调节的三重夹具（156页图）。我尝试了许多调校设定，但最终将拖曳距从原厂的92毫米

竞技科技（Race Tech）制造的前叉盖高 15 毫米，加上内部增加 4 毫米的前叉长度，在作者的 Triumph Street Triple R 上将拖曳距从 92 毫米增加到 97 毫米。这样在激进的街头骑行中显著地增加了稳定性，但对于赛道骑行来说还是用定制的三重夹具来增加更多拖曳距。

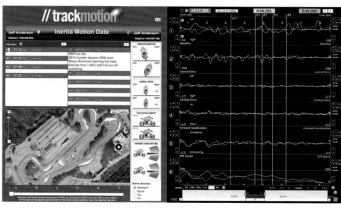

G.M.D. Computrack 的"赛道动态（Trackmotion）"是一种新的惯性运动数据记录技术。它在六个离散通道上每秒采样 100 次，骑行的所有转弯和加速动作都记录在专门安装的 iPhone 上。这样可以比较不同骑手和摩托车在赛道上的表现，用于分析骑行风格和摩托车操控，以发现问题并提出改进建议。关注极致驾控培训（Total Control Training），以了解它何时能在自己所在的地区使用。

底盘改装

变为101毫米，这改变了摩托车在赛道日的高速稳定性。我甚至为我的街道用车Aprilia SXV550 Supermoto定制了意大利制造的前叉底部，它们把拖曳距变长了？你猜对了，是101毫米。这使得SXV几乎可以在狭窄、曲折的赛道上做任何事情，并使其在常规街头骑行时不那么"抽搐"。说了这么多，我不能说101是大多数街道和赛道摩托车的某种神奇的数据，但我也不能说它不是。

当然，你不必成为赛车手即可从经过调整的底盘中受益。更好的操控性和增强的信心对每个人都很重要。如果怀疑自己的摩托车底盘定位有问题，或者只想改善其操控性，我强烈建议你致电这两家公司之一。

常见操控问题的原因

我们为什么要骑车？摩托车良好的操控性是让我们爱上骑车这种神奇感觉的一部分，它使我们安全、自信并且能够玩得开心。我经常被问到什么会导致摩托车的操控性下降令人不满意。尽管，关注骑行安全是非常合理的，但这会导致一些常见的挫败感。

G.M.D. Computrack 的全球底盘操控服务店网络，12 家摩托车 OEM 代工厂使用底盘 3D 测量系统和调校设定程序以及包含 55000 名客户的数据库，能够展示最引起常见的操控问题背后的真实原因。

在过去 10 年中，摩托车代工制造商显著提高了底盘定位的工厂公差，同时在转向和车架几何形状方面有了新的关注点，这使几乎每辆摩托车在新车时都具有适合其预期用途的良好操控特性。那为什么这么多的摩托车存在操控问题呢？为了找出答案，让我们先检查一些基本原则，然后再尝试固定许多专家认为可以解决问题的零件。

要考虑的第一个问题是碰撞几乎总是会导致前悬架、车架转向头（颈部）或后摇臂错位。发生大碰撞后，很容易看到严重损坏的零件，但是即使在"修理"摩托车之后，这些小零件也不会出现严重损坏，但这些无法识别的损坏零件会导致操控问题。

在目视没有损坏车头的小型碰撞中，骑手可能不会立即感觉到小的错位。但是，800 多千米后，车头的扭曲可能会导致一侧轮胎磨损不均匀。这是因为当摩托车沿着道路行驶时，扭曲的车头不断摩擦轮胎的侧面。不断地转向修正也可能会给骑手带来轻微的肩痛。像这样的轮胎磨损不均，常被误诊为"路面问题"或"胎压不正确"等。

另一个问题是前轮支撑托架使用不当。正确使用摩托车支撑托架是非常方便的，但我已经看到了大量支撑托架操作不当的情况，例如通过车把将摩托车固定成一体。假设一下，如果你坐在摩托车上，一个大个子跨在前轮上并猛烈地踩在车把上，你可能会非常生气。事实上，当许多摩托车被错误地固定在拖车中时就会发生这种情况，而且由于长时间使用，轮胎可能会有一部分磨成平面。

前叉0.3°的小扭曲（很难看到小于1°的扭曲）会导致轮胎问题，加上前叉的静摩擦，这会导致颤振。因此，很多时候轮胎和车头问题都可能是由于摩托车运输不当造成的。我已经看到许多翻新的前叉重新装回到扭曲的三重夹具里，甚至还有弯曲的前叉也往里装的。在过去的10年里，我基本没有看到任何假的OEM三重夹具。但是，改装市场中"金光闪闪的三重夹具"，情况并非如此。

任何摩托车更换轮胎都可以真正地提升操控性能，但也可能倒退一大步。这些新轮胎的外周长变化可以改变前轮拖曳距：太大会使转向沉重，太小会导致前轮抓地力的丧失。

我见过OEM的轮胎测试，他们非常努力地在抓地力窗口中间获得操控性，因为使用另一个轮胎品牌／型号／尺寸都将不可避免地让抓地力发生变化。在比赛中，"控制轮胎"正变得越来越重要。表面上调整底盘是可行的，但是如果规则不允许改变底盘来抵消抓地力的损失，那么轮胎尺寸可能会让几个品牌失去竞争力。当摩托车杂志在横评中对比轮胎时，

前轮支撑托架，就像上图Condor（www.condor-lift.com）的这个支撑托架，在赛道上或拖车时非常有用。不幸的是，许多扭曲的底盘是由于不正确地固定摩托车造成的。尽量不要将车把用作前轮支撑托架的固定点，而是将固定绳索通过车架固定在地板上，且稍靠支架上部和前面一点。这可以在前后悬架之间更均匀地分配负载，并最大限度地减少转向头损坏的机会。

如果每辆摩托车的悬架几何形状没有使用原厂的轮胎，就无法获得准确的结果。

事实上，与轮胎本身相比，由此产生的几何变化通常会导致操控差异。在美国，《道路比赛世界》（Roadracing World）和《摩托车科技》（Motorcycle Technology）是第一个以这种方式对比的公司。

摩托车的定位也会显著影响操控性。我听到的比较常见评论是摇臂标记消失。绝大多数情况下，我发现如果摩托车遇到上述任何问题，可能标记还在，但摩托车的车架坏了！

如果在处理摩托车时遇到任何问题，请考虑如何描述问题并使用上一节的故障排除部分来指明正确的修正方向。如果问题仍然存在，最好寻求专业帮助。

格雷格·麦克唐纳（Greg McDonald）

大多数旅行车骑手都非常了解人体工程学的重要性。他们在摩托车上的时间更长，所以会将舒适性这种小问题放大。不幸的是，尽管人体工程学会对摩托车控制产生巨大的影响，但许多运动型摩托车骑手对这个问题的想法非常少（如果有的话）。

人体工程学是研究人与机器之间的关系。对于摩托车手来说，这将是骑手和车辆接触的重点。如果将这些点视为操控部件的一部分，那么当这些操控部件的尺寸大小正确时，你的操作输入会更有效率，你的思想可以自由地专注于正在发生的事情，而不是你有多不舒服。无论骑手技能水平如何，只有骑行时感到舒适，才能真正做到最好操控。

我第一次意识到人体工程学的重要性，是我用排量125毫升的小摩托在柳树泉参加俱乐部比赛时。即使是进行了短暂的练习，我也会出现严重的痉挛和疼痛。我确信设计这些"小金鱼"赛车的人在布置控制部件时并没有考虑到我。

这个小车的脚踏板太高太靠前了，同时座位又太低，整流罩也太窄，我的身体无法折叠在它的后面。

我开始研究每个控件以尝试纠正问题。使用一些定制支架，我能够将脚踏板前后移动约3厘米，这当然是正确的调整方向，然后我增加了一个比之前厚1.5厘米的坐垫。为了对抗风浪，我为上下整流罩安装了稍宽的支架，然后给零重力（Zero Gravity，www.zerogravity-racing.com；805-388-8804）打了个电话，我得到了一个比原厂更大的挡风玻璃。总之，这些看似微不足道的变化增加了足够的额外舒适感，让我在比赛结束时不会感到局促，而且我能够将我的单圈时间减少整整1秒。虽然一圈1秒对非赛车手来说似乎并不多，但请记住，在 12圈比赛中这相当于12秒，并且在比赛结束时，10位或更多的车手相差不到 12 秒的情况并不少见。

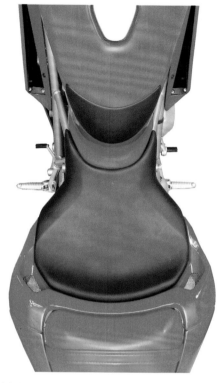

杜卡迪 999 上的宽凹形座椅将压力均匀分布在骑手臀部的表面区域。狭窄的油箱不仅让双腿处于更舒适的位置，而且还为骑手的身体提供了更大的杠杆作用，以将摩托车从一个方向转换到另一个方向。狭窄的油箱作为额外的好处，可以让腿更靠近车身，减少正面面积和由此产生的空气阻力。防划伤的橡胶油箱保护垫也是一个不错的选择。

零重力（Zero Gravity）制造各种高度和设计的光学透明运动型摩托车挡风玻璃。它们可以显著减少骑手在街道和赛道上的疲劳。

舒适性

　　影响人体工程学舒适度的主要内部因素与血流量、压力和皮肤温度有关。当你被刺痛，或者当感觉身体某个位置"麻木了"的时候，你的身体会让你知道此处没有获得足够的血流量。

　　血的流动受压力过大影响。例如，当长时间坐着时，坐骨结节、骨盆底部的小骨轨会深入臀大肌的软组织，阻塞小毛细血管，此时就会开始感到刺痛。除了阻塞小毛细血管之外，该区域的压力还会影响坐骨神经。坐骨神经是身体中最大的神经之一，从身体的下

许多运动型摩托车在常规街道上使用时非常不舒服，但车把升高座（Helibars）（www.helibars.com）可以帮助消除疼痛而不影响性能。作为对比，这款雅马哈 R1 的左侧配备了一个车把升高座（Hellbar），右侧则使用原厂配置。车把升高座（Hellbar）更高、更宽、更靠后，并利用安全简单的完全适配的原厂线束。通过增加更多的杠杆作用，实际上可以使摩托车更容易转弯。

背部（L-4/L-5）穿过这些骨点并向下延伸到腿部。许多膝盖和足部问题都可以追溯到坐骨神经问题。

保持任何身体姿势都需要一定程度的肌肉紧张。长时间处于一个姿势，或长时间限制任何肌肉群的完全伸展，都会限制血液流动。当蹲坐在运动型摩托车上时，这种情况就很容易发生。解决方案是伸展或放松受影响的区域，让血液再次流动。从某种意义上说，这个过程可以冲洗掉你体内新陈代谢的"废物垃圾"。除了放松外，让四肢小范围的积极活动可以大大增加血流量。

血流也受水分和饮食的影响，身体系统中的水越多，身体的"管道"就越饱满，于是就能在较低的压力和更好的灌注下运作。灌注是身体将血液输送到生物组织中毛细血管床的过程。

寒冷的天气会导致身体首先减少流向四肢的血液，以保护内部器官。这就是为什么手指和脚趾首先变冷的原因。高温会导致你的身体通过出汗自行降温。汗水留在皮肤表面太久会引起刺激。

众所周知，汗液中含有会刺激皮肤的盐分。但一个鲜为人知的事实是，任何水分（汗水、雨水等）都可以重新激活内衣上剩余的肥皂。在内衣上使用非常温和的肥皂，例如婴儿沐浴露水或护理（Woolite）品牌的清洁用品，可以大大减少皮肤刺激。

车把

车把显然是任何人体工程学评估的起点，因为它们是用于定位骑手上半身的主要部件。更宽的车把为转向提供更大的杠杆作用，这在骑更大更重的摩托车时非常重要。但是，这种优势通常也伴随着更

不正确

正确

虽然很多人认为巡航摩托车是舒适的摩托车类型，但往往巡航摩托车骑手是长途骑行中最不舒服的。他们的脊椎到底发生了什么？图中骑手的脚向前，座椅角度也是固定的，他的骨盆会向后旋转，导致他的脊椎在后凸的腰椎中向外弯曲（上）。这会削弱脊柱吸收冲击的天然能力，并可能变得酸痛。下背部的适当弯曲称为腰椎前凸（底部），可以通过改变座椅的角度或者靠背的位置，以让骨盆向前旋转来实现。

多手腕方向偏差的惩罚。换句话说，当手腕翘起，拇指会特别向手臂方向靠近。此时要找到舒适的手腕握把宽度，就必须在让手臂转向更容易和增加腕骨压力之间找到平衡。

手臂的轻微弯曲，对于舒适也是必不可少的。当肌肉群的张力平衡时，身体的肌肉最放松。在手臂中，因为二头肌（在上臂的前部）和三头肌（在上臂的后部）彼此处于紧张状态，而且因为二头肌是更大的肌肉，所以为了让手臂完全放松，肘部的手臂应该有轻微的（15度）弯曲。

Spider（一个品牌，直译为蜘蛛）握把可能是当今市场上，运动型摩托车在抓力、舒适度和减振方面取得最佳平衡的一款产品。这款握把可以为手套提供理想的摩擦力，让骑手能够放松抓握以获得更好的感觉，并有助于防止抽筋。

是否使用挡风玻璃也可能会改变车把的使用偏好。当车辆的防风装置越少，速度越快，越需要骑手处于一个具有空气动力效应特性（前倾）的姿势，以应对向后推的气压。如果能找到一对适合自己车型的可调节车把，体验就会容易得多。

控件

握把是人体工程学中最容易被忽视的领域之一。它们可能是骑手与悬架、制动器以及最重要的轮胎之间的连接，但许多运动骑手不会三思而后行。我认为每个摩托车手都应该花一些时间尝试不同宽度、厚度和防滑图案的握把。作为一般准则，我发现更薄、更硬、更窄的握把可以提供更好的感觉和控制。相反，更厚、更软、更宽和更桶形的握把可提供更多的舒适度和减振效果。每双手都是不同的，所以找到最适合你的。

杠杆、开关甚至脚踏板等小控件也会对舒适度产生相当大的影响。

当Buell想向杜卡迪车手出售摩托车时，它不断收到潜在客户同样的抱怨。每个人都说如哈雷般大

因为没有任何操控设定适合所有骑手或所有场景，所以像 Ducati 999（上）这样的一些摩托车具有可调节的控制部件。在这种情况下，可以使用几组不同的安装孔来定位脚踏板支架，而制动踏板也使用滑动安装座。不幸的是，这辆摩托车配的脚踏板非常滑。相比之下，阿普利亚（Aprilia）Mille（下）配备了"伍德工艺科技"（Woodcraft Technologies, www.woodcraft-cfm.com）重新设置安装的脚踏板，这个踏板具有激进的滚花图案，可以让靴子在急转弯时保持原位。请注意，脚踏板采用了易分离式设计，允许脚踏板的外侧部分在碰撞中脱落，但仍可有剩余的一小部分保证继续骑行。

的控件感觉很别扭。Buell听取了意见，并将S1 Lightning的控件更改为与杜卡迪完全相同的控件。在试驾完修改了控件的S1之后，与S2相比，这辆摩托车的感觉要好得多，这让我感到非常惊讶。

在漫长的州际公路上，保持恒定的油门开度可能会非常累人。持续的抓握，加上摩托车和道路的振动，会导致血液供应减少并且可能很快就麻木了。对于长途骑行，你应该考虑使用定速巡航、油门锁或类似装置来缓解右手紧张——即使一次只有几分钟。

在冬天，你的手和脚通常是最先失温的，原因是你的身体总是试图将其核心温度保持在37摄氏度。一旦处于危险之中，你的身体就会首先通过从四肢抽血来进行补偿。握把加热器或加热手套可以大大增加血液流动和手部舒适度，这也可以减少麻木。

大多数露营和体育用品零售商都提供"暖宝宝"。它们是带有氧化铁化学物质的粗棉布，当暴露在空气中时，会与氧气发生反应并产生大量热量。如果你没有加热手柄或手套，这种暖宝宝可以持续数小时，并且可以在你的手或脚上使用。随身携带一对以防万一是个好主意。

座椅

座椅是符合人体工程学的另一个重要领域。我指的不仅仅是座椅的高度。如果坐在沙子上制作"屁股印"，可以看到这个印记是非常大的凹形形状，这有助于将体重分布在尽可能大的表面积上。说到舒适度，座椅的形状实际上比它里面的泡沫材料重要得多。

事实上，设计合理的实心钢制拖拉机座椅比许多摩托车座椅更舒适。农民可以整天驾驶这些拖拉机而不会感到痛苦，而且这些座椅没有任何衬垫。当然，因为屁股有各种

这个可调节的变速杆（www.touratech.-usa.com）能够处在身高140厘米左右的骑手脚够得着的范围内。如图所示，她的靴子上还增加了一个额外的鞋底，以帮助她骑在宝马G650GS上能够着地面。

不正确

正确

个人可以对摩托车的人体工程进行最简单的改进之一是调整操纵杆的角度。理想情况下，骑手的腰部应尽可能伸直。有如此之小的腕骨，即使是轻微的倾斜也会在长途骑行中转化为疼痛。

正确

不应该这么设定调整制动器和离合器的控制握把，因为此时骑手必须将手从握把上移开少许才能将手指部分卷曲在杠杆周围（上）。通过将位置调整更近一些（下），骑手的手指会感到舒适地够到操纵杆，同时还能保持良好的转向控制。

形状和大小，所以没有一种"完美"的形状。

如此多的摩托车座椅不舒服的原因是，制造商很久以前就了解到，为了舒适而设计的座椅在展厅里试乘的感觉不好，反之亦然。前面较窄的小座椅使得在销售展厅里跨骑摩托车时很容易站起来，但同样这个座椅正是造成公路长途舒适性差的原因。当然，有很多改装座椅制造商和改装商愿意出售替代品。

感觉

在汽车领域，马自达一直是真正的人体工程学先驱。它是第一批不仅认真研究控制装置的放置位置，而且还认真研究它们在操作中感受的制造商之一。马自达甚至让人们在驾驶时使用生物反馈机器，以弄清楚驾驶人喜欢什么样的感觉。任何曾经有幸操作过RX-7或Miata 5速变速器的人都可以证明马自达在该领域的成功。甚至它的旧口号"感觉恰到好处"，也强调了人体工程学的重要性。

当Triumph开始设计T595 Daytona 时，它显然将杜卡迪916作为基准。它的造型不仅完全源自916，而且它对控制装置的处理方式也是如此。Triumph决定让摩托车的驾驶感觉像杜卡迪的最佳方法是使用类似的组件。把手、换档

无论拥有哪种座椅，都可以使用改装市场的垫子使其更舒适。从羊皮到木珠，有许多不同的类型可供选择。它们的工作原理是将重量分布在更大的表面积上。最有效的型号是使用可调节的气囊系统，如 AirHawk（www.airhawk.net）上的一张图片（右）。它们采用了与医院中用于预防褥疮的轮椅垫和床罩相同的技术。压力图两边分别显示了凝胶和记忆泡沫垫（左）与单个气囊装置（中）的压力大小和分布。

杆、开关设备和脚踏控制杆，大概使用了更多来自博洛尼亚竞技品牌相同的供应商，许多控制组件甚至完全相同。结果，产生了一种令人惊讶的熟悉感，尽管没有人会将Triumph与杜卡迪混淆。

希望摩托车制造商在未来对摩托车设计采取更"有感觉"的方法，这样摩托车不仅能更好地工作，而且感觉也更好。毕竟，骑行的一部分乐趣在于它带给人的感觉。

油箱防滑垫，就像 Tech-spec（techspec-usa.com）这个一样，可以让专业骑行变得更加容易。通过在油箱侧面贴上高摩擦力防护垫，骑手压弯时可以在不从摩托车内侧滑落的情况下挂在车身上，这在穿着光滑的纺织裤时尤为重要。当然，这东西适用于各种骑行装备。减速时，骑手也可以通过将膝盖压在油箱上来防止向前滑动，这可以显著减少急制动时的上身疲劳。

如果想为自己的身体（以及后座的乘客）获得具有完全正确高度、形状、角度和距离的座椅，唯一方法是使用定制座椅。图为里克·迈尔（Rick Mayer，www.rickmayercycle.com）为我的 Triumph Street Triple R 制作座椅。里克除了是一位亲自骑行超过 16 万千米的工匠座椅制造商之外，还是一名注册护士，对生理学有着敏锐的理解。

有时魔术贴就是答案

1996 年，我参加了在西班牙加泰罗尼亚赛道举行的蒙特惠奇公路 24 小时耐力赛，这场著名的赛事已经举办了 54 届。我们团队成员完全由摩托车记者组成，有 4 名骑手，身高从 165 厘米到 190 厘米不等。这就造成了人体工程学和重量分布的问题，因为没有适合我们所有人的座椅设置。我们有效但不那么优雅的解决方案是加装用钩环紧固连接的可调节泡沫层，并用胶带固定。这样可以快速更换坐姿，以补偿我的短"霸王龙"手臂，以及我德国队友的"猩猩"手臂。当方格旗落下时，我们的团队获得全场第 7 名，并且获得了 750 超级运动组别（Supersport Class）第 2 名的优异成绩，这还是骑的一辆如此简陋的摩托车！

李·帕克斯（Lee Parks）

当谈到摩托车的快速行驶时，大多数骑行技术的讨论都集中在发动机和悬架系统上。但有一个同样重要的因素几乎是事后才想到的：空气动力效应。

空气动力效应是庞大的工程学科中一个小分支，称为流体力学。这个学科专注于物体（如飞机和摩托车）如何在空气中移动。流体力学的目的是设计行驶速度更快、效率更高的车辆。工程师们通过创造不同的造型来实现这一点，这些造型旨在帮助物体穿过空气时，只需要非常少的力即可排开一定体积的空气。

在一级方程式赛车中，有效的空气动力效应非常受重视，空气动力效应家是团队中薪酬最高的工程师。事实上，顶级专家的薪水高达七位数！这是因为即使空气动力效应的微小改进就能相当于功率的大幅增加。

现今的摩托车设计，开始更加重视空气动力效应，试图以此来提升性能和舒适度。然而最终结果总是不尽人意，通常营销人员会根据外观的酷炫程度来确定新车型的车身形状，而非工程师根据所需要的性能来确定车身形状。这是因为摩托车必须看来很酷才能卖得好。事实上，如Buell RW750这种真正根据空气动力效应设计的摩托车看起来更像是平淡无奇的波音 737，而非性感的杜卡迪1199 Panigale。当然也有一些例外，例如约翰·布里顿斯（John Brittens）同名的V1000，所以希望其他制造商至少能够制造出更多外观和性能都出众的摩托车。

压力与速度

在讨论空气动力效应造型的构成之前，必须了解气流的工作原理。气流将利用相互成反比的压力和速度这两个概念。当摩托车排开空气在气流中穿梭时，空气必须以水绕过溪流中间岩石流动相同的方式，从摩托车的周围绕过。比如说，当空气撞击到整流罩中间位置时，先会增加此处的压力，当压力上升到一定程度后，空气就会绕过整流罩的外部轮廓。这就是为什么冲击气流系统能从整流罩的前缘拉出电荷的原因。如同在高压下平白获得了额外的空气一样，空间狭小的高压气罐可以容纳大量空气也是一样的道理。

因为绕过摩托车的空气比周围的空气有更长的传播距离，它必须加速才能跟上。这种加速会导致压力下降，从而产生真空效应。任何压力增加的地方，都会自动出现一个压力较低的区域。其实，可以将低压区的动作比作真空吸尘器。飞机就是利用这个原理飞行的。通过使机翼顶部比底部更长的曲线，机翼顶部的空

在低速时缩进整流罩后面不是一个舒适的体位，但它真的能对直线性能产生影响。

167

如今，在皮衣上使用空气动力效应驼峰是必要的。它们有助于填充骑手头盔后面的一些低压区域，并使骑手背部的形状变得平滑。虽然它们不会增加摩托车的最高速度（如果有的话），但它们确实最大限度地减少了头盔上的阻力，这可以显著减少颈部疲劳。

气必须加速才能同时更长的距离并与另一侧的空气相遇。这会在机翼顶部产生低压，从而导致升力，结果就是飞机被"吸上"了天空。

对于摩托车来说，低压区一般在摩托车的后面。在这种情况下，"空气动力阻力"这个术语是有道理的，因为真空使摩托车感觉像在后面拖着什么东西一样，限制了它的加速度和最高速度。

空气阻力一般测量后以数字形式表示，被称为阻力系数（Coefficient of Drag），简称Cd，这个值必须在风洞中进行测量。空气阻力不会以线性方式增加，它以速度的平方（V^2）增加。例如，雅马哈TZ750赛车需要21马力（1马力约等于0.735千瓦）才能达到161千米/时，要达到322千米/时则需要168马力。483千米/时就需要567马力！正如所看到的那样，空气动力效应的微小改进可以带来相当大的功率变化。

减少空气阻力

在经典的泪珠形状物体面前，空气以阻力最小的路径流过。一般来说，这就是空气动力效应车辆必须效仿的造型，以将空气阻力做到最小化。由于两轮车在转弯时会倾斜，因此还存在超出空气动力效应形状的稳定性问题。这是我们不再看到20世纪50年代主导赛车造型的"垃圾箱"式整流罩的主要原因。然而，为了本章的目的，我将专注于讲解空气动力阻力的基础知识。

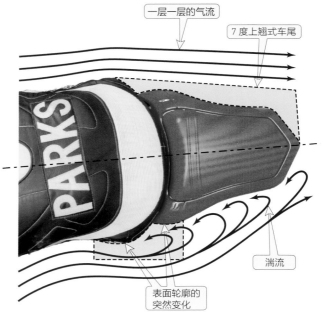

一层一层的气流

7度上翘式车尾

湍流

表面轮廓的突然变化

在现代运动型摩托车上几乎不可能找到具有空气动力效应车尾。照片是一辆从上方俯视的 2003 年款杜卡迪 999，车上有骑手。正如在骑手左侧看到的那样，尾部太窄没法使气流紧贴着流动，于是就成了动荡的"涡流"，最终形成空气阻力。平整的车尾并在末端带有固定式上翘，正如另一侧蓝色区域建议那样，遵循"7度规则"，每边不超过 7度，令空气附着流动使空气阻力降到最小。如果将车尾进行这种类型的改进，则可以增加 3~8 千米 / 时的最高速度。座椅下的排气管也有助于填充摩托车后面的低压区域。

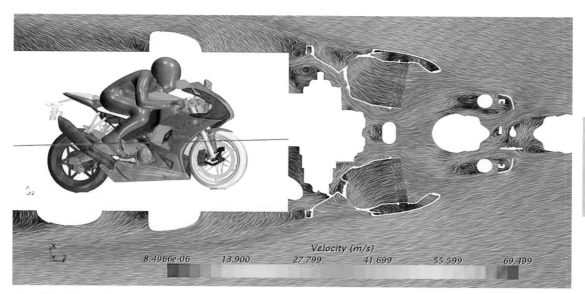

现在可以在计算机上进行空气动力效应测试。这张图片是埃里克·布尔赛车队（Erik Buell Racing，EBR）的 1190RX 水平测试图，车手的速度为 161 千米／时。顶视图是将侧视图中的气流线条变成二维平面后，展现出它的流速和形态。10 年来，EBR 一直在使用此类软件，并且在不断发展新的版本，几年前已经达到了比真实风洞更准确的地步。因为关于影响压力和速度的因素很多，这个软件可以针对这些因素提供更加精准的数据，而且速度要快得多。

　　车头迎风面积是摩托车上空气动力阻力相关的最重要因素之一。正面区域只是从车辆前部看面向运动方向的表面区域。要比较两辆车的正面面积，只需从完全相同的位置拍摄每辆车的正面照片。这在现实世界中是有意义，在测量时一定要包括骑手在内。还有件重要的事情，就是测量时一定要像标准赛车手那样戴齐所有骑行装备，以骑行姿势坐在两辆对比的摩托车上。接下来，在两张照片上放一张方格纸，并沿着摩托车和骑手画出轮廓线条。通过计算轮廓内包含多少个正方形（包括部分不完整的正方形），就能够粗略估计两款车型正面面积的对比情况。当涉及正面区域时，面积越少越好。

　　如果正面区域是唯一引导空气动力效应的因素，那么最佳选择就是为摩托车准备一个最小的整流罩。然而，车身的实际形状与确定摩托车将产生多少空气阻力的正面区域同样重要。

　　如前所述，理想的车身形状类似于泪珠。这个泪珠的最宽部分应该大约在摩托车后部三分之一处，并且应该与骑手肩膀最宽部分的宽度相同。它的尾巴应该从骑手臀部最宽的部分开始，并以不超过 14 度的夹角收敛。根据风洞研究，每条边倾斜7度是气流不会造成分离的最大角度。空气一旦分离，就会变成涡流并产生阻力。应该注意的是，在与许多博纳维尔（Bonneville）盐湖挑战极速的顶级车手交谈时，8度夹角或每边倾斜4度，是将各种条件与无数因素综合考虑得出的一个被大家认为更现实的数字。

　　不幸的是，如果一辆摩托车遵循这些理想的参数，那么它的长度就会太长而不实用，并且会有一个尖锐且危险的尾部。解决这个困境的最好方法，就是设计更合适的形状，直接在车尾延伸到后轮胎的末端时就将尾部造型切断结束掉。这种设计被称为Kamm车尾，以第一个想到这种设计的人的名字命名。Kamm车尾能够欺骗空气，使其表现得几乎就像车尾还有很长的尾巴一样。Bell在埃迪·劳森（Eddie Lawson）赢得迪通拿200赛事（Daytona 200）的赛车头盔上使用了类似的设计。

　　摩托车的造型还有一些有效的设计，需要利用骑手的身体作为摩托车空气动力效应中起作用的部分，以填充整流罩和尾部之间的空间。埃里克·布尔（Erik Buell）最初在1983年 的RW750二行程公路赛车上使用了这一理论，至今仍被认为是有史以来最符合空气动力效应的赛车摩托车之一。

价值 35000 美元的 Benelli Tornado 通过将散热器放置在座椅下方并将新鲜空气输送到座椅下方，从而最大限度地减少冷却阻力。当摩托车静止不动时，尾灯下方有两个风扇帮助散热器冷却，风扇旋转产生真空以吸入空气来保持凉爽。

1996 年，我在为杂志写一篇研究运动型摩托车空气动力效应效率的文章。作为文章的一部分，我委托吉姆·里德（Jim Reed）和查理·摩尔（Charlie Moore）来看看我们是否可以简单地通过应用这里讨论的原理，在没有风洞的情况下看怎么改进才能实现最高速度。结果令人震惊。通过三项简单的空气动力效应改进，我们将1992款本田CBR600 F2的最高速度提高了差不多18.2千米/时。首先，我们将油箱造型减少了一点，以帮助骑手俯下身后整体造型可以变得更平；接着，我们移除了整个下部整流罩；最后，我们设计了一个类似于 Buell RW750上使用的车尾。为了能让大家正确理解这些改进有效，我们需要解释一下，如果要提升等效的速度，在不做其他改动的情况下，这辆摩托车需要增加超过20马力的额外动力才能实现。我只能想象，如果当时我们有时间和金钱来制造一个合适的整流罩，我们还会取得什么样的成就。

冷却阻力

现在的运动型摩托车面临的最大空气动力效应问题之一，是为保持凉爽要为巨大的散热器腾出空间。更具体地说，问题在于散热器的放置位置。如果将散热器放在前轮后面，此时用于冷却的空气大部分都会被阻塞，因此需要巨大的表面积来补偿气流流动不足的问题。发动机冷却系统引起的气动阻力增加被称为冷却阻力。

开轮式的原型赛车，使用看似微小的散热器来有效应对比普通摩托车高得多的热负荷，因为它们的定位是优化气流。摩托车散热器的最佳位置是在座椅下方，只要空气可以输送这个位置就行。一些原型赛车，如Britten，已经成功地使用了这种类型的散热系统，并且散热器也相对较小。这种设计的主要好处是拥有相当小的正面区域。

不幸的是，除了价值35000 美元的Benelli Tornado，大多数主流制造商还没有采用这项技术。有趣的是，哈雷-戴维森在20世纪70年代为其命运多舛的Nova项目开发了一种巧妙的散热装置，它的散热器就放在座椅下方，但这个设计从未见到生产过。

为了减少传统散热器设计的冷却阻力，需要使用一些内部管道。这是因为当穿过散热器的空气绕过发动机并最终穿过摩托车时，就会产生阻力。如果设置一些内部管道就可以从散热器后面捕获尽可能多的乱流，并将其引导到尽可能直的路径中再放回到周围的气流里。

埃里克·布尔（Erik Buell）建议将内部管道连接一个反向的NACA导管⊖，并尽可能远离整流罩。7度规则也适用于此，因此要确保最终管道以不超过 7 度的角度从整流罩中释放热空气。好消息是整流罩外部的高速低压空气实际上有助于将热空气从散热器中吸出，从而显著提高散热效率。如果能以某种方式密封整个散热系统，那么散热效率还将大大提高。

信不信由你，一些二战战斗机就因此拥有高效的空气动力效应冷却系统，以至于流经热散热器的冷空气实际上产生了推力！虽然，我认为摩托车冷却系统的效率不会那么高，但我估计可以通过遵循上述建议将冷却阻力减少多达80%。

骑手拖拽

我意识到你们中的许多人没有时间或资金对摩托车进行一些激进的改装，但这些课程的目标是传授空气动力效应阻力对性能的重要性，并检查自己的身体位置如何与摩托车车身相适应。为了提高摩托车的直线性能，骑手可以做得最好的事情之一就是练习让自己的身体远离气流。事实上，许多初学者在直道上的速度损失高达每小时11~13千米，因为他们没有正确地低头。

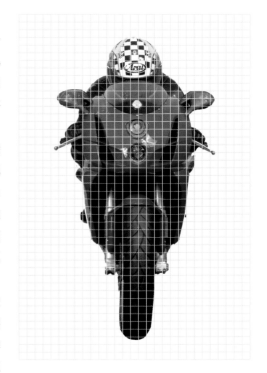

比较不同摩托车的正面区域很容易。简单地从正面拍摄一张带有装备齐全骑手的照片（为了照片的固定比例，使用相同的焦距、相同的高度和相同的拍摄距离），并将方格纸放在照片上。通过计算摩托车和骑手覆盖的方格（包括不足一个方格的地方）的数量，可以进行准确的比较。虽然你可以看到杜卡迪在 999 上很好地将骑手挡在气流之外，但仍有很大的改进空间。上部整流罩应该可以更宽更高，以覆盖骑手的膝盖、手和肩膀。此外，后制动踏板应该更靠内侧，因为它会使骑手的脚趾进入气流。更高的挡风玻璃还有助于减少颈部疲劳，而不会增加正面区域。

衡量身体姿势是否有助于空气动力效应的最简单方法，是将你的摩托车垂直站立在镜子前，然后穿上正常的骑行装备。接下来蹲坐在车上，看看你的身体伸出整流罩的地方（如果有的话），并计算出你可以将这些突出部分减少多少。这其实是个思考的好时机，看看能否通过改变尽可能多的掩盖自己身体暴露的部分。更大的挡风玻璃或许也是一个不错的选择。当然，此时很可能也会发现节食的好处。

在查看自己的摩托车空气动力效应时，舒适度是另一个考虑因素。如果从形状怪异的整流罩前吹过来的风让你的脑袋嗡嗡作响，或者挡风玻璃造成的低压区域感觉能把你的头盔从头上吸掉一样，那么你现在应该对空气动力有了基本了解，后续的工作中就要做一些假设与改进去解决这个问题。有时，即使是在竞赛的情况下，稍微降低空气动力效应的效率，以提高骑手舒适度的改变也是值得的。这是因为最终结果将显著减少疲劳，这可以真正提高骑手控制摩托车的能力。

⊖ NACA 导管，有时也称为 NACA 勺子或 NACA 入口，是一种常见的低阻力进气设计形式，最初由美国国家咨询委员会开发。

第 5 章
Chapter

5

第 1 节　身体素质

　　我从14岁起就开始参加摩托车比赛，身体素质对骑行的好处似乎一直很明显。但是大多数街头骑手，甚至是许多俱乐部赛车手，都没有认真对待健身，也不知道健身对于他们的骑行可以有多大程度的改善。

　　当骑手的身体健康时，就可以骑得更长更远也不会感到疲劳。面对道路上的危险，骑手也可以更有效地应对。此外，这样也可以更安全地骑行并增加骑行的乐趣。身为一名摩托车手，怎么能不牺牲一点汗水来换取这些好处呢？

　　如果你从未参加过比赛，你可能会对现代公路、赛道以及越野摩托车搏斗所需的力量和耐力感到惊讶。事实上，摩托车赛车手是任何竞技运动中最健康的运动员之一。因为赛车的骑行技术水平只会是更高级别的，因此，健身对赛车手好的地方同样也对街头骑手有好处。

骑手与赛车手

　　摩托车赛车手，尤其是越野摩托车赛车手，他们都无法避免的要去应对"臂泵（Arm Pump）"这严重影响身体的物理冲击。该冲击是一种令人难以置信的痛苦和乳酸堆积，会削弱前臂力量、手腕控制性和握力。为了避免臂泵，心血管和重量训练被用来作为严格的练习补充。幸运的是，大多数骑手只需要进行最低限度的训练，就能在路上看到显著的好处。

10 分钟摩托健身

　　人们一谈到锻炼就会表现出天生的懒惰，我请教了个人体格能力杰出的"极致驾控（Total Control）"总教练蒂莫西·帕拉瓦诺（Timothy Parravano，austinstrengthtrainer.com），让他想出一个特殊的锻炼程序。这套程序必须不超过10分钟，并且针对执行我们传授的技术进行了优化。

　　基于对高强度间歇训练计划（high-intensity interval-training，简称HIIT）协议的多年研究和培训，他提出了一种针对摩托车的全身锻炼程序。

摩托车赛车手之间都是适者生存，因为他们需要协调使用快肌纤维（力量）和慢肌纤维（耐力）。车手们穿着厚厚的皮衣在 38 摄氏度以上的天气中与 253 马力的"火箭飞船"搏斗，需要极大的体力和精神耐力。

这些锻炼旨在最短的时间内获得最大的效果。它们被设计为静态进行，因此非常安全。这些锻炼可以稳定你的核心肌肉群，这会给你更多的平衡和稳定性。一个人的核心肌肉被定义为人的整个腹壁、胸部、肩膀、背阔肌、中背部肌肉、下背部肌肉和臀部。

由于跑步并不只是一种选择，它也是能带来益处的，所以同理将人的心率提高到一个可以带来益处的点——身体实际适应的点，就是这套锻炼程序的目标。锻炼者需要在极短的时间内（大约 6 或 10 分钟）锻炼肌肉的强度，强度越大，就越有可能获得更高水平的呼吸和心血管刺激。这些锻炼的目标是让心脏处于最大心率（MHR）的70%~90%。要找到最大心率的近似值，请用数字220减去自己的年龄，然后将该结果乘以0.8就可以获得目标心率。例如，一个人20岁，就用220减去20得到200，接着200乘以0.8得到160，这就是最大心率的近似值。这项目标是通过以短暂而强烈的方式使用肌肉来提高心率。不要让锻炼期间沉重的呼吸减慢你的速度。接受它！当你的心率在75%~90%的区间时，代谢过程就会从有氧运动转变为无氧运动，这正是我们所追求的。发表在《应用生理学杂志》（*Journal of Applied Physiology*）上的研究表明，那些进行高强度训练的受试者，每周进行三次短暂训练，每次训练进行四到七次的30秒的爆发，两周后发现他们的耐力能力提高了近100%。每天

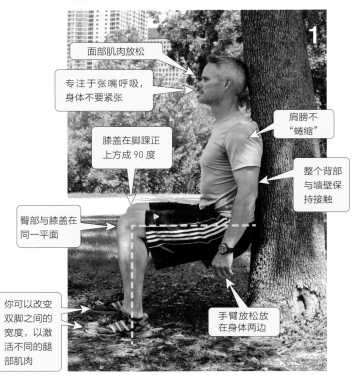

只需3~5分钟即可完成！说了这么多，所有这一切的重点是，更多并不总是更好。这种锻炼时间短、强度大且安全，最终会将使你有更多时间享受骑行的乐趣，而不是害怕锻炼。

严格按照蒂莫西的6分钟或10分钟锻炼进行练习。6分钟或10分钟的锻炼有四个动作，如果你决定重复这个循环，基本上它就变成了10分钟（后面会讲为什么不是12分钟）的锻炼。它基本上可以用最少的设备在任何地方进行锻炼。这项锻炼属于身体重量锻炼。在你家附近的大型体育用品商店，购买价值20美元的引体向上支撑杆，这是唯一需要的（非常值得的）投资。

这些动作分别是墙蹲（2分钟）、平板支撑（2分钟）、直臂平板支撑（1分钟）和引体向上（1分钟）。锻炼是在锻炼之间没有休息或最少休息的情况下完成的。因为我们追求结果，所以这种不休息的东西是没有商量余地的。每个动作之间，只有5~15秒的时间来准备下一个动作。请记住，我们希望心率保持在较高水平。

现在，我完全意识到我们都处于不同的健康水平，我们都有不同的身体限制和能力。慢慢开始，做你能做的。这项锻炼可能并不适合所有人，但如果可以，请尝试一下，你们中的许多人可能很难做到6分钟。

请记住，此锻炼的时间最长为6分钟。如果你不能马上完成它，不要气馁，只要坚持下去就行。与"极致驾控"练习一样，这些动作还是很困难的。

我认识的人，基本上每周至少都会花12~30分钟的时间来深刻地改变健身水平。只要你想，就一定要去做。我在这些动作中加入了一些变量，当你达到标准的6或10分钟时，要让这些锻炼更具挑战性。

所有的锻炼提示

- 在开始任何新计划之前咨询你的医生。
- 推荐运动之前进行轻微的拉伸或快速热身。
- 呼吸是非常重要的，通过肺部规律的运作，保持充足的空气循环。
- 不要让身体承受过度的紧张。
- 计时要在整个时间段内运行——即使在"休息"期间。
- 最好与其他人一起锻炼以获得：1）安全性；2）放置或更换木板；3）动力。
- 按数字顺序做。

所需设备

- 墙（几乎存在于任何地方）。
- 木板（任何材料）。
- 引体向上支撑支架/引体向上支撑棒（自制或商店购买）。
- 笔和纸（记录你的时间）。
- 秒表（大多数智能手机上的应用程序）。
- 引体向上辅助带（可选）。

动作 1——墙蹲

持续时间：2分钟

第一个动作就是我所说的墙蹲。用一堵墙或一棵树，基本上假装你坐在一张不存在的椅子上。如果你需要休息，用你的脚后跟滑动（推）你的后背并"尽量少休息"。请记住，一旦锻炼开始，时钟就不会停止，因此如果你需要休息，请尽快进行。

正确

木板始终接触你的头部、中背部和屁股

稍微向前看

放松面部肌肉

专注于张嘴呼吸，身体
不要紧张

保持屁股向上

放松手和身体
（指关节不要发白）

不正确

所有三个接触点都不接触

低头看

面部肌肉紧张

屏住呼吸

不专注于呼吸

手部紧张

　　进级提示：在膝盖之间放置一个药球、足球或瑜伽块并挤压。这会更加激活你的内收肌，加强锻炼腿部挤压油箱的动作，这样你在进行急制动、转弯时都能用上这个动作。

动作 2——平板支撑

持续时间：2分钟

几乎不采取任何步骤，（尽量不要移动脚趾）在几秒钟内趴在地上进行平板支撑。使用一块比例约为1∶4的木头、尺子或任何可以模仿木板的东西。必须使用一个，因为这是确保完美形式的唯一可靠方法。如果你很难坚持2分钟，请快速休息一两分钟（或3分钟）。在做这些动作的过程中，时钟会一直运转，所以尽管可以休息，但要加快速度将膝盖放下5~8秒，然后立即恢复锻炼。注意心率必须保持在较高水平！

动作 3——直臂平板支撑

持续时间：1分钟

立即进行，不要移动你的身体，只有你的手可以动，呈现直臂俯卧撑的位置。在这1分钟内一定要

正确

平板支撑始终接触头部、中背部和屁股

脚踏实地

放松面部肌肉

专注于张嘴呼吸，身体不要紧张

双手直接放在肩膀下方

不正确

木板只接触头部和屁股

面部肌肉没有放松

背部向下拱起

双手放在肩前

坚持不动，千万别做成了俯卧撑。

1分钟内保持静止不动。在保持静止时，你会自动保持手臂锁定或肘部轻微弯曲。尽量保持肘部略微弯曲。如果在做这个动作的过程中，木板上有任何间隙并且无法纠正，那么你的姿势就已经成问题了。当你完成这个动作时，立即转到下一个动作。

进级提示：慢慢地将自己降低到真正的俯卧撑状态。目标不是看你能做多少，而是看你在1分钟内移动的速度有多慢。

动作 4——引体向上

持续时间：1分钟

这个动作毫无疑问是最难的，所以要最后进行这个动作，并且不容忽视。前面的三个动作是这个动作的垫脚石，这个动作需要你把它们放在一起应用。有很多方法可以做到这一点，但我们将重点介绍其中的几种，选择哪一个将取决于你的健康水平。请记住，时钟不会停止，因此这是一项持续、流畅的运动。引体向上基本上是静态保持或消极重复，肌肉的离心拉长。刚开始时，使用踏脚凳或结实的椅子会比较好。用反手握法抓住栏杆向上爬起，并保持与肩同宽。抬起一条腿的膝盖以保持稳定和平衡，收紧腹部肌肉，再抬起另一条腿的膝盖，小心地从椅子/凳子上下来。这个动作的目标是让自己尽可能保持动作并达到1分钟。如果你能在10秒内完成爬升和抬腿，你就取得了巨大的进步。接着你的手臂可以慢慢伸直，等到了手臂几乎伸直的地方时，这个位置就是在重复动作中获得最大收益的地方。你会越来越低，并且越来越慢。每次你的手臂完全伸展时，你就完成了这个特定的动作。降下，向上爬，然后重复，最多1分钟。

此时，你有一个选择：要么完成当天的锻炼，要么最多等待90秒并重复该循环锻炼。回顾一下，墙蹲是2分钟，平板支撑2分钟，直臂平板支撑1分钟，引体向上1分钟。这是6分钟锻炼，你可以完成后并在三天内回来再做一次，或等待90秒（或60秒或30秒）并重复循环，只是这次时间减半：墙蹲现在是1分钟，平板支撑现在是1分钟，直臂平板支撑现在是30 秒，引体向上也是30秒。这就成为10分钟锻炼，包括休息时间。

现在，你觉得有时间尝试锻炼吗？我敢打赌你每周肯定能找出6~10分钟的。请记住，对于这种特定的锻炼，并不是越多越好。每周

初学者

- 双手放在横杆下面（或者如果更舒服的话，可以反过来）
- 张开嘴专注于呼吸
- 自然呼吸，但最好使用短促的拉玛泽式呼吸方法
- 下巴在杠的上方（但不要靠在杠上）
- 收起膝盖进行稳定性控制

进级者

- 手放在栏杆下方
- 张开嘴专注于呼吸
- 从呼气时就开始完全或几乎完全伸展手臂

最多3次是个不错的频率，就算只有一次也很酷，你自己来决定。一般的经验法则是这样的：假设你在星期六锻炼，那么你整个星期一都会感到酸痛，因为人体通常在锻炼后的第二天最能感受到它的疼痛，这称为延迟性肌肉酸痛（Delayed Onset Muscle SorenessD，OMS）。再等一天，酸痛就会消失（周二之后），在这种情况下，周三再进行锻炼是安全的。

进行这项锻炼或一般的力量训练，如果做得好都将增加你身体的稳定性和平衡性。其次，瑜伽、游泳和骑自行车等活动都可以提供不错的锻炼效果，对于骑摩托车来说都有非常多的益处。因为你变得更强壮，所以在运动的时候也会感觉变得更容易。无论你选择做什么体育活动，都要让它充满乐趣和挑战性。当你身体强壮时，生活会展现无限美好。

请记住，如果你有任何特定的身体或健康问题，你应该在开始任何重量训练之前去看医生或物理治疗师。物理治疗师通常可以分析问题并设计避免使问题变得更糟的锻炼。

视力

良好的视力对街头骑手也至关重要。在我检查眼睛之前，已经参加了公路和越野摩托车比赛多年。我在篮球比赛中发现需要很努力才能看到记分牌后，终于意识到我的视力可能需要一些改善，于是进行了眼科检查。在我有生以来第一次配上眼镜后，我震惊地发现自己错过了多少时间。在我的下一场比赛中，我每圈快了1.5秒。多年来第一次，我真的可以看到我要去哪里了！这不仅让我更快乐，而且让我也感到更加安全和自信。如果你怀疑自己的视力可能低于20/20，那就有必要进行检查，这可能是你对骑行做出的最好的单一改进。

多次获得250GP冠军的奥利弗（Oliver）怀疑街上的大部分摩托车手视力不够好，无法成为安全且有能力的骑手。奥利弗本人接受了视力矫正手术，以确保他的视力在比赛中处于最佳状态。"你的视力越好，"他说，"你对情况的反应就越快。"请记住，你的眼睛并不总是处于最佳水平。如果你累了，眼睛也无法集中注意力，这会损害你控制摩托车的能力。

你的眼镜和挡风玻璃的状况与你的视力一样重要。如果它们变脏或被划伤，你的视力会受到阻碍，就像酒精会损害反应能力一样。你应该使用不会划伤它们的优质超细纤维布清洁这些物品的表面。如果它们已经被划伤，那就请更换它们。

周边视觉也很重要。作为训练这种能力的一种方式，奥利弗定期访问击球笼，以培养和保持注意力的敏捷性、快速反应和手眼协调能力。但是他说，摩托车手可以利用其他运动进行锻炼，例如网球，这也需要良好的手眼协调能力，以保持视力和反应能力。专业运动员甚至会聘请运动视力专家，他们可以提供改善视力的训练技巧。

饮食

健身方程式的最后一部分是饮食。骑手不用对此狂热关注，只需要使用常识并且适度即可。你应该为了骑行而吃，而不是为了吃才骑行。当然，骑车去餐厅吃一顿合情合理的饭也没什么错。无论你在哪里吃都应该记住，减少食物的总量将有助于防止抽筋和增加额外的体重。如果在饭后感到饱胀和腹胀，则说明吃得太多了。

在减少进食数量时，重要的是不要舍弃太多的蛋白质，因为它有助于保持肌肉强壮和正常工作。减少多余的碳水化合物，如糖、面包和意大利面中的碳水化合物，这是节省卡路里的好方法。请记住，你的身体不会燃烧的碳水化合物最终会以脂肪的形式储存。

防止过热和脱水

在摩托车上保持凉爽和充足水分应该是每个摩托车手都关心的问题，尤其是在比较艰苦的骑行时。不幸的是，关于这个主题有很多错误信息，让骑手保持舒适的策略会因气候而异。

2001年在高峰角（Summit Point）赛道参加6小时耐力赛时，我开始感到中暑，我很庆幸是我在变成中暑之前被诊断出来问题。幸运的是，在比赛前一天晚上，我在晚间新闻中看到一个足球运动员因中暑而死在赛场上的故事。我足够注意记住了一些症状，包括头痛、头晕、恶心和疲倦。我在赛道上经历了刚刚提到的所有情况。我一开始感到语无伦次，这是中暑发作的信号，我立即回到维修区。

坦率地说，我对自己病情恶化的程度感到震惊。仅仅6圈内，西弗吉尼亚州90%的湿度就让我陷入了困境。事实上，我不得不被抬到我们翻新过的房车里，在那里我蜷缩成胎儿的样子度过了接下来的4个小时。我的队友很聪明，让我可以一直喝水。在我不得不小便之前，我喝了3.8升水——这就是我脱水的程度。可怕的是，我以为我一整天都喝了大量的液体。显然这还不够。耐力赛对补水的需求非常重要，以至于许多参加铃鹿8小时赛事的赛车手实际上在两次比赛之间都需要静脉滴注！静脉滴注对于专业街头骑行是不切实际的，因此可能需要考虑使用背包式饮料容器，例如Camelbak生产的饮料容器。幸运的是，摩托车装备制造商认识到水合作用的必要性，许多摩托车装备制造商都将水囊作为许多骑行夹克甚至油箱包的选项。无论采用哪种解决方案，重要的是要了解中暑和脱水，以防你或骑行伙伴出现任何症状。

蒸发冷却

排汗是身体将多余热量传递到空气中的方式，这个过程称为蒸发冷却。我们这些生活在干燥气候中的人是幸运的，因为我们可以在最热的温度下使用这个功能来保持凉爽。我曾经在54摄氏度的温度下穿越加利福尼亚沙漠时还能保持舒适，主要让我的长袖棉衬衫浸在水中，同时外面的Aerostich夹克拉好拉链，让夹克的通风口微微开启。只要我继续移动，一点点进来的气流就能蒸发掉水，使温度降低 30 摄氏度或更多！我试过的最好的蒸发式冷却装置来自LD Comfort（ldcomfort.com），即使织物在外面是湿的，它也能让你的皮肤在里面保持干燥。

处理热空气时的另一个需要考虑的因素，就是你身体的皮肤温度为34摄氏度左右。一旦环境温度升至高于此温度，暴露在空气中只会使你升温，而不是让你降温。

这就是消防员穿着厚夹克的原因。他们需要将自己与火的热量隔离。如果能有通风设备，他们还会穿着网眼夹克。不过，通风设备在大约26~32摄氏度范围内运行良好，在该范围之外可能会适得其反。因为你的身体利用体内的水份通过出汗来保持凉爽，所以你需要补充水或运动饮料。

运动饮料

市场上的大多数运动饮料都含有大量的糖和盐。如果你真的喜欢像佳得乐这样的饮料，最好将它们与水混合，每份运动饮料加一份水。我更喜欢像Glaceau的Smartwater这样的营养强化水，它不含糖。如果你真的很认真并且不介意多花一点钱，那么越野摩托车训练师 加里·塞米斯（Gary Semics）会推荐Cytomax的能量饮料，因为它们富含维生素和矿物质，旨在快速通过胃部进入你的系统。

把它们集中起来

现在你的任务很明确。通过让自己保持良好状态，改善视力和反应、正确饮食并观察自己的水合水平，只需花费适度的时间和精力即可体验更长、更安全、更愉快的骑行。同时你这么做还能获得一个快乐的副产品，你可能会活得更长寿、更健康，因为你的心脏不太可能过早放弃工作。你也将能够更好地避免事故，当然那些疲劳、反应迟缓和视力不佳的骑手可能就不太走运了。

不要忘记将锻炼纳入日常生活。如果你是那种喜欢健身俱乐部氛围的人，那么你已经成功了一半。如果你像我一样，觉得去健身俱乐部和长期投资一样有趣，那么我还有另一个建议：找到一个好的锻炼伙伴，这可能让你体会到真正做到与吹嘘经历之间的区别。作为两条斗牛犬的骄傲拥有者，我惊喜地看到它们无论白天还是黑夜都随时准备散步、跑步或进行任何其他类型的冒险。它们让我保持动力，让锻炼变得有趣。也许，这就是无条件付出爱的真正含义。

第 2 节 骑行装备

大约 2500 年前，道教圣人庄子描述了骑手和装备之间的理想关系。他说："当鞋子合脚时，脚就被遗忘了。"同样的，当骑行装备合适时，身体就会被遗忘。这一点很重要，因为不正确地使用骑行装备不仅会分散注意力和不舒服，而且可能会束缚骑手的动作。这两种情况实际上都可能导致撞车，这是使用骑行装备时最不应该做的事情。

骑行装备旨在让骑手骑行时保持舒适，并在因天气或地面的影响摔车时保护骑手。事实上，正确选择和使用装备可以区分快乐和灾难性的骑行。所有摩托车服装都代表了舒适性和保护性之间的平衡。实现其中任何一个通常都很容易，但同时擅长两者才是真正的艺术形式。最好的装备到底是舒适性好还是保护性好取决于对骑手来说最重要的是什么。对骑行装备做出明智的决定需要了解质量、材料和结构。

尽管某些骑行装备制造商的产品质量比其他制造商更好，但不能仅根据品牌来判断装备，这是因为在任何给定品牌中几乎总有一个质量范围。关于质量，有以下几个重要方面。

原产地

产品的生产地点可以说明你对它的期望，但没有硬性规定。最终，产品的质量归结为满足由劳动力、材料和分销成本决定的价格目标。美国、德国和日本等经济实力强的工业化国家，可以生产一流的产品，但他们的劳动力成本非常高，这就是为什么许多公司在海外生产产品的原因。经济较弱且劳动力成本较低的国家，例如巴基斯坦和中国，生产夹克、靴子和手套等劳动密集型产品的成本远低于发达国家。对于 T 恤等简单的服装项目，其中大部分成本都在材料上，任何国家/地区都可以具有竞争力。

由于大多数骑行装备都极具技术性或劳动密集型，因此绝大多数都在远东生产。例如，大多数哈雷戴维森装备是在巴基斯坦制造的，而 Icon 和 Speed and Strength 等公司的大部分服装都来自中国。即使是像 Held 这样受人尊敬的公司，以前所有的服装都在德国生产，现在大部分都在更便宜的国家生产。

经济性

业内销售的大多数摩托车产品必须从分销商运送到零售商，然后才能到达你的手中，这是骑行装备如此昂贵的主要原因之一。

让我们以一双典型的250美元零售摩托车靴为例。制造靴子的实际成本约为44美元，制造它的海外工厂以63美元的价格将其出售给"品牌制造商"，在许多情况下，该"品牌制造商"应该更准确地称为进口商。进口商以大约97美元的价格将它们卖给仓库经销商（Warehouse Distributor，简称WD），WD以大约150美元的价格将它们出售给零售商，然后向你出售靴子的零售商会将价格提高到250美元左右。

此外，如果是国内的高端专业制造商，他们必须直接向消费者销售他们的产品。如果它使用与大众营销商相同的分销方式，同样的靴子将不得不定价在1000美元左右，才能为制造商创造相同的利润率。这就是为什么它们必须直接出售，零售价约为 425 美元。从美国国内制造商那里购买的主要优势之一，就是制造商可以对其产品提供更好的售后服务，甚至可以在路上进行维修。当产品在公司自己的地方生产，而不是在地球的另一端制造时，质量控制也更容易。

材料

购买骑行装备时能够左右决定的最重要因素是材料。天然皮革历来是摩托骑手的选择，因为它们耐磨且耐用，这就是为什么几乎所有的赛车服都是用皮革制成的。但并非所有皮革都相同。麋鹿皮、鹿皮和袋鼠皮比牛皮更耐磨和抗撕裂，而且与牛皮不同，可以水洗而不会变硬和变干。当然，它们也更贵。袋鼠具有最高的强度重量比，但由于它很薄，与给定厚度的微小偏差都会危及它的完整性。这种皮革的大件也很难买到，这就是为什么你看不到很多用袋鼠皮制成的连体骑行服。

当皮革经过鞣制过程时，所用染料的类型和数量很重要。过多的染料或错误类型的染料会降低皮革的强度并且染料颜色会"渗出"到穿衣服的人身体上，如果染料完全浸透了皮革，则说明使用了过多的染料。掉色还取决于皮肤的酸碱度平衡。如果你的皮肤比较偏酸性，最好使用浅色皮革，因为它们不会像深色皮革那样掉色。

有更新的皮革工艺可以使皮革防水、可机洗和机器烘干，但它们很昂贵。几年来我一直喜欢这样的夹克，这些功能绝对使天然皮革成为更具吸引力的选择。

天然皮革可能是摩托车骑手的标准服装，但合成材料正变得越来越流行。合成材料一般分为两类：第一类是尼龙，以杜邦公司的考度拉（Cordura）品牌面料更为人所知，它有多种厚度和密度；第二类称为芳纶纤维，也以杜邦公司的凯夫拉（Kevlar）品牌面料更为人所知。

一件好的防护服需要足够坚固以承受碰撞的磨蚀力，同时又要有足够的弹性，以免在撞击时被道路的剪切力撕裂，这种功能类似于悬架系统防止颠簸将摩托车底盘撕裂。高性能尼龙具有非常好的强度并且具有相当的可拉伸性。芳纶纤维具有出色的强度，实际上根本不会拉伸。这就是为什么用芳纶纤维制成的骑行服套装必须与弹性材料（如氨纶）混纺，以使其具有所需的灵活性，或者具有复杂的结构以允许骑行服拥有一定的运动自由度。例如Schoeller Keprotec就是采用这种混纺的工艺制成，它由30%的芳纶纤维和70%的氨纶编制组成。

最好的装备对骑手来说是透明的，可以毫不费力地跟随人的脚步，从不碍事。在炎热的天气里，也不需要辅助冷却系统。

当然，如果将它们缝合在一起的线不能胜任需求，那么拥有坚固的材料对你没有任何好处。当涉及皮革上的线时，重型尼龙通常比芳纶纤维更好，因为它们在受压时可以拉伸。在高负荷下，非拉伸芳纶纤维最终会像奶酪刀一样切割皮革。因此，尽管线很结实，但接缝最终会变弱。事实上，许多流行的逃亡和逃生（Escape and Evasion，E&E）套件都包含凯夫拉（Kevlar）绳索，可用作锯切各种东西。YouTube上有很多视频展示了这一点。

生产制造

齿轮是如何组装在一起的，与它是由什么制成的一样重要。请记住，衣服上的每个接缝都是潜在的弱点，因此，接缝越少越好。便宜的夹克和裤子使用许多单独的皮革，因为这样购买皮革更便宜。如果你想在服装中添加图案，了解理想的骑行服结构尤为重要。

将想要的图案作为贴花缝在皮革最外层比根据色彩元素切割骑行服制成图案要明智得多。从外层缝制图案总是比沿着骑行服的自然线条改变颜色更昂贵。

缝合方式与线材和结构图案一样重要。接缝有多种类型，接缝需要的强度越大，防止外部磨损就越重要。

需要注意的是，在皮革上留下的每一个孔都会使其变弱。许多服装在非常小的空间内使用太多的针迹，通常接缝的表面被细线变成一个一个的小孔。每个孔之间应至少留有1.5厘米的空间。如果它们比这更近，则穿孔撕裂的风险非常高。

盔甲

摩托车服装中使用的保护垫在吸收冲击的能力方面差异很大。最好的填充材料使用专门设计的用于吸收机械能的高科技泡沫（也称为膨胀性非牛顿流体）。D3O是目前最知名的品牌，Aerostich和宝马等公司拥有自己专有的类似技术版本。

骑手要避免使用任何没有一定灵活性的衬垫，因为它要么将能量直接传递给骑手，要么产生高压"热点"，从而在碰撞中切割或磨损外层。

如果盔甲不是固定的，那么盔甲是由什么制成的并不重要。现在，许多网眼式夹克没有足够的强度或合身性来在跌倒时将盔甲固定在适当位置。当然，如果在网眼式夹克和什么都不穿之间做选择，那么有保护总比没有好。虽然网眼式夹克可以为稳重骑行提供足够的保护，但如果要进行专业运动骑行，还是需要使用能提供更多保护的服装。

骑行服

说到专业骑行，选择一件式骑行服、拉链式骑行服和两件式骑行服都比常规的"分开式"骑行服要好很多。这样做的原因是因为在摔倒滑行时，未连接的夹克往往会聚在一起，使骑手的腹部受到磨损。

使用皮革还是纺织材质是个困难的选择。在炎热的天气里，皮革更重也更热，但具有更好的耐磨性，好的皮革骑行服在大多数碰撞后都能修复。另一方面，纺织材质的骑行服更轻便，更适合休闲骑行。质量好的纺织材质骑行服可以在大部分车祸中保护骑手。一般偏舒适的纺织材质骑行服通常只适用于一次严重的碰撞，然而，在这种情况下，它们会牺牲自己来拯救你的皮肤。请记住，即使是最昂贵的骑行服也比当地急诊室的皮肤移植物要便宜。

对于一般的街头骑行，我更喜欢纺织材质骑行服，因为它们有口袋等功能，可以根据温度选择不同

街头骑行服有多种款式和材质。我最喜欢的三个是（从左到右）：宝马 TourShell（长途旅行）、Aerostich Transit 2（日常通勤）和 Klim Badlands（冒险旅行）。

极致驾控（Total Control, totalcontroltraining.net）出品的方便"绑带"，允许骑手临时为任何裤子添加护膝。它们几乎适用于任何滑块，无需缝制材料，也就不会影响到防水裤的防水性。

厚度层数的组合。我特别喜欢 Aerostich（aerostich.com）、宝马（bmwmotorcycles.com）、Klim（klim.com）和 Rukka（rukka.com）的骑行服，价格范围也非常合理！

用于激进街头骑行的纺织材质骑行服的主要缺点是对于油箱和座椅来说很滑，灵活性有限，并且无法在不影响防水性的情况下将魔术贴护膝缝制到它们上面。对于后面这种情况，我制作了一个"绑带"，让骑手能够简单地将护膝直接绑在裤子外面，这样几乎所有的骑行服都可以使用护膝了。

如果需要穿着漂亮的衣服骑车上班并且不关心极端的灵活性，那么美国制造的 Aerostich Roadcrafter 和 Motoport Ultra Trek（motoport.com）一体式骑行服，可以舒适地搭配商务西装和普通衣服。

如果想要纺织材质的分离式骑行服但又买不起高端品质的，Rev'It（revitusa.com）、BMG（britishmotorcydegear.com）、Olympia（olympiamotosports.com）和 First Gear（firstgear-usa.com）都能在合理的价格下提供一些非常好的夹克和裤子。

最近，Aerostich 发布了 Transit 2 防水皮革两件式骑行服（右图），这已成为我出门旅行和上骑行课时的首选骑行服。它能提供皮革和纺织材质的大部分优点，我甚至偶尔将它用于赛道日的骑行。

如果你真的很喜欢赛道日或赛车，皮革骑行服才是最佳选择。我强烈建议从自己本地制造商那里购买定制骑行服。在美国，Z Custom（zcustom.com）、Bates（batesleathers.com）、Vanson（vansonleathers.com）和 Syed（syedleathers.com）都生产高品质皮革骑

像 Syed Leathers 这样的定制骑行服通常不会比高品质的现成骑行服贵，但可以提供完美的合身性。购买国产骑行服可以更快、更轻松地进行维修、改装和清洁。

好的骑行手套应该在指关节和手掌的高磨损区域有额外的保护，并有一个固定带，以便在发生碰撞时保护它们。所有骑行装备的接缝应尽可能少，以尽减少它们分离的机会。上图是由我公司（leeparksdesign.com）出品的 DeerSports 手套，手掌无缝，整只手套只有 4 条接缝，结构完整性优越。上面的手套中还有一副显示出在其补丁下的一些秘密。手套的顶部有两个结构接缝，其中顶层被切掉并替换为泡沫填充部分。手掌贴片下方是一个大的水平切口，皮革用胶带和凯夫拉拉线固定在一起。

行服。毫无疑问，还有其他优秀的国内生产商，但我对他们没有任何个人经验。可以询问自己身边的骑手或询问其他人的意见。基本上和一套好的现成皮革骑行服拥有相同的价格，在自己的所在地定制也算帮自己一个忙。因为定制的骑行服不仅会非常合适，而且制造商将来也可以对它们进行维修。

手套

合适的手套对于专业骑行至关重要，因为它们是骑手和摩托车主要控制装置之间的接口。事实上，我非常重视它们的重要性，以至于我开始制造自己品牌的手套（leeparksdesign.com），因为我对主流制造商提供的产品不满意。

因为灵巧和感觉非常重要，所以选择手套需要柔软、灵活的皮革来将最多的底盘反馈传输给骑手。出于这个原因，最好的手套材料有鹿皮、麋鹿皮、袋鼠皮、小牛皮、小羊皮、Pittards 和日本染色牛皮。

这些柔软的皮革容易拉伸，因此在第一次购买时务必选择紧密贴身的，否则在使用一段时间后它们会变得松散。对于街道或赛道骑行，请远离Lorica、Clarino和Chamude等使用合成皮革的机车手套，因为它们不具备在高速碰撞中保护骑手所需的耐磨性。然而，对于纯越野骑行这种较低速度和较软的表面条件来说，它们可能很好。

任何真正的摩托车手套都应该在手掌和指关节的高磨损区域有第二层保护层。硬碳纤维指关节"保护器"是目前手套中的时尚设计，但这其实是一个糟糕的选择。这是因为在剧烈撞击时，碳纤维会破碎，形成令人讨厌的边缘锋利的环氧树脂与碳纤维混合的"针"，会刺入手和其他地方。如果喜欢大的指关节外观，有些制造商会提供塑料或硬鞋革的版本可以供选择。正如前面所讨论的，应该警惕过于复杂、带有细线的修补设计，因为它们在车祸时更有可能分崩离析。还要确保手套具有良好的固定系统，以便它们留在手上。劳保手套的设计很容易穿脱，因此它们不是骑行的好选择。

靴子

很久以前，人们可以买到使用很多年的高品质靴子。如今，市场上充斥着劣质合成材料制成的低质量靴子。它们杂乱无章，外面贴着许多廉价的塑料，试图增加一些保护。不幸的是，前一段时间从制造商处了解到，如果他们用廉价的材料制作外观漂亮但不可脱底的靴子，当原件过早磨损时，他们就可以销售更多的靴子。幸运的是仍有一些公司，如Z Custom和Bates，在生产具有良好脚跟衬垫和可更换鞋底的全皮运动靴。

在赛车靴中，有许多复杂的设计，各种塑料和复合材料可以在发生严重碰撞时提供保护。好货不便宜，便宜货也不好。就像生活中的大多数事情一样，一分钱一分货。如果鞋底不可更换，当鞋底磨损时就必须把它们扔掉。其实也没有人能整天舒适地走动，因此任何长时间的街头郊游可能都需要换鞋才能进行。超级摩托赛事（Supermoto）专用靴子的鞋底部分可更换，因为它们经常像泥土靴子一样被拖拽。此功能也适用于常规靴子的高磨损区域。

巡航摩托车和旅行摩托车车手仍然有几个好的选择可用，其中一般包括防水鞋。不幸的是，通常必须在轻巧和长寿之间做出选择。

大多数优质的赛车靴提供出色的保护和通风效果，但都是以牺牲舒适性和防水性为代价。大多数旅行靴都有相反的结果。一些现代的"跨界"靴子，比如宝马的这款"运动干燥"（SportDry）型号，让你拥有既有保护能力又防水的靴子，但在炎热的天气里会有点热。怎么选择靴子，就看你向谁妥协了。

试穿靴子时，请确保它们不仅适合自己的双脚，而且适合骑行时所穿的其他任何装备。例如，赛车皮裤有厚厚的护腿，靴子必须适合。如果你有像我一样粗的小腿，你可能需要定制让靴子足够宽。同样的，如果你喜欢将靴子穿在牛仔裤下面，请确保它们不会太大而无法放在裤子的袖口下。此外，还要检查靴子在脚踝区域是否有足够的灵活性，以适应自己的骑行风格。

头盔

头盔作为最重要的安全装备，是人们最不想吝啬的一件装备。旧的Bell头盔广告口号仍然适用，上面写着："如果你有一个10美元的头，就戴一个10美元的头盔。"合适的头盔会很舒服，且不会收缩。佩戴舒适且尽可能小的头盔通常是最好的选择。这是因为衬垫会随着时间的推移而收缩，使头盔慢慢变大，太大的尺寸可能就会在头上旋转，甚至在碰撞中脱落。不仅尺寸很重要，头盔的内部形状也很重要。我们都有不同形状的头部，有些头盔内胆会适合自己，有些头盔内胆可能不适合。一些制造商甚至针对不同型号有不同的内胆形状。错误的头盔内胆形状，会让头部受压力最高的地方疼痛。

举个例子，当舒伯特（Schuberth）推出C3模块化头盔时，戴着是非常痛苦的，以至于让我在戴上它后的15秒内"崩溃"了，这主要是由于内胆设计的变化。而C3 Pro立即拥有足够的舒适，让我可以骑一整天而不会感到不适。

当试戴的头盔越多，获得合适佩戴的机会就越大，这就是为什么最好的选择方式就是去当地经销商试戴。除非能确定自己适合的特定型号，否则不要选择邮寄购买。请记住，零售商最讨厌的就是被用作邮购销售的试衣间。因此，如果你的本地零售商值得为你提供优质服务，请尝试支持他。不要忘记在商店中尽可能长时间佩戴头盔，因为佩戴的第一分钟不会出现一些不舒适的问题。

头盔评级存在很多混淆的情况。对于在美国销售的头盔，联邦交通部机动车辆安全标准（Department of Transportation's Federal Motor Vehicle Safety Standard，简称DOT FMVSS）、欧洲经济委员会（Economic Commission for Europe，简称ECE）和Snell纪念基金会（Snell）都对头盔进行认证，以满足吸收冲击、外壳穿透、维持状态和周围视野相关的特定标准。

自本书的第一版以来，我对这些标准的看法有所改变。2004年，我戴着Snell认证的头盔遭受了严重的脑震荡。在超级摩托车（Supermoto）赛道的泥泞路段发生了大约 48千米/时的撞车事故。作为我经历过的唯一一次真正的脑损伤，我不希望这成为我最糟糕的敌人，因为它们正在以最不人道的方式使人虚弱。

直到一年后，《摩托车手》（Motorcyclist）杂志发表了一篇具有里程碑意义的文章，标题为《把盖子掀飞》，我才对这种看似轻微的碰撞如何产生如此可怕的后果感到困

像舒伯特（Schuberth）的 C3 Pro（左）和 S2（右）这样高端头盔是你需要多花钱才能得到的。它能带来更轻的重量和更好的空气动力效应以减少颈部压力、下拉式遮阳罩可抑制强光、有效通风可在炎热天气保持凉爽、光学透明罩可提供更好的视野，另外也会显著减少风噪声，内部采用吸排汗 / 可清洗 / 可定制的衬垫。舒适度取决于个人头部形状，因此必须在购买头盔之前试戴一下。无论价格如何，任何符合 ECE 或 DOT 标准的全罩式或模块化头盔都将提供不错的保护。

惑。这是由几名最近患有脑震荡并想找出原因的工作人员/贡献者提出的。该杂志科学地测试了几种标准的样品头盔，才发现当时的Snell标准实际上太硬了，导致大量的能量转移到了大脑上。

因为Snell纪念基金会会给头盔制造商授权，只要这些制造商的头盔符合Snell的标准，那么这些头盔上就会贴带有基金会签名的贴纸，基金会并以此来赚钱，所以这篇文章对他们的主要收入造成损失。Snell从那篇文章的后果中流失了很多收入。事实上，截至撰写本文时，最新的Snell标准（M2010）已经更接近当前的ECE标准（22.05），接近到甚至我都愿意谨慎再尝试使用一下Klim骑行服和Arai双运动头盔。大部分国家（除了我们的隔壁邻居加拿大）都不出售Snell认证的头盔是有原因的，我对此也表示怀疑，但大部分人对此都表现得比较愚蠢。

Snell M2010认证是选择头盔的底线，这个认证下的头盔可能没问题，而任何符合DOT FMVSS No.218和ECE 22.05认证的头盔都不会出错。如果你有Snell M2005或更旧的头盔，那么它们是时候退休了。在任何情况下，都不应佩戴未经DOT批准的头盔。

与防弹衣甚至橄榄球头盔不同，摩托车头盔设计为只能使用一次。它们通过压碎泡沫内衬来吸收能量。硬外壳的目的是将载荷尽可能多地分布在泡沫衬里的表面上并防止渗透。这意味着即使外壳看起来不错，衬里仍可能受到损害。关于更换的最后一句话是，如果这个头盔出过事故，并且头撞到了地面，很有可能需要换一个新头盔。如果想确保是否真的需要一个新头盔，大多数头盔制造商都会提供免费检查。

尽管一些制造商号称一个好的头盔可以提供长达10年有价值的保护，但这有一个大前提，就是要保养得当。想要延长头盔的使用寿命，就牢记永远不要将头盔放在油箱顶部，也不要将其留在车库中，因为气体和溶剂烟雾会破坏泡沫衬垫。适当的护理，还意味着永远不要将头盔放在后视镜、U形靠背或任何其他会导致衬垫小区域受力的地方，因为这会产生凹痕。定期清洁衬垫也是必要的。此外，还应该避免每天佩戴相同的头盔，以便让头盔有机会呼吸。

与 15 年前只有少数高品质头盔不同，现在有各种各样的大品牌可供选择。要记住的重要事情是它们都适合不同的人，并且具有不同的功能。请选择最适合自己头部并具有你想要的舒适度、功能、美感的型号，并且永远不要通过互联网购买之前没有试过的头盔，无论评论如何。

后　记　通向征服之路

在这本书中，我们用了相当多的篇幅来讲解不同骑行技术的具体区别。比如，你学习了正确入弯的10个步骤，怎样定位你的骑行姿势，怎样选择过弯线路等。这些骑行技术乍一看很复杂，但真正出色的骑手是不会在骑行时主动思考具体技术的。他们已经对骑行知识融会贯通，骑行技术已经变成了他们身体的本能反应，不会占用太多意识。为了描述这种感觉，我们可以观察一个非常会骑马的人，你会知道什么是"人马合一"，就像我喜欢的希腊神话形象——人头马一样。其实，铃木摩托车曾发布过一条广告语——"人车合一（Works like a single moving part）"，它可以很好地概括上面所言。这就是我们对于锤炼骑行技术的终极目标，人和车成为一个整体，我们不再是一个骑手操控一辆摩托车，只是自然地做出骑行动作而已。

那么，我们怎么达到这样的高水平呢？为了让你体会到这个过程，我们做个心灵试验。首先，让我们想象有一个叫做"卓越骑行"（Brilliant Riding）的岛屿。在这个神奇的地方，你的骑行技术每天都保持高水准，每个骑手都想慕名来参观这里。

当然，想到达这个岛上，我们需要一艘船横跨海洋，我们暂且称这条船为"USS极致驾控（USS Total Control）"。在这条船上的旅程中，我们将学习到极致驾控骑行技术。一旦我们的旅程结束，就必须下船，而大多数人的问题就出现在这里。

问题是很多人不愿意下船，因为船上的环境非常舒服和安全，所以接下来会怎么做呢？他们将这艘船"扛在背上"然后上岸。在接下来的骑行过程中，他们总是疑惑为什么自己的骑行动作做得不够好。你能经常在那些长期教授MSF课程的摩托车教练那看到这种情况。

你几乎可以听到来自他们头盔中的咒语："慢点！""注意！""快推把！""压车！"说它是咒语的原因是，这些动作都非常机械化，都是按部就班完成的。这是因为他们对于骑行技术的了解不够深

每位骑手都能从经验丰富的导师那里收获良多。

191

入，无法将所有具体技术连成一个流畅的动作。

以上的比喻和东方文化中"笑佛"的故事很像。传说，他是唐末时期一位叫布袋的和尚。你可以经常在中国纪念品店里看到笑佛的挂饰。笑佛常背着布袋入市，袋中装着他所有的东西。他乞讨为生，看起来疯疯癫癫。虽然生活窘迫，但他是个乐天派。

然而有一天，另外一个和尚请教他关于禅的终极奥义时，他一句话也没说，只是把布袋扔到了地上。

这个故事告诉我们，是什么让我们远离"最佳状态"呢？答案就是你随身携带的"布袋"，有你过去养成的各种坏习惯和对骑行的误读。

从某种意义上来说，你来读这本书的原因就是因为你的"骑行技术"有一些异样，你想治好"它"。

当你生病时，医生会给你开药。然而，很多人的问题是对"药物"上瘾了。"药物"并不能给摩托车骑手当饭吃，但卓越的骑行本身可以当做食物天天吃。药物治疗的作用是让你不再需要药物，老师教你的目的是让你出师，方法训练的目的是让你最终凌驾于具体方法。在日本，如果你花了太多时间和某位大师在一起，你会被说成在"听禅"。因此，你可以将本书视为治疗疾病所需的药物。

学习这些骑行技术的目的，不是让你在骑行中时刻思索它们，想太多容易导致你的动作总比想法慢半拍。恰恰相反，你应该跟着本书进行骑行技术练习，直到那些技巧已经成为你的肌肉记忆，能够在没有意识的情况下施展出来。学习了技术但不"使用"，这类似于心理学中经典的双重束缚理论。

本书可以帮你骑得更好，但这最后一步需要你自己来完成。因为师傅领进门，修行靠个人，我只能为你指明方向。这有些类似于一个佛教中的比喻，如果我想让你看月亮，我会用手指着它。但只要你看我的手，就无法看清月亮。这是因为焦点的原因，月亮变得十分模糊。当你重新看向月亮时，我的手

指又在你的视野中"消失"了。多么奇怪啊！这个为你指明正确方向的东西，它必须消失后，你才能得到最终想要的结果。

《道德经》中提到："为学日益，为道日损。"意思是追求知识的过程中，每天在做加法；追求智慧的过程中，每天在做减法。因此，你需要老师是为了有一天能离开老师，但要做到这一点，你必须下船，放下过去的布袋，无视手指，忘记教诲。

为了做到上面的事情，你必须超越自我，跳出你的独立身份，做一些独立的行动。另外，你还需要消除人与自然的隔阂。人与自然是相互依存的，而不是排斥，不能像硬币的正反面一样非黑即白。就像你养的宠物一样，你投喂它们，狗会认为你是它的国王，猫会认为它

自己是国王。从猫的角度来看，就是"猫"与"自然"，"人"则算是自然的一部分。当你忽视了人为设定的隔离界限，你的思路也被打开了，一些不可思议的事情就此发生。

关于上述理论，在20世纪40年代，尤金·赫里格尔（Eugen Herrigel）所著的《禅与箭术》（ZenandtheartofArchery）一书中有个很好的例子。尤金是第一个被日本禅宗大师接受并传授箭术训练的非亚洲人。

这本书详细描述了主人公在这位大师手下的6年学徒生涯。信不信由你，主人公在整整6年内只做了一件事:学习如何"松开"日本长弓的弦。不管你曾经做过多无聊的事情，可能都无法与在6年时间里仅仅重复做脱弦动作相比。在书中的某个时间点，尤金感到非常沮丧，因为大师一直在责备他射箭的方法不对。大师一直告诉尤金，不要太努力靠你自己去射中目标，而是让内在的自我去射击。尤金很困惑，最后对大师说："如果大师你说的是真的，那么其实蒙着眼睛也能击中目标。"在著名的"黑暗中射击"的故事中，尤金的师傅在一个黑暗房间中向靶子射了两支箭。开灯后，尤金发现，第一支箭正好插在靶子中间，而第二支箭打碎了第一支箭的箭托，穿过了箭杆，然后插在了它的旁边。

在书中的其余部分，尤金有时会做出完美的射击。这时，他是用内在的自我去射击，而不是受意识思想控制的射击。

在"极致驾控训练有限责任公司（Total Control Training，Inc.）"中，实际上有很多为美国海军陆战队提供的摩托车安全课程，所以我了解到海军陆战队有三个级别的步枪射手：特等射手、神枪手和专家（Marksman、Sharpshooter和Expert）。有趣的是，当你问专家级别的射手时，他们会告诉你，完美的射击几乎就像一个惊喜。换句话说，他们不是有意识地扣动扳机，而是让那个内在的"他"射击。同样，我的目标也是让你体验内在的"他"进行骑行。

那么，完成这样的目标最终需要多长时间呢？在马尔科姆·格拉德威尔（Malcolm Gladwell）的畅销书《异类》（*Outliers*）中，他的研究指出，掌握一件事情大约需要1万小时的练习。从音乐领域的披头士乐队，到软件领域的比尔·盖茨和史蒂夫·乔布斯，再到各种各样的神童，当有机会深入熟练地使用一项技能时，他们都需要大约1万小时的练习。需要强调的是，我所说的"练习"是指严格的、系统的、有目标导向的练习，而不是无效学习时间的叠加。有很多骑手声称自己有过20年或更长的骑行练习。然而，很多人实际上只是练习了一年，接着重复了20次而已，这和前者是有本质区别的。通过对比业余车手和职业车手之间的差异，我们也许可以很好地总结出正确练习的概念：业余爱好者练到他们做对为止，而职业车手练到他们不会出错为止。因此，利用你在这本书中学到的知识，成为一名职业水平的骑手吧！即使你唯一的骑行目的只是让代步通勤时变得更安全、有趣，但相信我，本书也会让你受益匪浅。

附　录

在这个网站上（www.totalcontroltraining.net）会有附录的更新和拓展，你可以登录获取不断更新的资源。

摩托车训练学校推荐

下面的列表中是一些我个人比较推荐的学校，其中包括街道导向、赛道导向和一些拉力导向的摩托车培训学校。如果你对赛道日或其他高级骑行技术学校感兴趣的话，可以浏览 www.trackdaymag.com 和 www.motorcycle-usa.com 这两个网站，它们会在日历上发布最新的学校和赛道日信息。"赛车世界与摩托车技术"网站（Roadracing Worlds Motorcycle Technology）（www.roadracingworld.com）也有一个详尽的年度赛道日目录，其中包含大量可参考的重要信息以及当前摩托车学校和赛事的列表。

极致驾控（Total Control）

当然，把这本书中的骑行技术在实践中得到检验的最有效方法，还是参加我们极致驾控高级骑行训练营。在这里，你会得到专业教练指导，他们帮助你完成书中提到的每项技巧。如果你有 3000 英里以上的骑行里程经验，无论你来自美国或是世界任何角落，都可以参加我们的训练营。训练营会保证学生在骑行技术上有显著、可感知的进步。当然，训练营中还为初学者、中级学员、赛道导向和越野导向的学员提供特殊场地进行训练。

电话：（800）943-5638，网站地址：www.totalcontroltraining.net

美国超级（American Supercamp）训练营

丹尼·沃克（Danny Walker）的拉力摩托培训学校采用雅马哈 TTR125s 进行教学，他们会提供一个舒服、安全的环境进行培训，并且有充足的上车练习时间和你的骑行视频反馈。虽然拉力车型的过弯技术是为非铺装路面准备的，不应该在抓地力良好的公路上使用。但你在这里学到油门控制能力、车身平衡控制技巧和牵引力管理能力都非常有用，能帮助任何有经验的街头或拉力骑手改善骑行技术，而且课程本身就很有趣。

电话：（970）674-9434，网站地址：www.americansupercamp.com

加州超级摩托车学校（California Superbike School）

加州超级摩托车学校（California Superbike School/CSS）诞生于 20 世纪 80 年代，由著名的摩托教练和作家基思·寇德（Keith Code）创办。目前，CSS 已经在国际上扩展到 18 个国家，其学员赢得过 53 个世界或国家的锦标赛冠军。而随着基思对"过弯艺术"的研究，学校的课程也在不断迭代发展中。

"摩托马克 1"（MotoMark1）训练营

"摩托马克 1"（MotoMark1）训练营提供有一天或一周的警察式培训课程。课程将他在《最大控制》一书中讲到的技巧融入到了摩托车精准操控课程中。在课堂上，无线电实时通信在骑行时可给学员提供即时反馈，教练也利用视频来回看，剖析学员问题，并帮你达到更卓越的骑行水平。与许多警察式的课程不同，他们的导师很友好，对学员也有足够的鼓励和尊重。

电话：（919）637-0947，网站地址：www.motomark1.com

"摩托冒险"（MotoVentures）训练营

"摩托冒险"（MotoVentures）训练营的 Dirt First 课程是用轻型越野摩托车来教各种水平的骑手如何安全、熟练地操控摩托车。盖瑞·拉普兰特（Gary LaPlante）的书中详细介绍了 Dirt First 的课程设置以及如何骑越野摩托车。Dirt First 课程可接收初学者到专业级别的各种骑手，而且也包括各种车型的骑手，比如拉力摩托车、越野摩托车、攀爬摩托车、公路 / 越野两用摩托车、ADV 冒险摩托车和街道摩托车。

电话：（877）260-6686，网站地址：www.motoventures.com

摩托车安全之旅（Stayin' Safe Motorcycle Tours）

摩托车安全之旅课程于 1993 年在美国率先开展了街头骑手培训，他们不仅培训骑行技术，还将对"道路交通"的解读与实际骑行技巧相融合。经过 20 多年的改进，摩托车安全之旅课程中教授的方法中不仅包含有效的街道骑行策略与教练指导，而且还结合了非常愉快的摩托车自驾游体验。值得一说，他们在骑行过程中也支持实时通讯进行教学反馈。

电话：（724）771-2269，网站地址：www.stayinsafe.com

赛道日供应商学校（Track Day Provider Schools）

许多赛道日的供应商也设有骑行学校，比如 Team Pro Motion 这样的高级骑手培训营，www.teampromotion.com。图中，格伦·戈德曼（Glen Goldman）正在向学生们解释新泽西州赛车场的布局。

桩桶之家（"独自练习"学校）

如果你想在停车场练习《极致驾控》中讲到的技术或任何其他骑行技巧，可以从 www.totalcontroltraining.net 上购买一些 5 英寸 ×5 英寸 ×2 英寸的酷炫桩桶，这样你就可以自由进行各种场地骑行练习了。

极致驾控悬架测试日志

日期			赛道		
摩托车			状况		
骑士			温度		
重量 / 技能			天气		
改装					

前	测试 1	测试 2	测试 3	测试 4	测试 5
弹簧刚度					
预载					
静态下沉量	mm	mm	mm	mm	mm
自由下沉量	mm	mm	mm	mm	mm
下沉量差距	mm	mm	mm	mm	mm
减振油类型					
减振油级别					
低补偿					
高补偿					
回弹					
前叉延展					
轮胎类型					
轮胎尺寸					
轮胎压力					
下沉量测量					
L1（前叉）	mm	mm	mm	mm	mm
L2（前叉）	mm	mm	mm	mm	mm
L3（前叉）	mm	mm	mm	mm	mm
L2L3 平均值	mm	mm	mm	mm	mm
L1 平均值	mm	mm	mm	mm	mm

后	测试 1	测试 2	测试 3	测试 4	测试 5
弹簧刚度					
预载					
静态下沉量	mm	mm	mm	mm	mm
自由下沉量	mm	mm	mm	mm	mm
下沉量差距	mm	mm	mm	mm	mm
减振油类型					
低补偿					
高补偿					
回弹					
骑行高度					
轮胎类型					
轮胎尺寸					
轮胎压力					
下沉量测量					
L1（减振器）	mm	mm	mm	mm	mm
L2（减振器）	mm	mm	mm	mm	mm
L3（减振器）	mm	mm	mm	mm	mm
L2L3 平均值	mm	mm	mm	mm	mm
L1 平均值	mm	mm	mm	mm	mm

静态下沉量提示

摩托车类型	前 /%	前 /mm	后 /%	后 /mm	后自由下沉量 /mm
纯运动 / 超级摩托车	25~30	65~70	30~35	75~80	10~20
运动休旅摩托车 / 巡航摩托车	30~35	35~40	30~33	35~40	0~10
运动型摩托车	28~33	30~35	28~33	30~35	0~5

骑士建议

译者的话 1

"四轮承载身体，两轮承载灵魂。"去掉包裹着身体的外壳，自然地融入环境中去。在风中，能闻到世界的味道；在路上，能听到自己的心跳。在嘈杂的城市中忙碌地生活，摩托车真的带给了很多人内心的平静。如此美好，却与风险共存……

仅仅考取驾照，虽然让我们合法上路，但大家的骑行技术仍然有待提升，骑行事故和悲剧时有发生。所以对于骑行安全，我经常呼吁大家在开始骑车的时候就一定要建立起安全驾驶的概念和认知。

摩托车的安全驾驶，我通常会分为"思想意识"和"驾驶技术"两个层面。首先，思想意识层面，大家比较容易做到。很多性格沉稳的朋友都知道要敬畏道路，细心观察，多留余地。但仅仅做到这样，我们也只做到了一半，我们能学会管住自己，但应付不了一些突发情况。我国交通参与者众多，路况也极为复杂，所以急需提升我们的驾驶技术。

摩托车驾驶和汽车驾驶不同，同样是低速的剐蹭，摩托车驾驶人受到的伤害会远高于汽车驾驶人。所以想真正地做到防御性驾驶，保护好自己，做到最大限度地安全出行，提升我们自己的技术能力上限，将会是我们最坚实的防线。

同样都是减速作用的制动系统，摩托车制动系统的使用就要求驾驶人更加细腻地操作。不仅要了解前后制动系统的作用和原理，还要知道身体需要如何去配合车辆的"荷重"，包括制动系统使用的轻重缓急，都是非常重要且基础的驾驶技术。当我们了解之后再结合一些案例进行学习，并且找到安全的封闭场地练习，慢慢形成肌肉记忆，才能在突发紧急情况的时候，做出正确的操作；避免因为发慌而误操作，造成更加不可逆的伤害。

骑行技术是没有上限的，这取决于我们的追求，但目前大众普遍对于摩托车技术的了解还远远不够，当我们的技术能力上限越来越高，我们的大脑也更能腾出精力去分析路况，做出正确判断，用百分之三十的能力留有余地地驾驶摩托车，就能让自己的容错边界更高。

非常高兴有本书的出现，希望本书能让大家学习到更丰富的摩托车驾驶技术，安全地享受摩托车带给我们的快乐，对自己负责，对家人负责。

宋　涛

译者的话 2

相信大多数摩托车爱好者和我一样，喜欢摩托车并最终爱上骑行绝非仅因为通勤需要，而是乐在其中。无论是对摩托车发动机的轰鸣声着迷，还是享受身体与自然的充分接触，或是其他，都可能是你成为骑士的原因之一。近些年，虽然"骑士"一词有一些贬义在其中，但我仍喜欢这么称呼摩托车爱好者。而为了祛除贬义，成为一名真正的骑士，你需要掌握全面的骑行控制技术，就像成为合格的猎人前需要熟练掌握打猎技巧一样。

翻看各种摩托车群聊或者网络视频，你一定能经常看到各种摩托车事故。事故现场往往不忍直视，轻则惋惜，重则让你看到屏幕上的皮开肉绽，都能闻到血腥味。无疑，当事人为这些错误所付出的代价是惨重的，而且也让我们的骑行环境看起来更加险象环生。分析原因，有一半是漠视交通规则所致，而另一半则是因为缺乏正确的骑行技术而导致的摔车（大部分都发生在多弯的山路中）。前者只需遵守交通规则就可以避免，而减小后者发生的概率，你需要正确的摩托车指导与练习。

摩托车作为单轨道交通工具，练习到能熟练参与复杂公共交通的程度，要比汽车更难。因为你不仅要掌握摩托车的平衡，而且还需要调动全身的肌肉去控制车辆。并且，摩托车在弯中的运动状态并不是一成不变的，你也需要时刻做出应对措施。因此，想要驯服摩托车这头"野兽"，需要我们更熟练地掌握骑行技术，让它不再信马由缰，而是让它尽在掌握之中。

很荣幸能够翻译本书，让我曾经的实践有了理论支撑。作者李·帕克斯全方位讲解了有关摩托车驾控技术的一切，不仅包括基本的骑行技术指导、过弯线路选择和骑行心理学，而且还带你深入浅出地了解摩托车各机构工作的基本原理，以及怎样合理调整摩托车。另外，骑行装备的选择、双人骑行的技巧，甚至怎样健身，作者也事无巨细地做出了介绍。

最不可思议的是，作者李·帕克斯已经将中国古代思想家、哲学家老子的道家思想融入到了骑行技术中，也就是"有即是无，无即是有"。作者认为，当你真正领会了骑行技术（有），技巧已经变成本能反应后，你已经不用刻意思考如何使用技术（无），而是一种自然流露，这才是对摩托车真正的极致驾控。

近几年，摩托车在中国迎来了爆发式增长，以一线城市中骑行环境最好的北京来说，2020年普通摩托车较2019年增加10.7万辆，增长率达71.8%。我们虽然无法预测这样的增长态势会持续多久，但有一点毋庸置疑，摩托车的参与者会越来越多。伴随着摩托车已经成为我们常见的交通工具，我们更应该深入地理解摩托车，学习骑行技巧，而不仅仅停留在发短视频耍帅的阶段。

马斯洛需求层次理论说明了人在不同状态下的不同需求，而我认为摩托车骑士也有需求层次理论。从代步需求→安全需求→骑行需求→学习需求→实现需求。只有当到达最高的自我实现需求时，骑士们才能发挥自身潜能，不断完善自己，领悟到摩托车驾控的真谛。而在本书中，李·帕克斯的文字仿佛可以将一个只热衷于翘头耍帅的毛头小子驯化为一位理论与实践兼备的骑行大师。虽然这种说法未免夸张，但相信我，如果你热爱摩托车骑行，那么认真读过本书后将受益匪浅。

于　航

译者的话 3

摩托车是和汽车一样，有着百年历史，它的作用并不比汽车弱。同样的，汽车拥有大量车迷，摩托车也拥有大量摩托车迷。相比汽车，摩托车可能更难驾驭，它需要学习很多操作，进行很长时间的练习，才能安全地驾驶。随着科技的发展，摩托车也具备了不少辅助骑手驾驶的功能，同时摩托车本身的安全性也大幅提升，相比原来更符合人机工程学，也更易驾驶。但是，不管你骑摩托车是为了通勤，还是为了去享受骑行，最安全的骑行还是需要完善自己的驾驶技术。只有对摩托车拥有全面的驾控，才能更好地去享受摩托车带来的乐趣与自由。

中国虽然拥有众多摩托车厂家，每年有大量的新车上牌，但现实的摩托车生活不管从环境还是法规来看都相对落后，且有发展停滞甚至倒退的迹象。在骑行安全没有切实保障的情况下，除了提升自己的安全意识，最重要的还是找到并去学习正确的骑行技术。近些年随着网络与信息的传播，摩托车骑行群体不断在壮大，也出现了一些培训机构。由此可见，大部分人还是渴望学习到正确且专业的骑行技术，此时迫切需要有先进的骑行与教学经验，以提升国内广大摩托车骑士的技术。

很荣幸我参与翻译本书，本书的作者李·帕克斯从基础驾驶到身心健康，甚至是赛道骑行等各个方面去教导大家如何骑好摩托车。并通过图文结合的形式深入浅出地分解每项技术的基本原理，以让不同的人都能快速地理解如何学习骑行技术。从本书中你也能发现，以往人们习惯的或是用了很久的技术可能有明显的错误，或者对摩托车驾驶有明显的误解。害怕与不知道害怕都源于无知，前者可能导致错失爱上摩托车的机会，后者可能导致严重的交通事故。因此，通过本书深入地理解摩托车的一切，可能会对过去的认知有所改观，更有兴趣的也能通过学习骑行技巧改变心态，提升安全性。

从无到有，说明情况在变好。希望本书的出现能改变大家对摩托车的认知，提升大家的骑行水平。如果每一位骑士都学习到先进的经验与技术，提升骑行安全，维护骑行环境，相信国内的骑行环境能够有大的变化。也希望大家通过学习本书，能够更加自由、安全地享受骑行生活。

童轲炜